Kohlhammer
Urban-
Taschenbücher

Band 626

Wolfgang Marhold
Udo Bußmann
Theodor Eikelmann
Wolfram Fischer
Eberhard Löschcke
Hartmut Przybylski
Michael Schibilsky
Helge Siemers

Religion als Beruf

Band II: Legitimation und Alternativen

Verlag W. Kohlhammer
Stuttgart Berlin Köln Mainz

CIP-Kurztitelaufnahme der Deutschen Bibliothek

Religion als Beruf / Wolfgang Marhold ... –
Stuttgart, Berlin, Köln, Mainz: Kohlhammer.

NE: Marhold, Wolfgang [Mitarb.]

Bd. 2. Legitimation und Alternativen. – 1. Aufl. – 1977.
(Urban-Taschenbücher; Bd. 626: T-Reihe)
ISBN 3-17-002945-2

Stuttgart Berlin Köln Mainz
Verlagsort: Stuttgart
Umschlag: hace
Gesamtherstellung: W. Kohlhammer GmbH
Grafischer Großbetrieb Stuttgart
Printed in Germany
ISBN 3-17-002946-0 (Gesamtwerk 2 Bände)

Inhaltsverzeichnis

1. Religion als Beruf? Legitimationsprobleme von Theologen und Motivationssyndrome zur Aufgabe der theologischen Berufslaufbahn*

Die im ersten Band unserer Studie vorgelegten Ergebnisse zu den verschiedenen Stationen und Aspekten der theologischen Karriere haben bereits eine Fülle von Inkonsistenzen dieser Laufbahn sichtbar werden lassen. Diese Probleme zeigten sich für die Zielgruppe der ehemaligen Theologen ebenso wie für die Kontrollgruppe der Theologen – wenn auch spezifisch jeweils unterschieden – in der subjektiven Verarbeitung der vorgegebenen Wissenselemente und Handlungskonfigurationen in den Bereichen von »Religion«, »Beruf« und »Politik« (vgl. ausführlich I,2.). Die einzelnen Subjekte haben dabei im Interesse einer Konsistenz ihrer lebensgeschichtlich aufzubauenden Identität die ihnen quasi objektiv entgegentretenden Inkonsistenzen subjektiv zu bewältigen. Diese Aufgabe kann als Notwendigkeit der *Legitimierung* der durchlebten Handlungskontexte durch den Aufbau eines stimmigen Relevanzsystems (vgl. *Schütz*, *Relevanz*) begriffen werden. »Inhaltlich geht es dabei immer um das Versagen schon erstellter Typisierungen in aktuellen Handlungskontexten – oder positiv ausgedrückt, um die Begründung von Handeln durch Bezug auf einen noch zu erstellenden Bedeutungskontext.« (*Fischer*, *Legitimationsprobleme*, 53; zu den verschiedenen Legitimationsmustern *vgl. ders.*, *ebd.*, 58–69) In diesem zweiten Band der Untersuchung sollen nun diese subjektiv erfahrenen Inkonsistenzen und ihre Bewältigung durch die Ausbildung legitimierender Orientierungsfiguren dargestellt werden. Im ersten Kapitel werden die verschiedenen Konfliktfelder systematisch behandelt und die legitimierenden Orientierungselemente (Einstellungen zu den Bereichen Religion/Kirche; Beruf/Theologie; politischer Praxis) dargestellt, die schließlich in der Zielgruppe zu einer Aufgabe der theologischen Berufslaufbahn geführt haben. Das zweite Kapitel thematisiert dazu die spezielle Problematik in der katholischen Kirche. Das dritte Kapitel nimmt die gleiche Problematik in der horizontalen und vertikalen Konstitution der Identität (vgl. I,2.) innerhalb der Lebensgeschichte (biographische Einzelinterviews) in Angriff. Schließlich wird im vierten Kapitel der Frage nachgegangen, wie sich in aktuellen Diskursen von

* Wolfram Fischer / Eberhard Löschcke

ehemaligen Theologen Elemente der gemeinsamen Situationsdefinition darstellen (Gruppengespräch).
Bevor wir im ersten Kapitel die einzelnen Konfliktfelder der theologischen Karriere systematisch darstellen, sollen in einem ersten allgemeinen Überblick Merkmale und Motivationen, die im Zusammenhang mit ihrer Aufgabe stehen, präsentiert werden.
Entsprechend den Operationen zur Gewinnung der Grundgesamtheit der Zielgruppe (vgl. I,3.2.1.) haben die Mehrzahl der von uns erfaßten Theologen die theologische Berufslaufbahn nach 1960 aufgegeben. Der *Zeitraum* von 1969–1972 bildet dabei einen Schwerpunkt (57.9%). Unter I,7.2. und in diesem Kapitel unter 1.4. wird der Zusammenhang mit der gesellschaftspolitischen Situation dieser Jahre (Studentenbewegung) verdeutlicht.

Tabelle 1.0.1.: Zeitpunkt der Aufgabe der theologischen Berufslaufbahn

Zeitpunkt	Ehem. ev. Theologen					Ehem. kath. Theol.	
	Stud.	Vik.	Pfr.	Insg. N = 283		Insg. N = 85	
				abs.	%	abs.	%
1900–1960	13	3	2	18	6.3	2	2.4
1961–1965	29	3	–	32	11.3	3	3.5
1966–1968	41	4	1	46	16.3	8	9.4
1969–1970	69	8	10	87	30.7	17	20.0
1971–1972	56	12	9	77	27.2	12	14.1
1973–1974	13	3	3	19	6.7	8	9.4
ohne Angaben	4	–	–	4	1.4	35	41.2
Gesamt	225	33	25	283	99.9	85	100.0

In der Zielgruppe gaben 79.5% (225) die theologische Berufslaufbahn während oder unmittelbar nach dem Studium auf, 11.7% (33) während oder unmittelbar nach dem Vikariat, 8.8% (25) während des Pfarrdienstes. Nimmt man hinzu, daß bereits bis zum 3. Semester 17% und bis zum 6. Semester weitere 18.7% den Beruf gewechselt haben, wird deutlich, daß das Ausscheren aus der theologischen Karriere seltener wird, je länger man sie durchlaufen hat. Einmal ist das zu erklären aus den im weiteren Verlauf der Karriere immer höher werdenden subjektiven Kosten, die bei einem Wechsel zu bewältigen sind, zum anderen ist auch anzunehmen, daß eine Reihe von Krisenpunkten und Inkonsistenzen mit der Abwicklung der Laufbahn gemeistert werden und eine stärkere Übernahme laufbahnkonformer Orientierungen erfolgt. Dem entspricht auch die Tendenz, bei fortgeschrittener Ausbildung trotz ernsthafter Erwägungen der Aufgabe zunächst den einmal begonnenen Abschnitt der Karriere zu beenden. Von den 62 Personen, die nach dem 1. Theologischen Examen die theologische Berufslaufbahn aufgaben, haben dies 57 vorher ernsthaft erwogen, ebenso alle 15 Probanden, die nach dem 2. Theologischen Examen nicht in den Pfarrdienst gingen.

Die Umorientierung war für gut ein Fünftel der ehemaligen evangelischen Studenten und Vikare, aber nur für 8% der ehemaligen Pfarrer mit keinerlei Bedenken verbunden. Jeweils knapp ein Fünftel der ehemaligen Theologen zögerte wegen der Unklarheit einer geeigneten Berufsalternative und einer Unsicherheit in der Richtigkeit ihrer eigenen Definition der Situation innerhalb der theologischen Karriere. Ebenfalls wirkten sich ökonomische Überlegungen (bei 12%) und allgemeine persönliche Gründe (bei 10%) verzögernd auf den endgültigen Berufswechsel aus.

Will man versuchen, die Gründe für die Aufgabe der theologischen Berufslaufbahn explizit zu erheben, muß man berücksichtigen, daß die entsprechenden Fragen (vgl. Items 355–371 im Fragebogen) bei den Probanden eine vereinfachte Motivationsstruktur voraussetzen, die so realiter keinesfalls gegeben ist. Die Entwicklung motivationaler Relevanzen innerhalb der beruflichen Karriere ist ebenso wie die Identitätskonstitution ein prozeßhafter Vorgang, der sich über die ganze Zeit des Innehabens einer Karriere erstreckt und in ständig notwendigen subjektiven Wahlprozessen (vgl. *Kohli*, *Studium*) zu vielschichtigen Motivierungen führt (vgl. *auch zur Studieneingangsmotivation* I,5.2.). Einen einzigen Grund zur Aufgabe der theologischen Berufslaufbahn wird es nur dort geben, wo sie seitens der kirchlichen Organisation aufgrund von Kirchengesetzen veranlaßt wurde, also auf der Seite des Probanden eigentlich keine subjektive Motivation zur Aufgabe vorhanden war (diese Gruppe liegt deutlich unter 5%). Wenn nun im folgenden einzelne Gründe genannt werden, darf aus einem einzelnen, und sei er auch anteilsmäßig hoch repräsentiert, noch nicht geschlossen werden, daß er für einen Probanden allein *handlungsbestimmend* für die Aufgabe der theologischen Berufslaufbahn war. Man kann solchen expliziten Begründungen allerdings eine Orientierungsfunktion unter anderen Einstellungen zubilligen, die in ihrer Breite unten unter 1.1.–1.6. (bzw. in I,5.–7.) analysiert werden. Auch das Sichtbarwerden einer stark verbreiteten politisch motivierten Kritik (knapp die Hälfte der Zielgruppe hält die Kirche für zu autoritär und undemokratisch) oder einer negativen Beurteilung der alltäglichen Pfarramtspraxis (gut 60 Prozent der Zielgruppe antizipiert die kirchliche Alltagspraxis für sich als zu frustrierend) müssen als relativ abstrakte, von der Handlungsebene losgelöste interpretierende Wissensfiguren angesehen werden. Gerade weil sie als relativ selbstverständliche, allgemein geteilte Wissensbestände anzusehen sind, darf ihre handlungsbestimmende Funktion nicht überbewertet werden.

Tabelle 1.0.2.: Gründe für die Aufgabe der theologischen Berufslaufbahn

(mehrere Nennungen waren möglich)	mindestens einmal genannt	häufiger als einmal genannt
Gesellschaftskritische Einstellung (Einfluß der Studentenbewegung; Kirche bzw. Theologie gesellschaftlich unbedeutend; Mitgliedschaft in politischer Gruppe)	22%	4%
Zweifel (an der Begabung; Glaubenszweifel; Änderung der Überzeugung; seelische Konflikte)	21%	3%
Probleme mit nahestehenden Personen (Partner war mit Beruf nicht einverstanden; wollte mich scheiden lassen; neuer Freundeskreis)	19%	5%
Pfarrerrolle (die Erwartungen, die die Gemeinde an mich stellte, entsprachen nicht dem, was ich selbst wollte)	15%	1%
Theologische Probleme (theologische Konflikte mit Kirchenleitung, Kollegen oder Gemeinde; Probleme mit der Bibel, dem Evangelium)	13%	2%
Änderung des Interesses (Fühlte mich mehr zu einem anderen Fach hingezogen; kann das, was ich will, besser in einem anderen Beruf verwirklichen)	13%	0%
Kritik an der theologischen Ausbildung (Schwierigkeiten im Sprachstudium; Examensprobleme, Schwierigkeiten mit Professoren oder Kommilitonen)	11%	1%

Kritik an der Kirche als Organisation (Kirche ist zu bürokratisch; Ablehnung der parochialen Ordnung; Konflikte bzgl. der Gemeindeorganisation)	6%	1%

Um zu komplexeren Aussagen über die Motivierungen, die zur Aufgabe der theologischen Berufslaufbahn geführt haben, zu gelangen, haben wir einige explizite Aufgabegründe (355; 356; 357; 358; 359; 363) einer *Konfigurations-Frequenz-Analyse* unterzogen:

	Zustimmung in %
der kirchliche Alltag wird als frustrierend antizipiert	63.25%
Zweifel an gesellschafts-polit. Relevanz von Kirche	61.48%
Ablehnung der Parochie	47.35%
Gott ohne Alltagsrelevanz	44.16%
kein Christ mehr	
Unwissenschaftlichkeit der Theologie	37.10%

Es bilden sich vier unterschiedliche *Typen* aus:

a) *der total vom religiös-kirchlichen Kontext emanzipierte Typ*
Hier werden alle genannten Aufgabegründe für sich in Anspruch genommen; 7% der Probanden repräsentieren diesen Typ.

In Kontraposition dazu steht

b) *der »Christ«, der keinen der genannten Gründe in Anspruch nimmt.*
Dieser Typ wird von 9.3% der Probanden repräsentiert.

Zwischen diesen beiden Extremen liegen

c) *der »Christ«, der sich von der kirchlichen Praxis distanziert*
(Aufgabegründe lediglich: frustierende Alltagspraxis; Zweifel an der gesellschaftspolitischen Relevanz der Kirche und Ablehnung der Parochie).
Dieser Typ, der von 8.2% der Probanden repräsentiert wird, bildet sich nur tendenziell (10%-Niveau).

d) *der »Christ«, der nur den pfarramtlichen Alltag negativ antizipiert*
(Alle anderen Aufgabegründe werden nicht in Anspruch genommen.)
6.3% der Probanden repräsentieren diesen Typ.

Um die beiden Extremtypen des »total Emanzipierten« und des »Christen« (a; b) inhaltlich näher zu qualifizieren, wurden die beiden Personengruppen an den Indizes zur religiösen Praxis heute (RELPRAX), religiösen Sozialisation der Jugend (RELSOZJU) und der religiösen Sozialisation im Elternhaus (RELSOZEL) gemessen. Es zeigte sich, daß beide Typen signifikant mit den Dimensionen der drei Indizes zusammenhängen.

Der *Typ a)* des total *vom religiös-kirchlichen Kontext Emanzipierten* variiert mit der Dimension der heutigen religiösen Praxis in der Richtung, daß hier die heutige religiöse Praxis überzufällig schwächer ist als in der Gesamtzielgruppe. Ebenso ist hier eine tendenziell schwächere religiöse Sozialisation in der Jugend zu beobachten. Die religiöse Sozialisation im Elternhaus stellt sich *nicht* als Variable dieses Typs dar. Knapp ausgedrückt ist die Gruppe der vom religiös-kirchlichen Kontext Distanzierten dadurch gekennzeichnet, daß sie eine schwache religiöse Sozialisation in der Jugend erfahren hat und sich heute durch eine minimale religiöse Praxis auszeichnet.
Der *Typ b)* des *»Christen«*, der nicht die genannten Aufgabegründe akzeptiert (also aus *hier* nicht bekannten Motiven die theologische Berufslaufbahn aufgab), variiert in gleicher Weise mit der Dimension der heutigen religiösen Praxis und der religiösen Sozialisation in der Jugend. Die Gruppe zeichnet sich durch eine hohe (im Vergleich zur Gesamtzielgruppe) gegenwärtige religiöse Praxis und eine tendenziell stärker ausgeprägte religiöse Sozialisation in der Jugend aus. Auch mit diesem Typ variiert die religiöse Sozialisation im Elternhaus nicht.
Faßt man die beiden Typen als Merkmalsausprägung der einen Dimension *»Motivation zur Aufgabe der theologischen Berufslaufbahn«* auf, können überzufällige Zusammenhänge zu allen drei in den Indizes operationalisierten Dimensionen festgestellt werden. Demnach korreliert die Aufgabe-Motivation mit der heutigen religiösen Praxis signifikant. Wo eine religiös-distanzierte Aufgabemotivation vorliegt, ist auch für die Gegenwart keine religiöse Praxis erneut etabliert worden; wo die Aufgabemotivation das religiös-kirchliche Relevanzsystem nicht berührte, verorten sich die Probanden auch für die Gegenwart im religiösen Sinn- und Handlungssystem. Der Zusammenhang der Aufgabemotivation mit der religiösen Sozialisation in der Jugend ist für den Versuch einer kausalen Interpretation interessanter. Wo bereits in der Jugend ein starkes religiöses Relevanzsystem aufgebaut wurde, ist die Wahrscheinlichkeit hoch, daß dies in den Prozessen der Aufgabe der theologischen Berufslaufbahn nicht grundlegend tangiert wird. Ist dagegen eine schwache religiöse Sozialisation in der Jugend erfolgt, erweisen sich die im Verlauf des späteren Karriereablaufs aufgebauten theologischen und kirchlichen Orientierungselemente eher als instabil; sie sind der Kritik zugänglich und können als hinreichende Motivierungen für die Aufrechterhaltung der theologischen Berufslaufbahn nicht mehr angesehen werden, sondern konkretisieren sich vielmehr in der Distanzierung von ihnen als Auf-

gabegründe. Die Dimension der religiösen Sozialisation im Elternhaus variiert zwar nicht mit den beiden Einzeltypen, aber tendenziell mit der Gesamtdimension der Motivation zur Aufgabe der theologischen Berufslaufbahn. Hier gilt dann analog das gleiche wie bei der religiösen Jugendsozialisation, wenn auch in schwächerem Maße.

*1.1. Konfliktfeld: Organisation Kirche**

1.1.1. Steuerung und Selbstbestimmung

Jede Organisation in unserer Gesellschaft ist bestrebt, sich ihre professionellen Mitglieder nach eigenen Bedürfnissen und Interessen in bestandssichernder Zahl selbst auszusuchen. Fachliche Qualifikation spielt dabei als Kriterium zur Rekrutierung eine entscheidende Rolle. Aber auch Gesinnung, Denk- und Verhaltensweisen werden ins Kalkül gezogen. Als formalisierte Selektionsverfahren fungieren in erster Linie Examina, ergänzt und begleitet von einem Bündel nicht kontrollierbarer Randbedingungen.
Darüber hinaus verfügen Organisationen zur Selektion und Substitution ihres professionellen Mitgliederbestandes über ein weiteres wichtiges Steuerungsinstrument. Im Konfliktfalle kann abweichendes, mit den Zielen und Interessen der Organisation unvereinbares Denken und Verhalten einzelner Mitglieder durch Ausschluß sanktioniert werden.
Umgekehrt gibt es in jeder Organisation für den Fall, daß Mitglieder von sich aus die Initiative ergreifen und die Organisation verlassen wollen, ein ganzes Arsenal von Haltestrategien, die dies zu verhindern suchen. In ihrer positiven Form, als materielle, soziale sowie ideelle Gratifikationssysteme sind sie nicht nur im Konfliktfall wirksam, sondern haben immer schon mitgliedschaftserhaltende und stabilisierende Funktion. Als Negativsystem besitzen sie Drohcharakter, wobei von entscheidender Bedeutung ist, wie glaubwürdig eine Organisation ihre Sanktionen in Aussicht zu stellen und zu realisieren vermag.
Die genannten Steuerungsmechanismen sind nun deskriptiv auch auf Kirche ohne weiteres anwendbar. Kirche steuert ihren professionellen Mitarbeiterbestand direkt über das erste und zweite Examen bzw. das Mittel der Relegation und indirekt durch materielle, soziale und theologisch normative Sanktionen und Gratifikationen. Die Aufgabe der theologischen Berufslaufbahn wäre

---

* Hartmut Przybylski

dann als Resultat dieser Eigensteuerung des Systems Kirche zu interpretieren, allerdings jedoch nur, wenn sich nachweisen ließe, daß alle ehemaligen Theologen am Examen scheitern oder entlassen wurden und alle gegenwärtigen Theologen die Sanktions- und Gratifikationssysteme respektieren. Eine solche Organisation mit derart rigiden Konfliktlösungsstrategien, die der Selbstbestimmung ihrer Mitglieder keinen Raum läßt, ist in der Erscheinungsform von Kirche nicht vorzustellen. So bleibt zu fragen, wie sich Steuerung und Selbstbestimmung in der Kirche zueinander verhalten.

1.1.2. Direkte Steuerung

Auf Grund der erhobenen Daten läßt sich behaupten, daß eine Eigensteuerung der Organisation Kirche über das Vehikel des ersten und zweiten Examens zumindest in dem von uns untersuchten Zeitraum de facto nicht stattfindet. Nur 1.1% der ehemaligen Theologen geben an, ihre theologische Berufslaufbahn nach nicht bestandenem ersten Examen beendet zu haben, und niemand hört auf, weil im ersten Versuch das zweite Examen nicht bewältigt wurde. Demgegenüber hat das Steuerungsinstrument der Entlassung größere Bedeutung:

Tabelle 1.1.1.: Direkte Steuerung (Item 121)

	ehem. Pfr.	ehem. Stud./Vik.
Die Kirche legte mir das Ausscheiden nahe, nach außen aber war es meine Entscheidung	16%	1.2%
Ich bin gegen meinen Willen entlassen worden	8%	0.8%
Es war ganz allein mein eigener Entschluß	64%	92.0%
anderes	12%	5.2%
K. A.	0%	0.8%
insgesamt	N = 25 = 100%	N = 258 = 100%

Es fällt auf, daß Kirche von dem Mittel der Selektion durch Ausschluß während der gesamten Ausbildungsphase ihres theologischen Nachwuchses so gut wie keinen Gebrauch macht. (Studenten und Vikare wurden zusammen verrechnet, da sie sich nicht signifikant voneinander unterscheiden.) Die Aufgabe der theologischen Berufslaufbahn ist Selbstbestimmungsakt des einzelnen. Bei der Subgruppe derer, die bereits in einem engen kirchlichen Dienstverhältnis gestanden haben, zeigt sich jedoch ein anderer Trend. Hier ist der Anteilwert derer, die einem mehr oder weniger starken Druck der Kirche weichen mußten, signifikant größer. Berufswechsel bei faktisch professionellen Mitgliedern ist damit unter anderem auch Resultat direkter Steuerung durch die Organisation.

1.1.3. Indirekte Steuerung

Nur 0.7 % der ehemaligen Theologen sagen aus, daß die Sanktionsmöglichkeiten der Kirche im sozialen und materiellen Bereich sie am meisten zögern ließen, ihre Berufslaufbahn aufzugeben. Der negative indirekte Steuerungsmechanismus scheint im Bewußtsein der Theologen offensichtlich keine Rolle zu spielen, zumindest ist er für sie unglaubwürdig und damit ineffektiv. Auch verinnerlichte, theologisch normative Hemmungsfaktoren, wie etwa Angst vor Verrat an der einmal als sicher empfundenen Berufung, sind ohne Bedeutung. Um so bedenklicher ist in diesem Zusammenhang ein anderes Phänomen. (s. Schaubild 1.1.2.) Nach vollzogenem Berufswechsel erfahren eine Vielzahl von ehemaligen Theologen doch

Schaubild 1.1.2: Indirekte Steuerung (Item 125)

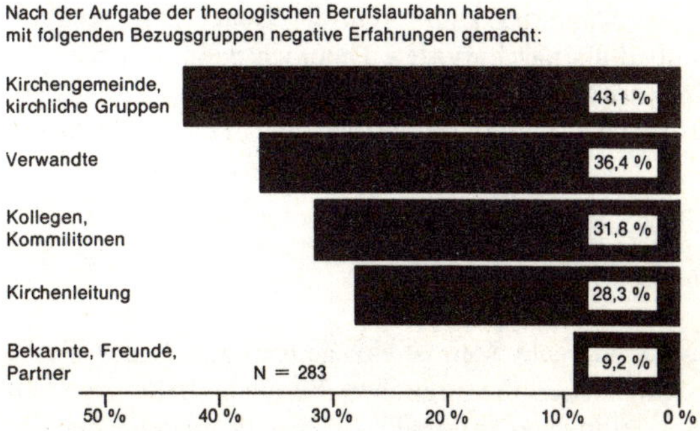

(Wählt man als N nur diejenigen, die auch tatsächlich eine Reaktion erfahren haben, so ändern sich die Rangfolgen und Prozentwerte auf den ersten beiden Plätzen: Kirchengemeinde: 64,2 %, Kirchenleitung 42,3 %.)

noch die Wirksamkeit kirchlicher Sanktionen, aber ganz anders, als sie es sich wahrscheinlich gedacht hatten. Eine erschreckend hohe Zahl erlebt die kommunikative Reaktion vor allem in relevanten kirchlichen Bezugsgruppen als ausschließlich negativ. Der Nicht-mehr-Theologe wird zum Aggressionsobjekt, über das sich die durch den Berufswechsel mit in Frage gestellten kirchlichen Interaktionssysteme wieder stabilisieren. Die Ergebnisse unserer Untersuchung zeigen weiter, daß auch die positive indirekte Steuerung weitgehend ohne Einfluß auf professionelle Mitgliedschaft bleibt. (s. Tabelle 1.1.3.) Hinsichtlich des pekuniären und ideellen

Tabelle 1.1.3: Kritik am Gratifikationssystem

	ehem. Theol.	ggw. Stud.	ggw. Vik.	ggw. Pfr.
zu wenig Anerkennung durch Gemeinde (Item 335)	58.7 %	66.9%	62.9 %	56.8 %
zu wenig Geld (Item 328)	25.4 %	37.4 %	33.5 %	33.1 %
zu geringes öffentliches Ansehen des Pfrs. (Item 321)	33.6 %	33.2 %	30.0 %	28.4 %

Gratifikationssystems unterscheiden sich in ihrer negativen Einschätzung die ehemaligen von den gegenwärtigen Theologen kaum. Mitgliedschaft wird also nicht als solche gekauft, Geld ist nicht das Medium, über welches sich professionelle Mitgliedschaft in der Kirche allein zu motivieren vermag. Ebenso hat das Bedürfnis nach Prestige und Anerkennung keine zentrale Bedeutung, sondern allenfalls Randbedingungscharakter. Dennoch zeigt sich hier gerade bei den gegenwärtigen Theologen ein massives Unzufriedenheitspotential, welches Kirche auf Dauer nicht außer acht lassen sollte.

1.1.4. Typische Konfliktmodelle

Allen bisherigen Teilergebnissen ist eins gemeinsam: Die Aufgabe oder Nichtaufgabe einer theologischen Berufslaufbahn ist nicht primär Resultat gelungener rationaler Steuerungsprozesse der Organisation Kirche, sondern das Ergebnis freier Selbstbestimmung inhaltlich hochmotivierter Subjekte. Das klingt gut und stünde einer christlichen Kirche wohl an, muß aber durch eine kurze

Erinnerung der historischen Voraussetzungen, die den von uns untersuchten Zeitraum bestimmt und geprägt haben, relativiert werden. Eine Organisation, mithin auch die Kirche, kann sich eine liberale Handhabung ihrer Steuerungsverfahren nur dann leisten, wenn das Angebot an offenen Stellen größer ist als die Nachfrage. Dies war zu Zeit der Studentenbewegung der Fall. Von daher erfährt auch die massiv negative Reaktion der Kirche auf den vollzogenen Berufswechsel eine zusätzliche Erklärung.

Zurück zu unserer Fragestellung. Wir hatten festgestellt, daß sich ein Konfliktfeld Kirche in der Handlungsebene nur schwerlich rekonstruieren läßt. Damit sind wir auf die Wissensebene verwiesen, das heißt auf die Köpfe der Subjekte, auf eine Nachzeichnung möglicher kognitiver Dissonanzen, wo tatsächliche oder antizipierte Erfahrungen und Einsichten mit dem Bild von Kirche, wie sie eigentlich sein sollte, konfligieren. In allen drei Dimensionen der Organisation Kirche, dem Organisationsprinzip, der vertikalen Kooperationsstruktur und der Zielproblematik können solche Dissonanzen sowohl bei ehemaligen als auch bei gegenwärtigen Theologen nachgewiesen werden.

Einmal gibt es hinsichtlich der Zielproblematik ein überzufällig häufiges Einstellungsmuster, welches die Zielausrichtung der Kirche als ungenügend gesellschaftsorientiert, die Ziele selbst als nicht ausreichend flexibel und deren Zustandekommen als undemokratisch kritisiert. (Items 223, 224, 232 ist, 232 soll; 359, 365) Daneben findet sich auf der Ebene vertikaler Kooperation überzufällig häufig ein kritisches Einstellungssyndrom, in dem ein Zuviel an Verwaltungs- und Organisationsaufgaben im Pfarramt beklagt wird: Bürokratische Verfahren stehen im Widerspruch zur theologisch-fachlichen Kompetenz des Pfarrers und hindern ihn gegenüber den Klienten an der Wahrnehmung seines eigentlich personalistisch orientierten Auftrags. (Items 324, 325, 344; 362) Und schließlich zeigt sich auch in bezug auf das traditionalistische Organisationsprinzip der Parochie ein kritischer Vorbehalt, wobei vor allem dessen Unangemessenheit und Ineffektivität thematisiert wird. (Items 212, 215, 218; 363)

Nach Häufigkeit verteilen sich die genannten Einstellungsmuster wie folgt: Mindestens einen der genannten Typen repräsentieren 24% der Pfarrer, 50% der Vikare und Studenten und 75% der ehemaligen Theologen. Das bedeutet: Kognitive Dissonanzen hinsichtlich der Organisation Kirche finden sich zwar signifikant häufiger bei ehemaligen Theologen, das Fehlen der Syndrome aber bei 25% dieser Gruppe und die Tatsache, daß eine erhebliche Anzahl gegenwärtiger Theologen dieselben Einstellungsmuster ausbildet,

zeigen an, daß hier generell weder notwendige noch hinreichende Bedingungen für eine Aufgabe der theologischen Berufslaufbahn vorliegen. Das Vorhandensein kognitiver Dissonanzen hinsichtlich organisatorischer Teilaspekte ist kein allgemeiner Grund für einen Berufswechsel. Es müssen offensichtlich noch andere Faktoren hinzutreten, die über ein Verbleiben oder Nicht-Verbleiben organisationskritischen Potentials in der Kirche entscheiden. Zudem ist nicht mit Sicherheit auszumachen, ob sich in den Antworten der ehemaligen Theologen deren tatsächliches Bewußtsein zum Zeitpunkt der Aufgabe ihrer Berufslaufbahn reproduziert. Eine verschärfende Reinterpretation aus heutiger Sicht ist eher wahrscheinlich.
Das schließt nun aber nicht aus, daß es unter den ehemaligen Theologen nicht doch eine Subgruppe gibt, die zwar nicht monokausal, aber in erster Linie deswegen ihren Beruf wechselt, weil für sie die Dissonanzerfahrungen mit der Organisation Kirche von solcher Intensität und Bedeutung sind, daß sie nur durch eine Aufgabe der theologischen Berufslaufbahn gelöst werden können. Um diese Gruppe zu finden, wurden alle möglichen Kombinationen der genannten drei Grundtypen auf überzufällig häufiges Auftreten durchgetestet. Als Resultat ergab sich bei 16% der ehemaligen Theologen ein komplexer Typ totaler Dissonanz auf allen drei Ebenen (Zielproblematik, Kooperationsstruktur und Organisationsprinzip). Unter den gegenwärtigen Pfarrern findet sich dieses Einstellungsmuster nicht, jedoch lassen sich 5% der Vikare und 6% der Studenten hier ebenfalls zuordnen. Im folgenden soll dieses Konfliktmodell genauer analysiert werden.

1.1.5. Totale Dissonanz

Zunächst ist festzustellen, daß den 16% ehemaligen Theologen zwar eine total kritische Einstellung gegenüber der Organisation Kirche gemeinsam ist, daß sie aber hinsichtlich weiterer, für die Aufgabe der Berufslaufbahn bedeutsamer Merkmale keine homogene Gruppe darstellen. Nur 65% dieses Typs (10% der ehemaligen Theologen) stimmen allen zu diesem Syndrom gehörigen Aufgabegründen voll zu. Bei den übrigen 35% (6% der ehemaligen Theologen) hingegen sind das Parochialprinzip und die bürokratischen Strukturen der Kirche kein Anlaß, die Berufslaufbahn aufzugeben. (Items 362, 363)
Betrachten wir als erstes die Teilgruppe derer, bei der Einstellung und Aufgabe des Berufs in direktem Zusammenhang stehen. Do-

minantes Motiv für die Aufnahme des Theologiestudiums ist das Interesse an gesellschaftlichen Problemen. Dieses Moment verstärkt sich durch den Einfluß der Studentenbewegung. Grundmotivation und prinzipielle Reflexivität des Studiums verbinden sich mit den Ziel- und Wertvorstellungen des studentischen Protestes und erreichen als Objekt über das eigene Selbst und die unmittelbaren Interaktionsfelder hinaus auch die Strukturen von Universität, Kirche und Gesellschaft. Die aktive Mitarbeit in kirchlichen Gruppen und Vereinen sinkt während dieser Zeit von 94% vor dem Studium auf 0% zum Zeitpunkt des Berufswechsels, während sich der Grad politischer Organisation im selben Zeitraum von 14% auf 40% signifikant erhöht. Defiziterfahrungen und Enttäuschungen richten das erworbene kritische Potential schließlich auf die Kirche als den Hauptstabilisator bestehender gesellschaftlicher Verhältnisse. Kirche wird zum realen Sinnbild politischer und beruflicher Perspektivelosigkeit. Nach vollzogenem Berufswechsel organisiert sich Identität alternativ vor allem in politischen Strukturen. (55% sind heute Mitglieder einer politischen Partei.)

Die zweite Variante, also die Gruppe derer, die zwar als Einstellung auch den komplexen Typ totaler Dissonanz repräsentieren, jedoch nicht allen Aufgabegründen zustimmen, zeigt folgendes Bild: Ein dominantes Studieneingangsmotiv gibt es nicht. Von gleicher Wichtigkeit sind »Lernen, dem einzelnen helfen zu können«, die Theologie als Wissenschaft und das Interesse an gesellschaftlichen Problemen. Im Verlaufe des Studiums, bedingt durch den Einfluß der Studentenbewegung, wird auch hier das gesellschaftliche Interesse zentral. Anders jedoch als bei der ersten Gruppe bleibt auf Grund einer stärkeren religiösen Sozialisation im Elternhaus die Bindung an kirchliche Interaktionssysteme in signifikant größerem Umfang bis zur Aufgabe der theologischen Berufslaufbahn erhalten (44% arbeiten noch kurz vor dem Berufswechsel aktiv in kirchlichen Kreisen und Gruppen mit). Der Grad politischer Aktivität zum Zeitpunkt der beruflichen Veränderung ist geringer und ausschließlich auf den Hochschulbereich beschränkt. Die vorgetragene Kirchenkritik erscheint damit nicht so radikal politisch motiviert wie bei der ersten Gruppe, sondern eher als intellektualistische Rationalisierung der eigenen Angst vor dem Pfarramt. Kirche wird zum Sinnbild antizipierter persönlicher und beruflicher Perspektivelosigkeit.

Die gegenwärtigen Studenten und Vikare dieses Typs unterscheiden sich, abgesehen von einem verständlicherweise geringeren Distanzierungsgrad gegenüber der Organisation und signifikant verschiedener Häufigkeit des Auftretens, in der Grundtendenz nur unwesentlich von den ehemaligen Theologen. Daß sie dennoch ihre Dissonanzerfahrungen nicht durch einen Berufswechsel aufzulösen versuchen, bedarf der Erklärung. Für Vikare steht dabei zu vermuten, daß das kritische Einstellungsmuster gegenüber der Kirche in allen ihren Dimensionen Indikator ist für ein Potential, das, allen Widerständen und Frustrationen zum Trotz, versucht – etwa gemäß der Programmatik »des Marsches durch die Institutionen« – sich längerfristig durchzusetzen. Dafür spricht unter anderem, daß bei einer Parteipräferenz fast aller für die DKP nicht ein einziger politisch organisiert ist. Das kritische Potential in der Kirche zu halten, scheint dieser Gruppe wichtiger als äußere Konflikte. Für die Studenten dieses Typs hingegen gilt: Fast alle gewinnen das genannte Einstellungsmuster in außeruniversitären Vermittlungszusammenhängen vor Beginn ihres Studiums. Der Test, in welche Richtung die Dissonanzen sich auflösen oder vermitteln lassen, steht noch aus.

1.1.6. Zusammenfassung

Als Ergebnis kann festgehalten werden: Professionelle Mitgliedschaft in der Kirche vermittelt sich in erster Linie über Inhalte und nicht über generalisierte Medien. Kirche als Organisation handhabt ihre Instrumente zur Selektion und Substitution des professionellen Mitgliederbestandes – zumindest gilt dies für den von uns untersuchten Zeitraum – sehr liberal, die Subjekte selbst bestimmen über Eintritt und Austritt. Kritik an der Kirche als Organisation allein ist allenfalls für 10% der ehemaligen Theologen ein zentrales Motiv, die Berufslaufbahn zu wechseln. Bei weiteren 65% erscheint sie als begleitendes Moment in einem breiten Spektrum anderer hier nicht zu diskutierender Ursachen, die erst im Zusammenspiel zur Aufgabe einer theologischen Berufslaufbahn führen. Partielle und totale Kirchenkritik finden sich aber auch unter den gegenwärtigen Theologen. Sie sind Anzeichen dafür, daß Versuche reflexiver Auflösung von Strukturen in der Kirche durchaus eine Chance haben. Allerdings muß einschränkend hinzugefügt werden, daß es sich hierbei zum größten Teil um antizipatorische Akte derjenigen handelt, die noch nicht im kirchlichen Dienst stehen. Die länger Gedienten (76% der Pfarrer) haben in der Mehrzahl bereits resigniert. D. h.: Organisationskritische Reflexivität hat ihren Ort primär im beruflichen Vorfeld bzw. außerhalb der Kirche.

*1.2. Konfliktfeld: Religiöse Überzeugung**

In diesem Abschnitt geht es um die Erhellung einiger religiöser Einstellungsmuster, die potentiell konfliktträchtig sind. Dabei wenden wir uns zuerst (1.2.1.) der Gruppierung zu, die durch erhöhtes religiöses Engagement auffällt, anschließend (1.2.2.) der Gruppierung, die durch Distanzierung gegenüber Religion gekennzeichnet ist.

1.2.1. Erhöhtes religiöses Engagement

Aufgrund theoretischer Überlegungen war zu vermuten, daß auch religiöse Überzeugung und erhöhtes religiöses Engagement ein Motiv für berufliche Umorientierung sein können. Zur Erfassung einer solchen Gruppierung bedienten wir uns eines Beschreibungsmodells für Religiosität, das zur Erforschung gegenwärtiger religiöser Subkulturen, also extremer religiöser Lebensformen entwickelt worden ist (vgl. *Schibilsky*, *Religiöse Erfahrung*, 42–68). Da dieses Beschreibungsmodell sich als zutreffend für eine Population erwiesen hat, bei der tatsächlich erhöhtes religiöses Engagement zu Konflikten in sozialer Interaktion geführt hat, war zu hoffen, eine ähnliche Gruppierung – falls vorhanden – mit dem gleichen Beschreibungsmodell auch bei den ehemaligen Theologen ausfindig machen zu können. Nach diesem Modell ist Religiosität durch folgende sechs Dimensionen gekennzeichnet:

– durch einen von der alltäglichen Plausibilitätsstruktur abweichenden Wirklichkeitsbegriff, der dann vorliegt, wenn gesellschaftliche Normen und Wertorientierungen, die de facto den Alltag bestimmen, nicht akzeptiert werden, oder wenn von einer Wirklichkeit ausgegangen wird, die mit der Alltagswirklichkeit nicht in Übereinstimmung zu bringen ist. Indikatoren dafür dürften sein: Ein theologisch präformiertes Weltverständnis, das im Widerspruch zur Wirklichkeitssicht der Umwelt stehend erfahren und gewertet wird; sich von der Umwelt unverstanden fühlen, weil sie die eigenen Wertungen und Deutungen nicht nachvollzieht.

– Darüber hinaus ist Religiosität durch ein dichotomisches Gesellschaftsbild gekennzeichnet, konkretisiert am Gegenüber von radikaler Weltkritik einerseits und idealisierter Zukunfts- und Jenseitserwartung andererseits, aber auch durch die Vorstellung einer eigenständigen religiösen Welt außerhalb, abseits oder ›jenseits‹ der

* Wolfgang Marhold / Michael Schibilsky

Gesellschaft. Sofern die vorgestellte Wirklichkeit idealisiert wird, die gegenwärtige Gesellschaft dem Verdikt verfällt, unmenschliche Welt zu sein, und Krisen als Signale für das Ende der alten und den Beginn der neuen Gesellschaft gewertet werden, muß vom Vorliegen eines dichotomischen Gesellschaftsbildes ausgegangen werden.

– Religiosität ist dann durch die Dimension der inneren Erfahrung zu kennzeichnen, von jeher eines der klarsten, eindeutigsten aber empirisch zugleich umstrittensten Kriterien. Von religiöser oder innerer Erfahrung muß dann gesprochen werden, wenn es um die Erfahrung heiliger oder als heilig zu bezeichnender Wirklichkeit geht. Die Gültigkeit dieser Erfahrung (zumal bei einem verstehenden Ansatz, wie er dieser Studie zugrundeliegt) ist nur vom Betroffenen selbst zu beantworten und zu entscheiden, es geht also um Interpretation und Re-Interpretation eigener Erfahrungen und deren Wertung. Entscheidend ist zudem, welche Bedeutung diese Erfahrung für Lebensvollzug und Sinndeutung erhält.

– Als vierte Dimension ist die Kategorie der religiösen Praxis zu nennen, Handlungsvollzüge also, die religiös motiviert und orientiert sind, Zwecke erfüllen, die mit alltagswirklicher Plausibilität nicht begründbar sind, also einen explizit religiösen Zweck erfüllen. Gemeint ist damit eine praxis pietatis, die im alltäglichen Lebensvollzug verankert ist. Neben den im kirchlich-christlichen Umfeld erwartbaren Formen wie Tischgebet oder Bibellektüre gehören dazu auch Formen, die mit den genannten nicht abgedeckt sind, dennoch vom Betroffenen selbst als religiöse Praxis gewertet werden.

– Religiosität nach diesem Verständnis ist sodann charakterisiert durch bevorzugte Interaktion in einer religiösen Gruppe. Die Interaktionsräume werden eingeschränkt zugunsten einer eindeutigen und von vornherein auf Übereinstimmung angelegten Kommunikation mit wenigen Gleichgesinnten. Ziel dieser Kommunikation ist religiöse Affirmation und Ausgrenzung anderer Auslegungsmuster, die als bedrohlich für das eigene Sinnsystem erlebt werden.

– Schließlich ist als religiöse Dimension die soziale Selbstverortung als marginale Existenz zu benennen. Dieses Bewußtsein kann sich defensiv als Wissen um die Ablehnung der eigenen Existenzform durch die Mehrheit der Gesellschaft oder gar als Diskriminierung der eigenen Lebensform äußern, aber auch offensiv als Elitebewußtsein gegenüber einer ›morbiden‹, ›sündhaften‹ Welt (›gefallene Schöpfung‹). Marginalität kennzeichnet in einem sozialen System den Ort, der charakterisiert ist durch soziale Defiziterfahrungen, durch Bildung eines vom allgemeinen Wissensbestand abweichenden Nomos, durch ein alternatives Handlungs- und Erfahrungssystem und durch Autonomiebestrebungen.

Entwickelt wurden die genannten Dimensionen, wie bereits erwähnt, im Zusammenhang mit der Erforschung gegenwärtiger religiöser Subkulturen, also extremer religiöser Lebensformen. Die dort untersuchte religiöse Lebenswelt ist weit stärker als bei der hier zu untersuchenden Gruppierung von affektiven und emotionalen Komponenten bestimmt, als von kritisch-rationaler Auseinandersetzung mit vorgefundenen religiösen Manifestationen. Bezogen auf unsere Population sollen diese Dimensionen als Eck-Markierungen dienen, um neben vermuteter Entkirchlichung bei vermutlich weiterhin durchgehaltener Christlichkeit die andere Seite eines gedachten Spannungsbogens untersuchen und darstellen zu können.
Bezogen auf unsere Population legte sich folgende Operationalisierung dieser Dimensionen nahe:

- Ein abweichender Wirklichkeitsbegriff ist zu vermuten, wenn man sich »als Theologe oft mißverstanden (fühlt), weil die Leute nicht begreifen, was man eigentlich will.« (Item 34)
- Ein dichotomisches Gesellschaftsbild ist dann zu vermuten, wenn die Realisierung der Glaubensüberzeugung nur innerhalb einer religiösen Gemeinschaft gedacht werden kann (vgl. Item 264)
- Von dem Vorhandensein religiöser Erfahrung ist auszugehen, wenn folgendem Item (266) zugestimmt wird: »Ich mache gelegentlich Erfahrungen, die ich als religiös bezeichnen würde«. (Gemäß dem verstehenden Ansatz wurden hier bewußt keine konkreten Erfahrungskategorien gewählt.)
- Alltägliche religiöse Praxis ist zu vermuten, wenn »Beten in meinem Leben eine wichtige Rolle (spielt)«. (Item 284)
- Bevorzugte Interaktion mit Gleichgesinnten ist in diesem Zusammenhang zu vermuten, wenn der Proband mit seinen Freunden »oft über religiöse Themen« spricht (vgl. Item 281).
- Marginale Selbstverortung ist dann zu vermuten, wenn der Proband Fremderwartungen nicht realisieren kann.

Religiöse Überzeugung muß bei unserer Population dann als konfliktbeladen gelten, wenn religiöse Überzeugung und religiöse Praxis einerseits und das Bewußtsein marginaler Existenz (abweichender Wirklichkeitsbegriff verbunden mit der Vorstellung, von der Umwelt unverstanden zu sein) andererseits bei den gleichen Probanden diagnostizierbar wären.
Es zeigt sich nun, daß tatsächlich ein Typ bei den ehemaligen evangelischen Theologen aufzuweisen ist, bei dem ein dichotomisches Gesellschaftsbild, religiöse Erfahrung, alltägliche religiöse Praxis und bevorzugte Interaktion mit Gleichgesinnten vorhanden sind, (also die Dimension 2 bis 5). (Ein abweichender Wirklichkeitsbegriff und marginale Selbstverortung (die Dimensionen 1 und 6) wurden von uns nicht zureichend operationalisiert.) Theore-

tisch gesprochen handelt es sich jedoch bei eben diesen beiden letztgenannten um klassische Fremddefinitionen. Das bedeutet, bezogen auf das Konfliktfeld Religiöse Überzeugung: Es gibt unter den ehemaligen evangelischen Theologen eine zwar kleine, aber dennoch überzufällig häufig vertretene Gruppierung (27 von 277 Probanden), die überwiegend den genannten Dimensionen von Religiosität entspricht (soweit es sich um Selbsteinschätzungen handelt). Wir haben es hier mit der kleinen, in sich konsistenten Gruppe derer zu tun, die aufgrund intensiven religiösen Engagements sich von der stärker volkskirchlich geprägten Pfarrerlaufbahn abgewendet haben. Eine genauere Beschreibung dieses Personenkreises kann jedoch nur mit dem Instrument des Einzel- und Gruppengesprächs erfolgen (s. u. 3.2.2. und 4.2.2.); tatsächlich wurden dort Vertreter dieser Gruppierungen angetroffen und untersucht (vgl. 3.4.2)

1.2.2. Distanz zur Religion

Da sich Religion aus einer Fülle von einzelnen Komponenten zusammensetzt, haben wir versucht, eine komplexe Beschreibungsgröße zu finden, die es erlaubt, verschiedenartige Informationen in einem Zugriff zu bündeln. Die folgenden Faktoren sind in den von uns sogenannten »Distanzindex« eingegangen: – die Einstellung gegenüber der Institution Kirche (speziell das Verhältnis zur Kirche und die Austrittsbereitschaft); – die Selbstdefinition als Christ; – die persönliche Glaubensüberzeugung (speziell die Items: »Der Gedanke an Gott spielt in meinem Alltag eine wichtige Rolle« und »Der Glaube an Gott hilft mir, in schwierigen Lebenslagen nicht zu verzweifeln«.) Darüber hinaus fand das Zentraldatum unserer Untersuchung, nämlich die Frage, ob eine berufliche Umorientierung vollzogen wurde oder nicht, Eingang in diesen Index. Für jede einzelne Versuchsperson wurde ermittelt, ob sie einen hohen Distanzierungsgrad in Bezug auf das geschilderte Einstellungssyndrom aufweist, oder ob bei ihr von einem hohen Identifikationsgrad gesprochen werden kann. Das Ergebnis sieht so aus:

Tabelle 1.2.1.: Distanz zu Religion und Kirche (DISTANZ)

	Ehemalige		
	Stud.	Vik.	Pfr.
Hohe Distanz.	146 = 64.9%	21 = 63.6%	8 = 32.0%
Mittelposition	63 = 28.0%	9 = 27.3%	15 = 60.0%
Hohe Identifiz.	16 = 7.1%	3 = 9.1%	2 = 8.0%
N =	225 = 100%	33 = 100%	25 = 100%

	Gegenwärtige		
	Stud.	Vik.	Pfr.
Hohe Distanz.	8 = 4.3%	10 = 6.0%	1 = 0.4%
Mittelposition	50 = 26.7%	58 = 34.7%	26 = 11.0%
Hohe Identifiz.	129 = 69.0%	99 = 59.3%	209 = 88.6%
N =	187 = 100%	167 = 100%	236 = 100%

Zunächst zeigt sich das erwartete Ergebnis, daß die ehemaligen Theologen insgesamt in ihrer überwiegenden Mehrheit einen hohen Distanzierungsgrad zu den genannten Einstellungen aufweisen.
Die Selbstverortung hinsichtlich der Institution, der Selbstdefinition und der persönlichen Glaubensüberzeugung läßt eine wenigstens latent konfliktträchtige Einstellung erkennen. Dabei fällt allerdings die Sub-Gruppe der ehemaligen Pfarrer aus dem Rahmen: 60% von ihnen müssen in die Mittelposition eingestuft werden. Darin spiegelt sich die Tatsache, daß trotz vollzogener beruflicher Umorientierung ein latentes Zugehörigkeitsgefühl zur Institution und den von ihr repräsentierten Glaubenseinstellungen besteht. Offenbar schleifen sich in einer längeren Berufspraxis bestimmte Einstellungs- und Deutungsmuster bei jedem einzelnen ein, die auch nach vollzogener Neuorientierung in einem wichtigen Alltagsfeld nicht ohne weiteres aufgegeben werden können.
Ohne Zweifel den interessantesten Befund weisen hier wie auch an vielen anderen Stellen die gegenwärtigen Vikare auf. Sie zeichnen sich unter den Theologen wieder einmal als diejenigen aus, die über die größte Kritikfähigkeit verfügen. Als Erklärungsmuster bieten sich hier folgende Erklärungen an: – Die von uns befragten Vikare haben zum größten Teil die Jahre der Studentenbewegung und das durch sie freigesetzte Kritikpotential bewußt miterlebt und für sich

adaptiert. – Sie befinden sich im Verlauf ihrer beruflichen Karriere an einem Ort, wo die denkbar größte Rollenunsicherheit zu bewältigen ist: nicht mehr Student, noch nicht Amtsträger. – In diesem Stadium ist ihre Selbstwahrnehmung und die Wahrnehmung des beruflichen Alltags noch nicht durch »Betriebsblindheit« (Gewöhnung) eingeschränkt, welche durch längere Berufspraxis für einen großen Teil der Pfarrer scheinbar unausweichlich wird. – Im Studium antizipierte Vorstellungen von einer ›idealen‹ Amtspraxis sind noch nicht durch den ermüdenden Alltagsvollzug in dem nivellierenden Sog der Routine gänzlich zerrieben worden, so daß sie noch als kritischer Maßstab dienen können.

*1.3. Konfliktfeld: Theologische Einstellung**

1.3.1. Theologiekritik und Identität

Theologiekritik ist nicht allein eine Sache der Theologen, die ihre Berufslaufbahn aufgegeben haben. Das ist eines der wichtigen Nebenergebnisse, die sich bei unserer empirischen Untersuchung theologischer Konflikte ergeben haben. Allein wenn man sich vor Augen führt, daß 38 % der gegenwärtigen Theologen der Behauptung zustimmen »Was der Mensch von Gott aussagt, sagt er in Wahrheit von sich selbst aus« (Item 272), oder daß 61 % von ihnen meinen, daß die kirchliche Verkündigung oft von Dingen spricht, bei denen sich ein vernünftiger Mensch nichts denken kann (Item 222), kann man sich nicht mehr mit dem Argument begnügen, dabei handele es sich nur um gewöhnliche theologische Meinungsverschiedenheiten. Wie vielmehr aus den von uns erhobenen Daten hervorgeht, widersprechen einige gegenwärtige Theologen der Theologie aus den gleichen Gründen wie ihre ehemaligen Kollegen. Von theoretischen Erwägungen ausgehend hatten wir vier verschiedene Möglichkeiten vermutet, wie solche Widersprüche ausgeglichen werden können, ohne die Radikallösung der Aufgabe der theologischen Berufslaufbahn zu vollziehen: durch Rückzug auf eine dualistische Theorie von Kirche und Gesellschaft, durch eine normativ-politische Beseitigung der gegenwärtigen Wirklichkeit zugunsten einer besseren Zukunft, durch die Unterscheidung von privater und öffentlicher Theologie und schließlich durch einen Umbau der Theologie selbst. (Vgl. I,2.2.3.b. und c.) Das uns vorliegende empirische Material bestätigt diese Vermutungen nur

* Helge Siemers

zu einem gewissen Teil. Der Kirche-Gesellschaft-Dualismus erweist sich als eine unter den gegenwärtigen Theologen verbreitete Vorstellung. Dagegen läßt sich ein politischer Dualismus von schlechter Gegenwart und idealer Zukunft nicht nachweisen. Jedoch deuten einige Daten auf eine Überlagerung dieses politischen mit dem herkömmlichen theologischen Dualismus hin. Das heißt, es gibt eine Auffassung, die den Gegensatz von Kirche und Gesellschaft betont, ihn aber nicht so sehr mit theologischen, sondern mit politischen Kategorien beschreibt. Der besondere Status der Kirche liegt nach diesem Verständnis in ihrem vornehmlich politischen Wächteramt gegenüber der Gesellschaft. Was die Unterscheidung von privater und öffentlicher Theologie anbelangt, kann vor allem auf die Antworten auf das Item 323 verwiesen werden: Immerhin 26% der gegenwärtigen Theologen meinen, daß der Pfarrer ständig einen Teil seiner persönlichen theologischen Überzeugung verbergen muß (ehem. Theologen: 57%). Die Notwendigkeit eines Umbaus der Theologie schließlich wird von etlichen Theologen gesehen. Nahezu die Hälfte von ihnen kritisiert die Isolation der Theologie von den anderen Wissenschaften und viele fordern nachdrücklich eine Reduzierung des theologischen Fächerkanons, um für gegenwarts- und praxisbezogene Fragestellungen in der Theologie Raum zu gewinnen. Mit dieser Forderung verbindet sich dann ein großes Interesse an den Humanwissenschaften. (Vgl. I.5.4.1.)

Von der Theologiekritik der gegenwärtigen Theologen unterscheidet sich die der ehemaligen Theologen in den meisten Fällen durch ihre Radikalität. Das betrifft bereits die Theologie als Wissenschaft. Eine grundsätzliche wissenschaftstheoretische und ideologiekritische Betrachtung der Theologie ist bei vielen von ihnen anzutreffen. Weiterhin distanzieren sie sich von wesentlichen inhaltlichen Aussagen der Theologie. Beinahe durchgehend kritisieren sie dabei gerade jene dualistischen Theorien, die vielen der gegenwärtigen Theologen zur Erhaltung ihrer theologischen Identität dienen. Es wird sowohl die Vorstellung einer zweiten, religiösen Wirklichkeit jenseits der empirisch erfahrbaren Welt bestritten als auch jene Theorie, derzufolge sich die Kirche grundsätzlich von der Gesellschaft unterscheidet. Ein weiterer wichtiger Kritikpunkt betrifft die in den Augen vieler ehemaliger Theologen mangelnde Relevanz der Theologie für die Bewältigung individueller und gesellschaftlicher Probleme. Wie auch aus verschiedenen Ausführungen zu dem offenen Item 309 hervorgeht, wird die Theologie wegen ihrer traditionellen dogmatischen Inhalte für weitgehend unfähig gehalten, hier einen angemessenen Beitrag zu leisten. Exemplarisch hat einer der Probanden diesen Grund für die Aufgabe der theologischen Berufslaufbahn beschrieben:

»Für die Theologie gibt es nur die Alternative: Festhalten an dogmatischen Aussagen über Gott und die Welt mit mehr zufälligen (nicht systematisch ableitbaren) praktischen Konsequenzen – oder die Selbstauflösung als Theologie. In der einleuchtenden Aussage, in dem, was zwischen Menschen geschehe, sei Gott, ist diese Selbstauflösung vorbereitet. Diese Selbstüberwindung zu vollziehen, weigert sich die Theologie. Das erschien mir absurd, um so mehr, als die Praxis der Kirche ebenso gut ohne die Versuche theologischer Begründung auskommt: sowohl die reaktionäre Praxis als auch die progressive Praxis der Kirche. Mein Hauptproblem: wozu also Theologie? ...«

Daß dieser Proband mit seiner Kritik an der Sinnkonstruktion der Dogmatik nicht allein steht, zeigt sehr deutlich die Verteilung der Skala »Gott und die Welt«.

Schaubild 1.3.1.: Skala »Gott und die Welt«

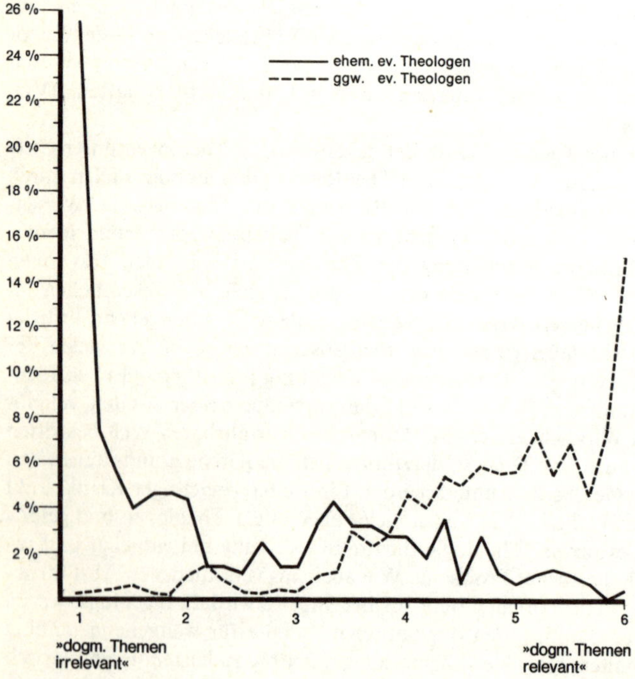

Mehr als ein Viertel der ehemaligen evangelischen Theologen geben an, daß zentrale Inhalte traditioneller Theologie für ihr Leben völlig irrelevant sind (Skalenwert 1.00: 25.5%); ein weiteres Viertel von ihnen teilt diese Einstellung ebenfalls noch stärker als »im großen und ganzen« (Skalenwerte zwischen 1.17 und 1.83: 26.3%). Vergleicht man damit, daß nur ein Sechstel aller gegenwärtigen Theologen diesen Themenbereich auch nur einigermaßen problematisiert (Skalenwerte unter 4.00: 16.4%), so dürfte daran deutlich werden, daß die Ablehnung des theologisch-dogmatischen Legitimationsangebotes ein wesentlicher Grund für die Aufgabe der theologischen Berufslaufbahn ist.

1.3.2. Theologische Alternativen

Die genauere Untersuchung der Funktion der Theologie für die Identität des Theologen fördert nicht nur kognitive Aspekte zutage, sondern läßt auch unmittelbar damit zusammenhängende Motive und Emotionen erkennen. (Vgl. I,5.3.3.) Einerseits wird dadurch die These erhärtet, derzufolge die Theologie in gewisser Weise auch die Religion des Theologen darstellt. Andererseits liegt darin ein Hinweis, bei der Suche nach solchen Formen von Theologie, die in kognitiver Hinsicht akzeptabel erscheinen, den emotionalen Aspekt nicht außer acht zu lassen. Die Dringlichkeit dieser Forderung wird durch folgende Ausführungen eines Probanden (Item 309) illustriert:

»Die Theologie ist in sich schlüssig, weil sie ein geschlossener Kreis ist; aber statt uns zu helfen, macht sie kaputt, statt stark, schwach, statt froh, traurig. Sie gibt uns das Gefühl des ständigen Versagens, Schuldigseins, denn davon lebt sie, anstatt uns zu bestätigen. Sie zwingt uns Verhaltensweisen auf, die uns möglicherweise nicht entsprechen. Sie zwingt uns eine (von wem erdachte??) Moral auf, damit wir sie als Trost brauchen, damit wir uns nie anerkennen, nie stark fühlen. Sie ist Helfer der Unterdrückung, nicht Bringer der Freiheit, Verkünder der Traurigkeit, statt der Freude.«

Wie soll nun aber der emotionale Aspekt in der theologischen Forschung, in der Lehre und im Studium berücksichtigt werden? Wenn unsere Vermutung stimmt, daß die Theologie bei den meisten Theologen eng mit ihrer persönlichen oder religiösen Identität verknüpft ist, und wenn es weiterhin zutrifft, daß diese enge Verbindung dafür verantwortlich ist, daß theologische Sachstreitigkeiten sich nicht nur auf der kognitiven Ebene abspielen, sondern auch auf die emotional-motivationale auswirken, dann wäre ernsthaft zu erwägen, ob diese konfliktträchtige Verbindung nicht besser aufgelöst werden sollte. Die verbreitete Auffassung von der Theologie als einer Wissenschaft, die den Glauben voraussetzt, um ihn zu entfalten, wäre daraufhin kritisch zu befragen. Vielleicht könnte dann auch die chronische Schwäche vieler theologischer Diskussionen behoben werden, an strittigen Punkten Argumente durch Bekenntnisse zu ersetzen. Wäre es nicht möglich oder doch zumindest denkbar, daß eine Theologie, die sich nicht normativ oder affirmativ auf Glaube und Religion richtet, sondern ihnen ihr Eigenrecht läßt und sich mit ihnen und ihren verschiedenen sozialen und individuellen Erscheinungsweisen allein wissenschaftlich analysierend befaßt, – wäre es nicht möglich, daß diese Theologie einige von den Schwierigkeiten vermeidet, mit denen wir uns hier zu beschäftigen hatten?

*1.4. Konfliktfeld: Politische Praxis**

Die Frage, inwieweit Themen, Probleme, Anlässe und Gründe aus dem politisch-gesellschaftlichen Bereich für die Aufgabe der theologischen Berufslaufbahn eine Rolle spielen, wird im folgenden unter drei Aspekten behandelt: (1) die expliziten Nennungen für den Grund des Studien- bzw. Berufswechsels und ihr Zusammenhang zu anderen Einstellungen, (2) Art und Ausmaß des Einflusses der Studentenbewegung auf die Umorientierung und (3) die gegenwärtige Aktivität der ehemaligen Theologen in politischen Parteien, Gewerkschaften usw. als der möglichen Alternative im gesellschaftlichen Engagement.

1.4.1. Politisch-gesellschaftliche Aufgabenmotivationen

Aus der Liste der Gründe für die Aufgabe der theologischen Berufslaufbahn (Items 355–371) gruppieren sich im Cluster drei Items zusammen, die die gesellschaftliche Rolle der Kirche und ihrer Funktionsträger thematisieren:

Item 359: Ich hielt die Kirche für unfähig, zur Lösung gesellschaftlicher Probleme etwas beizutragen.
Item 360: Ich wollte als kirchlicher Amtsträger nicht zur Stabilisierung des bestehenden gesellschaftlichen Systems beitragen.
Item 365: Die Kirche war mir zu autoritär und undemokratisch.

---

* Eberhard Löschcke

Diese Items weisen ihren stärksten Zusammenhang nicht mit den jeweils entsprechenden allgemeinen Einstellungen auf (d.h. 359 nicht mit 219, 360 nicht mit 347, 365 nicht mit 215), sondern untereinander, während auch andere Aufgabegründe sich hier nicht zuordnen. Das bedeutet, daß mit diesem Itembündel ein relativ geschlossenes Motiv für die Aufgabe der theologischen Berufslaufbahn erfaßt ist, das sich mit den Stichworten »demokratisch«, »antiautoritär«, »gegen Systemstabilisierung« und »Lösung gesellschaftlicher Probleme« als politisch-systemkritisches umreißen läßt.

Unter diesen Items erfährt 365 mit 47.6% der ehemaligen evangelischen Theologen, die völlig oder im großen und ganzen zustimmen, die stärkste Bejahung. Nimmt man noch die 20.9% derer hinzu, die tendenziell zustimmen, so wird deutlich, daß es für die ehemaligen Theologen nahezu eine Selbstverständlichkeit ist, ihren Wechsel mit ihrer Kritik an der Kirche, die »autoritär und undemokratisch« sei, zu begründen. Die politische Dimension dieses Motivbündels wird insbesondere deutlich an den Items 359 und 360, die von 38.3% bzw. 31.1% weitgehend bejaht werden. Hier sind es unter denen, die diesen Angaben völlig zustimmen, jeweils über 60 Prozent, die nach dem Index zur politischen Einstellung als »progressiv« einzuordnen sind.

Mit dieser Aufgabemotivation verbinden sich, das zeigt die Complete-Linkage-Version der Clusteranalyse, die Auffassungen, daß, wer für die Gesellschaft etwas Sinnvolles leisten will, besser nicht Pfarrer werden sollte und daß zu einem gerechten und hilfsbereiten Handeln die christliche Lehre nicht notwendig ist. Beides sind Legitimationsfiguren, mit denen sich das gesellschaftliche Engagement, das in den genannten Gründen für den Studien- bzw. Berufswechsel zum Ausdruck kommt, auch außerhalb der Kirche durchhalten läßt. Einen zweiten Aspekt bildet die Kritik an der Volkskirche, d.h. die volkskirchliche Organisationsstruktur dürfte ein wichtiger Grund dafür sein, daß die betreffenden ehemaligen evangelischen Theologen die Kirche als im System verhaftet und als unfähig, im Dienste gesellschaftlicher Erneuerung zu stehen, ansehen. (Items 210, 286; 28, 58/77)

Unter den politischen oder gesellschaftlichen Ereignissen, unter deren Eindruck die Aufgabe der theologischen Berufslaufbahn erfolgte (Frage 119), verdient neben der Studentenbewegung, die weiter unten ausführlicher behandelt wird, ein Thema besondere Beachtung, da es einige Male genannt wurde, in unseren Hypothesen aber nicht vorkam: das Problem der Dritten Welt.

Hier spielt z. B. ganz allgemein das »Ernährungsproblem der 3. Welt« eine Rolle, daneben, konkret auf die Gemeinde bezogen, daß »eine politische Einschätzung der Entwicklungshilfe verboten wurde, um eine caritative zuzulassen«, oder auch, das zwiespältige Verhältnis der bundesdeutschen Kirchen zur Ökumene ansprechend, »die Beurteilung des Antirassismusprogramms des ÖRK durch einen gewissen Herrn Thimme«. Exemplarisch dürfte der Fall eines ehemaligen Theologen sein, der angibt, aufgrund einer »Studienreise mit Arbeitseinsatz in Kenya« und »theoretischer Beschäftigung mit Entwicklungspolitik« die Aufgabe der theologischen Berufslaufbahn erstmals ernsthaft erwogen zu haben, um sie dann wegen seines »Unbehagens an fast ausschließlich verbaler Tätigkeit« tatsächlich zu vollziehen. Dieser Wille zum praktischen Handeln schlägt sich nun im Studium der allg. Agrarwissenschaften nieder. Ein anderer, der durch den »Entwicklungsdienst« zum Wechsel angeregt wurde, vollzog ihn dann, als er ein »interessantes Angebot in internationaler Erwachsenenbildung und Gemeinwesenarbeit« erhielt.

An diesen Beispielen kann auch deutlich werden (vgl. I,4.8.), daß die ehemaligen Theologen häufig einen Beruf ergreifen bzw. anstreben, in dem sie ihr soziales Engagement besser verwirklichen zu können hoffen.

1.4.2. Der Einfluß der Studentenbewegung

Nachdem im ersten Band (7.2.3.) bereits festgestellt wurde, daß die Studentenbewegung in Bezug auf den Typ des politisch Engagierten sowohl in Form wie in Ausmaß ihrer Prägung auf ehemalige und gegenwärtige Theologen nicht unterschiedlich gewirkt hat, stellt sich die Frage, ob unsere Hypothese über den entscheidenden Einfluß der Studentenbewegung auf den Studien- bzw. Berufswechsel aufrecht erhalten werden kann.
Hierbei ist zunächst festzuhalten, daß 14.5 % der ehemaligen Theologen ihre Aufgabe der theologischen Berufslaufbahn ausdrücklich mit den »Studentenunruhen«, der »APO«, dem »2. Juni 67« oder dem »politischen Aufbruch 68« in Verbindung bringen – eine Häufigkeit, mit der kein anderer Grund in der Liste in Item 119 genannt wird. Über diese Selbsteinschätzungen hinaus bedarf es aber einer genaueren Prüfung des Einflusses der Studentenbewegung.

Zu diesem Zwecke wurde sowohl die Ziel- wie auch die Kontrollgruppe jeweils unterteilt in die Gruppe derer, die sich zwischen 1966 und 1971 im Studium befanden, und den Rest derer, die dies nicht waren. Für diese beiden Gruppen wurde dann getestet, ob signifikante Unterschiede zwischen den ehemaligen und den gegenwärtigen Theologen bestehen. Unterscheiden sich Ziel- und Kontrollgruppe bei denen, die zwischen 1966 und 1971 studierten, *nicht*, so ist sowieso kein unterschiedlicher Einfluß der Studentenbewegung anzunehmen. Unterscheiden sie sich jedoch, so muß man zum Vergleich hinzuziehen, ob Ziel- und Kontrollgruppe sich auch bei denen signifikant unterscheiden, die vor 1966 oder nach 1971 studiert haben. Besteht auch hier eine signifikante Differenz, so ist wiederum nicht anzunehmen, daß es die Studentenbewegung war, die hier entscheidend gewirkt hat. Lediglich wenn dann bei denen, die zwischen 1966 und 1971 nicht an der Universität waren, kein Unterschied besteht, kann man davon ausgehen, daß in diesem Fall die Studentenbewegung entscheidenden Einfluß auf die abweichende Haltung der durch sie sozialisierten ehemaligen Theologen hatte.

Weder in der persönlichen Prägung durch die Studentenbewegung noch in ihrer allgemeinen Einschätzung läßt sich ein bedeutsamer Unterschied zwischen ehemaligen und gegenwärtigen Theologen feststellen (Items 246, 248, 257). Andererseits können die vorhandenen deutlichen Differenzen auf der Skala und beim Index zur politischen Einstellung ebenfalls nicht auf den Einfluß der Studentenbewegung zurückgeführt werden. Ein entscheidender Unterschied aber ergibt sich bei der Vorstellung über Ziele und Mittel kirchlichen Handelns. Hier fordern die ehemaligen evangelischen Theologen, die sich zwischen 1966 und 1971 im Studium befanden, in verstärktem Maße, die Kirche solle für Randgruppen und gesellschaftliche Veränderung eintreten und dabei ihre Ziele durch die Mitglieder demokratisch bestimmen lassen (Item 243, 232 soll). Ließ es sich als ein Charakteristikum der Studentenbewegung angeben, daß in ihr auf gesamtgesellschaftlicher Ebene die Frage nach den Zielen der Politik neu gestellt wurde (vgl. I,2.5.2.), so wirkt sie sich offensichtlich in gleicher Weise im kirchlichen Bereich aus. Nicht eine allgemein progressive politische Einstellung, sondern einen Konflikt über die Ziele kirchlichen Handelns (Verkündigung versus gesellschaftliches Engagement) hervorgerufen zu haben, das dürfte der spezifische Beitrag der Studentenbewegung zur Aufgabe theologischer Berufslaufbahnen gewesen sein.

1.4.3. Politische Organisation

Rund fünf Prozent der ehemaligen evangelischen Theologen nennen die Mitgliedschaft in einer politischen Gruppe oder Partei ausdrücklich als Motiv für den Wechsel des Berufs bzw. des Berufsziels; dabei werden ausschließlich linke Gruppen genannt, von Jusos und DFU bis hin zu Roten Zellen.

Daß aber auch das aktive Eintreten für eine der etablierten Parteien zur Aufgabe der theologischen Berufslaufbahn führen kann, zeigt das Beispiel eines ehemaligen Vikars, der wegen seiner »herausgehobenen Funktion in der SPD« mit der Gemeinde in Konflikt geriet; oder das Beispiel des ehemaligen Pfarrers, der nach 15 Dienstjahren ausschied, weil er den Wunsch hatte, »nach nicht erfolgreicher Landtagskandidatur (für die SPD) im Wahlkreis zu bleiben«. Daß diese Entscheidung für den Betroffenen selbst durchaus einen Konflikt bedeutete, wird deutlich an der Aussage, die er über das Bedenken macht, das ihn am meisten zögern ließ, die theologische Berufslaufbahn aufzugeben: »Ich war gerne Pfarrer.«

Insgesamt ist der politische Organisationsgrad der ehemaligen evangelischen Theologen weitaus höher als bei den gegenwärtigen evangelischen und den ehemaligen katholischen Theologen. Von den ehemaligen evangelischen Theologen gehören 34% einer Partei an (davon 72% der SPD), 17% arbeiten aktiv in einer Gewerkschaft mit. Unter den gegenwärtigen Theologen sind nur 11% Mitglied einer Partei (davon 50% der SPD), nur 1.4% sind gewerkschaftlich tätig. Die ehemaligen katholischen Theologen sind zu 18% in einer Parteiorganisation (davon zu je 40% in SPD und CDU/CSU), 6% von ihnen arbeiten gewerkschaftlich.
An diesen Befund über den unterschiedlichen Organisationsgrad und seine politische Ausrichtung läßt sich eine Vermutung knüpfen. Bis auf Einzelfälle läßt sich der denkbare Gegentyp zum gesellschaftspolitisch engagierten ehemaligen Theologen, nämlich derjenige, der dem Pfarrerberuf den Rücken kehrt, weil sich die Kirche seiner Meinung nach zu sehr auf die Welt eingelassen hat, unter den Befragten nicht feststellen. Dies könnte darin begründet sein, daß die mit einer solchen Kritik verbundenen Zielvorstellungen (»Wort und Sakrament«) sich außerhalb der evangelischen Kirche kaum realisieren lassen, es sei denn, wie es vereinzelt geschieht, durch Übertritt in die katholische oder die orthodoxe Kirche. Entsteht dagegen ein Zielkonflikt aus gesellschaftlich-politischen Motiven, so ist deshalb eine Aufgabe der theologischen Berufslaufbahn möglich, weil mit SPD und Gewerkschaft alternative gesellschaftliche Großorganisationen existieren, in denen diese Ziele – zumindest tendenziell – verwirklicht werden können.

*1.5. Konfliktfeld: Beruflicher Alltag**

Konfliktfelder im beruflichen Alltag lassen sich dann herauskristallisieren, wenn die Betroffenen selbst (also diejenigen, die tat-

* Michael Schibilsky / Wolfgang Marhold

sächlich in der kirchlichen Praxis tätig waren) ihre Arbeitsfelder qualifizieren: Für welche Tätigkeiten fühlten sich die Probanden gut, für welche ungenügend ausgebildet; mit welchen Tätigkeiten verbinden sie berufliche Befriedigung, welche vermitteln ihnen Frustrationen? Eine Gegenüberstellung der Ergebnisse von ehemaligen und gegenwärtigen Theologen zeigt bereits auf den ersten Blick, daß in nahezu sämtlichen Bereichen die Aussagen der faktischen Amtsinhaber markanter sind, als die der ehemaligen Theologen. Interessant sind nun sowohl die Ergebnisse innerhalb der jeweiligen Subgruppen als auch ein Vergleich der genannten Gruppen (vgl. Tabelle 1.5.1.).

Die *ehemaligen evangelischen Vikare und Pfarrer* fühlen sich zwar für die Verkündigung häufig gut ausgebildet, konnten jedoch in ihrer kirchlichen Praxis mit diesem Arbeitsfeld kaum berufliche Befriedigung verbinden, vielmehr haben 22,4% Frustrationen mit diesem Arbeitsbereich verbunden. Verstärkt wird dieser Eindruck dadurch, daß 46,6% der ehemaligen Theologen auch mit Kasualien berufliche Frustration verbinden. Genau das umgekehrte Bild ergibt sich, wenn wir uns die Arbeitsfelder betrachten, mit denen die ehemaligen Theologen berufliche Befriedigung verbanden: Es war die Seelsorge, also exakt der Bereich, für den sich ein großer Anteil dieser Gruppe völlig ungenügend ausgebildet fühlte. Es läßt sich also eine deutliche Diskrepanz zwischen theologischer Ausbildung und den faktischen Anforderungen und Interessen innerhalb der kirchlichen Praxis konstatieren. Es muß sogar vermutet werden, daß diese Diskrepanz mit ausschlaggebend gewesen ist für die berufliche Umorientierung der ehemaligen Theologen. Denn die ehemaligen Theologen geben in auffälliger Übereinstimmung an, gerade für diejenigen Arbeitsfelder ungenügend ausgebildet zu sein, mit denen sie faktisch die größte Befriedigung verbinden: Seelsorge, kirchlicher Unterricht und Kinder- und Jugendarbeit. Als Konfliktfelder innerhalb des beruflichen Alltags schälen sich daher heraus: Verkündigung und Predigt als der Bereich, für den die ehemaligen Theologen sich zwar gut ausgebildet fühlten, deren Stellenwert in der Praxis bzw. innerhalb des eigenen Konzeptes für kirchliche Praxis gering eingestuft wird; Seelsorge und Jugendarbeit dagegen als die Bereiche, die im herkömmlichen Theologiestudium ungenügend berücksichtigt wurden, in der Praxis bzw. im Praxis-Konzept der ehemaligen Theologen jedoch als äußerst bedeutsam eingestuft werden.
Umgekehrt ist dagegen – und das untermauert diesen Befund – die Lage bei den gegenwärtigen Theologen. In geradezu überraschen-

Tabelle 1.5.1: Ausbildung und Berufszufriedenheit innerhalb kirchlicher Arbeitsfelder (Items 311, 313, 315, 316)

	Ehem. ev. Vikare/Pfarrer	Gegenwärtige ev. Pfarrer
Gute Ausbildung für:	39.7 % Verkündigung	67.0 % Verkündigung
	27.6 % Unterricht	40.2 % Seelsorge
	19.0 % Seelsorge	38.1 % Unterricht
Ungenügende Ausbildung für:	44.8 % Seelsorge	52.1 % Verwaltung
	41.4 % Unterricht	47.9 % Unterricht
	24.1 % Jugendarbeit*	39.8 % Seelsorge
Berufliche Befriedigung durch:	36.2 % Seelsorge	50.8 % Verkündigung
	29.3 % Jugendarbeit*	47.0 % Seelsorge
	22.4 % Unterricht	37.3 % Unterricht
Berufliche Frustration durch:	46.6 % Kasualien	53.0 % Verwaltung
	32.8 % Unterricht	32.6 % Unterricht
	22.4 % Verkündigung	12.7 % Jugendarbeit*

(* einschließlich Kinderarbeit wie Kindergottesdienst und Jungschar)

der Parallelität tauchen hier die Bereiche auf: Für Verkündigung, Seelsorge und kirchlichen Unterricht fühlen sich die gegenwärtigen Theologen nicht nur gut ausgebildet, sondern verbinden auch mit genau den gleichen Arbeitsfeldern ihre größte berufliche Befriedigung. Nahezu identisch sind auch die Arbeitsfelder, für die sich die gegenwärtigen Theologen einerseits schlecht ausgebildet fühlen, andererseits berufliche Frustrationen damit verbinden: Vor allem sind das die Verwaltungsaufgaben und der kirchliche Unterricht (wobei gerade die Einschätzung des kirchlichen Unterrichts insgesamt als heterogen bezeichnet werden muß).

In den Antworten spiegelt sich der Schwerpunkt des traditionellen Theologiestudiums wieder: Die Verkündigung rangiert mit Abstand an erster Stelle sowohl hinsichtlich einer guten Ausbildung als auch im Bezug auf berufliche Befriedigung. Daß diejenigen Tätigkeiten, in denen man sich sattelfest fühlt, auch mit dem höchsten Befriedigungsgrad verbunden sind, bedarf keiner besonderen Erklärung. Die hohe Frustrationsmarke, die mit der Verwaltung einhergeht, signalisiert, daß dieser Bereich von Pfarrern als nicht zu ihrer Profession hinzugehörend angesehen wird. Frustration in diesem Bereich wäre also kaum geeignet, eine berufliche Umorientierung zu motivieren. In der Tat ist es der Bereich, der im Theologiestudium überhaupt nicht, in der Vikarsausbildung in der Regel nur unzureichend behandelt wird. Außerdem bedarf es auf diesem Gebiet am wenigsten einer professionellen Kompetenz im strengen Sinne. Andere Professionen haben hier auch eine klare Abkoppelung dieser Arbeitsbereiche vollzogen (etwa die Sprechstundenhilfe, die medizinisch-technischen Assistentin oder die juristischen Bürogehilfen), während andere Berufe, die sich noch in der Phase der Professionalisierung befinden (etwa die Sozialarbeiter oder einige Beratungsberufe) diesen ›abständigen‹ Bereich noch mitzuversorgen haben.
Als direkter Anlaß zur beruflichen Umorientierung (Item 119) werden von ehemaligen Theologen – bezogen wiederum auf den beruflichen Alltag – mehrere Ebenen angesprochen:

Konflikte mit Kollegen: Hier werden Auseinandersetzungen über unterschiedliche Konzepte des kirchlichen Unterrichts oder Differenzen in den Auffassungen von Gemeindearbeit, schließlich auch unterschiedliche politische Einstellungen (»Antisozialismus (der Kollegen), der hinter meinem Rücken praktiziert wurde; bin Marxist«) genannt.
Konflikte mit der Gemeinde: Dabei tauchen sowohl theologische, als auch politische Konflikte auf (»Gemeinde bat mich, mir eine andere Pfarrstelle zu suchen: Eucharistie jeden Sonntag wurde von der Gemeinde abgelehnt; Geldspende für Entwicklungshilfe wurde von der Gemeinde abgelehnt; Aufschub eines großen Bauvorhabens wurde von der Gemeinde abgelehnt«).
Konflikte mit der Institution Kirche bzw. Kirchenleitung: Hier werden kirchenpolitische Argumentationsfiguren genannt, die als Grund für berufliche Umorientierung bezeichnet werden (»zu progressive Jugendarbeit und Predigten«.)
Gelegentlich wird auch im Zusammenhang mit beruflichem Alltag die eigene Entwicklung angesprochen, die ausschlaggebend für berufliche Umorientierung war: »Verlust der pietistischen Form der Frömmigkeit«, »Glaubenszweifel«, »Selbstzweifel«.

*1.6. Problemanzeigen bei den gegenwärtigen Theologen**

»Aufgabe der theologischen Berufslaufbahn« – das darf nicht nur auf die ehemaligen Theologen bezogen werden; vielmehr ist dies auch ein Thema für gegenwärtige Theologen. Denn zum einen sind es ja Kollegen bzw. Kommilitonen, die diesen Wechsel vollziehen, zum anderen ist dieser Schritt für sie selbst eine potentielle Handlungsalternative.

Befragt man nun die gegenwärtigen evangelischen Theologen, welche Gründe ihre ehemaligen Kollegen bzw. Kommilitonen wohl bewogen haben, ihren Beruf bzw. ihr Berufsziel zu ändern, so stimmen jeweils rund die Hälfte von ihnen den Vorgaben »Wegen persönlicher Glaubenskrisen« (55.8 %) und »Wegen zu widersprüchlicher Rollenerwartungen an den Pfarrer« (50.0 %) völlig oder im großen und ganzen als vermutlichen Motiven für den Wechsel zu. Daß diese beiden Gründe derart stark vermutet werden, weist darauf hin, daß sie von den gegenwärtigen Theologen gewissermaßen als ›Sollbruchstellen‹ der theologischen Berufslaufbahn angesehen werden.

- Der Pfarrerberuf kann nicht in innerer Distanz ausgeübt werden; er schließt ein persönliches Involviertsein dessen, der da tätig ist, ein. Wenn die umfassende bewußtseinsmäßige Identifikation mit den Inhalten der Arbeit nicht oder nicht mehr erbracht wird, wird darum nach Auffassung der gegenwärtigen Theologen die Ausübung des Pfarrerberufs für den Betreffenden unmöglich.
- Der zweite Punkt, der den Theologen zu schaffen macht, ist der Erwartungsdruck der Umwelt, vor allem der Gemeinde, wo vom Pfarrer vieles und einander Widersprechendes gefordert wird. Daß es schwer ist, diesen Druck zu beseitigen oder, wenn die Erwartungen nicht ausgeglichen werden können, ihn zu ertragen, ist die Überzeugung vieler gegenwärtiger Theologen.

Jeweils etwa 28 Prozent der gegenwärtigen Theologen vermuten stark als Gründe für den Wechsel der Berufslaufbahn, daß es für die vielen Aufgaben des Pfarrers an Spezialisierung fehle, daß die ausscheidenden Theologen sich persönlich für ungeeignet halten, daß sie unzureichende Kenntnisse über die wirkliche Situation der Kirche haben oder daß sie Abneigungen gegen die bürokratischen Strukturen der Kirche besitzen. (Items 129, 128, 133, 138, 140, 131)

---

* Eberhard Löschcke

Betrachtet man insgesamt die Reaktion der gegenwärtigen evangelischen Theologen auf die Liste möglicher Aufgabegründe, so fällt auf, daß allen Vorgaben, die persönliche Probleme und Unfähigkeiten des einzelnen thematisieren, überwiegend zugestimmt wird, während zahlreiche Vorgaben zur strukturellen Kritik an Theologie und Kirche (Funktionslosigkeit, Irrelevanz, Unwissenschaftlichkeit u. a.) abgelehnt werden. Diese strukturelle Kritik aber überwiegt bei den Angaben, die die ehemaligen evangelischen Theologen zur Aufgabe ihrer theologischen Berufslaufbahn machen. Hier zeigt sich ein deutlicher Unterschied zwischen beiden Gruppen: Während die ehemaligen Theologen den Wechsel ihres Berufes bzw. ihres Berufsziels in – zu kritisierende – Strukturen von Theologie und Kirche einordnen, neigen die gegenwärtigen Theologen dazu, diesen Schritt im persönlichen Versagen des einzelnen begründet zu sehen. (Items 128–140)

Ausgehend von diesem Befund ist den Vorgaben zur strukturellen Kritik besondere Aufmerksamkeit zu widmen; denn es läßt sich dann vermuten, daß die gegenwärtigen Theologen, wenn sie solchen Aussagen zustimmen, weniger ›über‹, als vielmehr ›wie‹ ehemalige Theologen denken, d. h. sie beziehen sich nicht auf die Legitimationsstrukturen der ehemaligen Theologen, sondern nennen ihre eigenen Schwierigkeiten, sozusagen die Gründe, mit denen sie selbst im Zweifelsfall den Wechsel vollziehen würden. Im Bild über die ehemaligen kommen also die Problemfelder der gegenwärtigen Theologen zum Ausdruck. Vier Bereiche kristallisieren sich unter diesem Gesichtspunkt heraus.

1. Ein erstes Problemfeld bilden die *beruflichen Möglichkeiten* des Theologen. Hier gibt es sowohl unter den Pfarrern wie unter den Vikaren als auch unter den Studenten die typische Einstellung, daß zu wenige Berufsmöglichkeiten existieren und insbesondere solche zur Spezialisierung und zum Experimentieren fehlen. Es wird also ein differenziertes Berufsbild anstelle des All-round-Pfarramtes gewünscht. Ebenso gibt es aber den Gegentyp, der diese Kritik in keiner Weise teilt.

Tabelle 1.6.1.: Kritik an den beruflichen Möglichkeiten eines Theologen

	unter den Pfarrern	unter den Vikaren	unter den Studenten
stimmen zu	11.6%	27.3%	24.3%
lehnen ab	36.2%	19.4%	9.7%
	(N = 224)	(N = 165)	(N = 185)

Erweitert man diese Merkmalszusammenstellung um weitere Aspekte, so zeigt sich zum einen, daß diese Problematisierung der Berufsrolle des Pfarrers mit der parochialen Ordnung der Kirche in Verbindung gebracht wird. Für einen neu – und damit intendiert: besser – konzipierten Dienst der Kirche erscheint die Parochie als ein unangemessenes Organisationsprinzip. Zum anderen beinhaltet dieses Problemfeld auch eine politische Komponente. Die gegenwärtige Praxis wird als systemstabilisierend empfunden, man erwartet, mit neuen beruflichen Möglichkeiten besser für gesellschaftliche Veränderungen tätig werden zu können. Umgekehrt verbinden sich mit der Zustimmung zum gegenwärtigen Pfarrerbild die Bejahung der gesellschaftlichen Funktion bzw. der Parochie. (Items 133, 134, 217; 212, 347)

2. Eine weitere Problemanzeige besteht im *Kirchenbild* der Theologen. In allen drei Subpopulationen gibt es den Typ, der für sich selbst eine ablehnende Haltung gegenüber der Volkskirche im allgemeinen und der Berufstätigkeit in ihr im besonderen bekundet und diese Einstellung auch als bedeutsam für ein mögliches Ausscheiden aus der theologischen Berufslaufbahn ansieht. Gleichzeitig vermerken diese Personen, daß sie diese Haltung nicht schon immer besaßen, sondern im Laufe ihrer theologischen Berufslaufbahn durch einen Einstellungswechsel erworben haben. Umgekehrt geben diejenigen,die die Kritik an der Volkskirche nicht teilen, auch überzufällig häufig an, daß sich ihre Auffassung von der Kirche nicht entscheidend geändert habe. Diesen Gegentyp, der durch positive Einstellung zur Volkskirche gekennzeichnet ist, gibt es allerdings nur unter den Vikaren und Studenten. Die Pfarrer dürften in dieser Frage schon so angepaßt sein, daß sich die Bejahung der Volkskirche nicht mehr als typische Einstellung herausbildet. (Items 28, 58/77, 135, 345)

Tabelle 1.6.2.: Problematisierung der Volkskirche

	unter den Pfarrern	unter den Vikaren	unter den Studenten
stimmen zu	4.5%	12.5%	11.9%
lehnen ab	(35.4%)*	16.3%	22.2%
	(N = 223)	(N = 160)	(N = 185)

* Diese Angabe ist rein deskriptiv zu verstehen; daß die Problematisierung der Volkskirche abgelehnt wird, ist unter Pfarrern keine typische Haltung.

Daß die allgemeine Angabe, die Auffassung von der Kirche geändert zu haben, mit einer kritischen Einstellung zu ihr einhergeht, ist ein Ergebnis, das weiter zu untersuchen ist. Offensichtlich führt ein Einstellungswechsel überwiegend nicht zu einer anderen positiven Identifikation mit der Kirche, sondern zu einer distanzierten Haltung. Dieses Ergebnis wird durch den Sachverhalt unterstützt, daß die Skala zum allgemeinen »Wechsel der Einstellung« bei den ehemaligen Theologen die gleiche Dimension repräsentiert wie die Angaben zur »kognitiven Umorientierung«, d. h. der bewußtseinsmäßigen Ablösung von der Perspektive, den Beruf eines Theologen weiterhin auszuüben bzw. anzustreben (vgl. I,3.4.6.d). Man kann

Schaubild 1.6.3.: Skala »Wechsel der Einstellung«

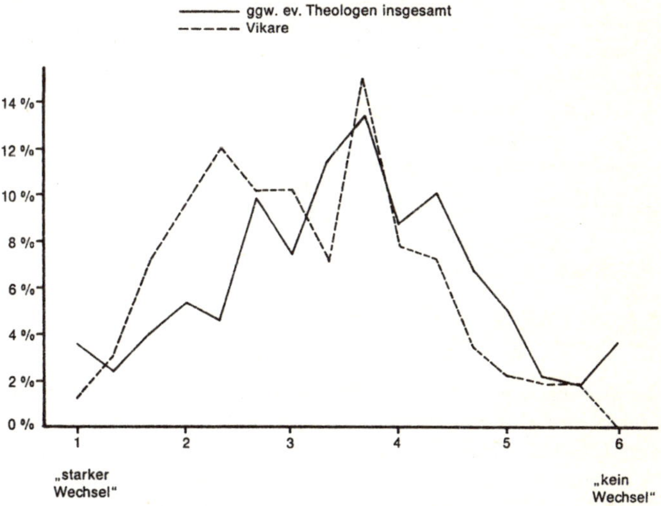

also davon ausgehen, daß die Angaben der gegenwärtigen Theologen über einen deutlichen Einstellungswechsel eine latente Bereitschaft zur Aufgabe der theologischen Berufslaufbahn signalisieren. Unter diesem Gesichtspunkt sind es besonders die Vikare, die mit dem Einstellungswechsel, der im Vikariat offensichtlich forciert wird, auch zum Berufswechsel tendieren. Daß dann aber überwiegend nicht dieser Wechsel, sondern vielmehr gewissermaßen eine »schmerzliche Anpassung« vollzogen wird, dürfte häufig mit der Frage materieller Absicherung zusammenhängen.

3. Ein dritter Problemkreis thematisiert die *Bedeutsamkeit theologischer Theorie und Praxis*. Der kritische Typ hält hier die Aufgabe der theologischen Berufslaufbahn aufgrund der Funktionslosigkeit des geistlichen Amtes und der Irrelevanz der Theologie für denkbar. Gleichzeitig äußert er die Vermutung, daß viele Pfarrer tatsächlich auch ihren Beruf wechseln würden, wenn sie nur eine Alternative hätten. Daß dieser Typ und auch der entsprechende Gegentyp nur unter Pfarrern und Vikaren vertreten ist, während für die Studenten diese Fragestellung offensichtlich (noch) kein Thema ist, weist einmal mehr darauf hin, daß die gegenwärtigen Theologen bei ihren Vermutungen über die Aufgabemotivationen ihre eigenen Probleme benennen. Insbesondere macht die weitaus höhere Zustimmung bei den Vikaren deutlich, daß in der Übergangsphase des Vikariats sowohl die bisherige theoretische Tätigkeit als auch die zukünftige berufliche Praxis als sinn- und bedeutungslos empfunden und berufliche Alternativen erwogen werden. (Items 130, 136, 334)

Tabelle 1.6.4.: Einschätzung des geistlichen Amts und der Theologie als funktionslos

	unter den Pfarrern	unter den Vikaren
stimmen zu	8.2%	23.8%
lehnen ab	45.9%	17.1%
	(N = 220)	(N = 164)

4. Die *Unwissenschaftlichkeit der Theologie* als das vierte Problemfeld wird nun umgekehrt nur von den Theologiestudenten, nicht aber von denen, die schon im kirchlichen Dienst sind, thematisiert. Studenten, die die Theologie für unwissenschaftlich halten, durch sie in Widerspruch zur alltäglichen Wirklichkeit geraten und das auch als eine mögliche Aufgabemotivation ansehen, bilden einen Typ, der mit 3.8% allerdings nur schwach besetzt ist. Daß es kaum an der Frage der Wissenschaftlichkeit der Theologie hängt, wenn jemand die theologische Berufslaufbahn aufgibt, scheint auch unter Theologiestudenten so selbstverständlich zu sein, daß sich diese Einstellung gar nicht als typisch herausbildet. Die Auffassung steht im übrigen in deutlichem Widerspruch zu den Angaben der ehemaligen Theologen, von denen 19.8% die Unwissenschaftlichkeit der Theologie als ein starkes Motiv für ihren Wechsel bezeichnen. (Items 4, 67, 139; 357)

Befragt man die gegenwärtigen Theologiestudenten allgemein nach ihrer *Studienzufriedenheit*, so äußern 9.6% von ihnen, sie dächten oft daran, ihr Theologiestudium aufzugeben und in ein anderes Fach überzuwechseln. Ein anderer Typ, der mit 7.0% besetzt ist, fühlt sich im Studium seines Faches nicht wohl und würde am liebsten ganz aufhören zu studieren. Daß der Anteil derer, die an eine Aufgabe ihrer theologischen Berufslaufbahn denken, im Vergleich zu den Vikaren relativ gering ist, dürfte damit zusammenhängen, daß ein Studienfachwechsel (zum Zeitpunkt der Erhebung noch) verhältnismäßig unproblematisch ist; ein längeres Verweilen der Unzufriedenen im Theologiestudium ist also wenig wahrscheinlich. (Items 70, 71; 72, 73)

Betrachtet man zusammenfassend die Problemanzeigen der gegenwärtigen evangelischen Theologen, so ergibt sich – und dieses Ergebnis stimmt mit der von uns erhobenen tatsächlichen Relation der Zeitpunkte, zu denen die theologische Berufslaufbahn aufgegeben wird, überein – das Folgende:

- Tritt im Theologiestudium Unzufriedenheit auf, so erfolgt ein Wechsel relativ leicht; der Anteil der Zufriedenen unter den Verbleibenden ist also hoch.
- Im Vikariat besteht eine Reihe von Problemfeldern, aber ein Berufswechsel wird zunehmend schwieriger; dadurch ist der Anteil der Unzufriedenen unter den Vikaren relativ hoch.
- Nach vollzogener Anpassung herrscht im Pfarramt weitestgehend Zufriedenheit.

2. Legitimationsprobleme des Priesteramts – Zur Problematik in der katholischen Kirche*

An verschiedenen Stellen dieses Buches wurde bereits auf die kleine katholische Kontrollgruppe bezug genommen, die in die Befragung einbezogen wurde. Sowohl für die Anschriftengewinnung als auch für den Rücklauf kann kein Anspruch auf Repräsentativität erhoben werden. Soweit einige, vorwiegend sozialstatistische, Angaben überprüft werden konnten, ergeben sich allerdings keine Hinweise auf große Verzerrungen. Doch werden die selektiven Prozesse, die bei der Anschriftengewinnung und der Motivation für die Mitarbeit von Einfluß gewesen sein können (Bekanntschaften bzw. Identifikation mit der angesprochenen Problematik), immer bei der Interpretation beachtet werden müssen.

Die Funktion der Einbeziehung ehemaliger katholischer Theologen wurde vor allem darin gesehen, Hinweise darauf zu erhalten, ob die Probleme, Motive und Begleitumstände beim Aufgeben einer theologisch-katholischen Berufslaufbahn für die evangelischen wie für die katholischen Theologen identisch sind, oder ob evtl. konfessionsspezifische Gründe und Hintergründe feststellbar sind. Aus diesem Grunde wurde den ehemaligen katholischen Priestern und Theologiestudenten ein im großen und ganzen mit dem für die evangelischen Befragten identischer Fragebogen vorgelegt, ergänzt nur an einigen Stellen durch Fragen, Fragebatterien und Statements, die spezifisch katholische Probleme betreffen (Amtsverständnis, Zölibat). Teilweise wurden hierbei Materialien verwendet, die aus der Umfrage unter allen Priestern und Ordensleuten der BRD übernommen wurden, die im Auftrag der Deutschen Bischofskonferenz durchgeführt wurde *(vgl. G. Schmidtchen, Priester)*. Damit sollte eine gewisse Vergleichbarkeit der Ergebnisse unserer Befragung mit der Priesterbefragung ermöglicht werden.

Ob die ebenfalls in Gesprächen mit den »Betroffenen« (Forscherteam und Befragten) andiskutierte Ausweitung einer solchen Umfrage unter ehemaligen katholischen Theologen wünschenswert und realisierbar ist, muß angesichts der Vielzahl von Theologen- und Priesterbefragungen der letzten Jahre (*vgl.* Literaturverzeichnis) und ihres ungeklärten kirchen- und gesellschaftspolitischen

---

* Theodor Eikelmann

Stellenwertes eine offene Frage bleiben. Die Antwort wird eher »nein« lauten!

2.1. *Herkunft und Sozialisation*

Über die bereits vorne (I,4.) eingestreuten Hinweise auf die Zusammensetzung der von uns erfaßten Gruppe ehemaliger katholischer Theologen hinaus soll hier noch eine ergänzende Beschreibung der Stichprobe eine Einschätzung der dann diskutierten Ergebnisse erleichtern.
a) Trotz der nicht gesteuerten regionalen Streuung der Befragung verteilen sich die ehemaligen katholischen Theologen über das ganze Bundesgebiet (ausschließlich Berlin), was ihren Wohnort zur Zeit der Befragung angeht. Schwerpunkte der regionalen Verteilung liegen in den Räumen Frankfurt/Main und Münster. Auch die Verteilung über die einzelnen Herkunftsdiözesen und Ordensgemeinschaften ist recht gut; das gleiche gilt für die Hochschulen, an denen die Befragten ihr Theologiestudium absolviert haben. Hier sind einige Schwerpunkte (wohl aufgrund des »Schneeball-Verfahrens«) bei den Hochschulen bzw. Universitäten Bonn, St. Georgen (Frankfurt), Paderborn und einzelnen Ordenshochschulen festzustellen.
Die Herkunft nach der Wohnortgröße weist gegenüber der durchschnittlichen Bevölkerung der BRD eine Verschiebung zugunsten der Mittelstädte auf; sie findet sich auch zugunsten von Großstädten. Diese Tendenzen dürften für Akademiker nicht untypisch sein.
b) Eine Kurzcharakteristik der befragten ehemaligen katholischen Theologiestudenten (40 Befragte) und ehemaliger Priester (45 Befragte) ist anhand der weiter vorne (I,3.4.6.d) beschriebenen Indizes möglich.

- Die religiöse Sozialisation im Elternhaus bezeichneten 24% als niedrig, 44% als durchschnittlich intensiv, 33% als hoch.
- Die religiös-kirchliche Sozialisation in der kirchlichen Jugendarbeit muß bei 18% als gering, 45% als durchschnittlich und 37% als sehr intensiv angesehen werden.
- Die Kirchlichkeit/Frömmigkeit der Eltern war in 2% der Fälle höher, in 35% der Fälle gleich groß und in 63% der Fälle geringer als die der Befragten.
- Die heutige religiöse Praxis der befragten ehemaligen Theologen stellt sich bei 36% als gering, bei 16% als durchschnittlich und bei 49% als sehr intensiv dar.

- Entsprechend ist die Distanz zu Kirche und Glauben nur in 28% der Fälle groß; bei 24% der Befragten ist sie durchschnittlich und bei 48% gering.
- Die Kirchlichkeit/Frömmigkeit des Lebenspartners wird von 7% der ehemaligen Theologen als intensiver eingeschätzt im Verhältnis zur eigenen; 53% schätzen sie als gleich intensiv und 40% als geringer im Vergleich zur eigenen ein.
- Durch den Index POLEIN werden 12% als progressiv, 61% als konservativ-liberal und 27% als dezidiert konservativ eingestuft. Hier wurden die Angaben der Befragten zum politischen Wahlverhalten, zur politischen Selbsteinschätzung und Fremdeinschätzung benutzt.
- Über den komplexen Schichtindex INDPRESV ergeben sich folgende Zuordnungen zu den einzelnen Schichten:
  Unterschicht 15%, Untere Mittelschicht 53%, Mittlere Mittelschicht 20% und Obere Mittelschicht (einschl. Oberschicht) 14%.

Gegenüber den befragten Gruppen ehemaliger und gegenwärtiger evangelischer Theologen lassen sich bereits hier einige Unterschiede benennen. So stammen die katholischen Befragten tendenziell eher aus unteren Sozialschichten als die evangelischen. Ihre politische Einstellung ist etwas konservativer. Allerdings geht bei den Katholiken, anders als bei den Protestanten, eine progressive politische Einstellung stärker mit höherer kirchlich-religiöser Praxis und geringerer Distanz zu Kirche und Glauben einher. Die ehemaligen katholischen Theologen sind insgesamt kirchlicher, sowohl was ihre Einstellung gegenüber der Kirche als auch was ihr kirchlich-religiöses Verhalten angeht. Über die Problematik der Gleichsetzung von Kirchlichkeit und Religiosität kann hier nicht weiter diskutiert werden vgl. (I,2.1.4.) Wir müssen auch für die befragten ehemaligen katholischen Theologen annehmen, daß ihre Religiosität kirchlich-institutionell vermittelt ist.
Auffällig ist, daß die Intensität der religiösen Sozialisation im Elternhaus keine deutlichen Zusammenhänge mit der Schichtzugehörigkeit aufweist, wie das bei den evangelischen Gruppen der Fall ist. Dagegen haben die Angehörigen der unteren Sozialschichten bei den Katholiken relativ seltener unter dem Einfluß kirchlicher Jugendarbeit gestanden. Solche Zusammenhänge waren bei den evangelischen Gruppen nicht festzustellen.

2.2. Legitimationstheorie für kirchlich-berufliches Handeln?

Auf dem Hintergrund der These, daß sich in der modernen Industriegesellschaft persönliche Identität vor allem über berufliche Identität entwickelt, interessieren bei den vorliegenden Ergebnissen die zentralen Fragen: Welche Prozesse des Aufbaus einer kirchlich-beruflichen Identität lassen sich rekonstruieren; welche Prozesse der Um- und Neubildung von beruflicher und persönlicher Identität sind beim Ausscheiden aus dem kirchlichen Beruf feststellbar?

Priesterliches Handeln steht in unserer weithin säkularisierten Gesellschaft vor einer besonderen Schwierigkeit: Vertikale und theologische Legitimationstheorien stoßen auf Unverständnis bei den Nicht-Kirchenverbundenen; horizontale und funktionale Handlungsbegründungen für die Ausübung der Priesterrolle stoßen auf Ablehnung der kirchlich Gebundenen.

Wichtige Elemente einer Legitimationstheorie für kirchlich-berufliches Handeln scheinen zu sein:

- das Verständnis von Kirche, Christentum und Gesellschaft als dem Rahmen für priesterliches Handeln;
- das Verständnis des Priesteramtes innerhalb von Kirche und Christentum;
- speziell das Verständnis des Zölibates als (de iure) conditio sine qua non für die Aufnahme einer theologischen Berufslaufbahn;
- der Motivationskomplex für die Aufnahme einer solchen Berufslaufbahn.

Eine methodologische Schwierigkeit liegt darin, daß diese Elemente retrospektiv, nach vollzogenem Ausscheiden aus der Berufslaufbahn, erhoben werden mußten. Diese Frage kann hier nicht weiter diskutiert werden. Einen guten Hinweis auf die Validität der für diese Bereiche gewonnenen Ergebnisse finden sich aber in den Angaben zu den Gründen, die für die Aufgabe des kirchlich-theologischen Berufs von Bedeutung waren. Die durchgeführten Analysen des Datenmaterials lassen in den Stellungnahmen zu Fragen des Verständnisses von Kirche, Christentum, Theologie, Gesellschaft, Priesteramt und Zölibat sowie in den Angaben zu den Motiven für die Aufnahme und zu den Gründen für den Abbruch der theologischen Berufslaufbahn so etwas wie eine durchgängige »Theorie« des christlichen und beruflich-kirchlichen Handelns erkennen.

a) *Kirche* wir vor allem thematisiert unter dem Aspekt der Relevanz für die Menschen und für die konkrete Gesellschaft. Ihre Irrelevanz bzw. stabilisierende Funktion wird kritisiert. Ihre bürokratische und autoritäre/undemokratische Struktur wird abgelehnt.

So lautet z. B. die Reihenfolge der Antworten auf folgende Frage: »Welche Rolle sollte die Kirche in unserer heutigen Gesellschaft Ihrer Meinung nach spielen?«:

1) Das Evangelium verkünden
2) Für gesellschaftliche Randgruppen eintreten
3) Gesellschaftliche Veränderungen in Gang setzen
4) Menschen in krisenhaften Lebenssituationen beraten (Telefonseelsorge, Eheberatung)
5) Die Menschen an Knotenpunkten ihres Lebens begleiten (Geburt, Ehe, Tod)
6) Sittlich moralisch erziehen
7) Gesellschaftliche Konflikte schlichten.

Hierbei ist zu beachten, daß die Antworten zu den an fünfter, sechster und siebter Stelle stehenden Aussagen bereits überwiegend im Ablehnungsbereich liegen.

Mittels Cluster-Analysen wurde versucht, die im Fragebogen erhobenen Einstellungen gegenüber der Kirche auf größere Zusammenhänge und hinter den einzelnen Items liegende Strukturen zu untersuchen. Diese Einstellungen gegenüber der Kirche gruppieren sich zunächst einmal deutlich nach zwei großen Bereichen; im einen werden eher Erwartungen an die Kirche thematisiert, im zweiten werden Einstellungen zur gegenwärtigen Erscheinung der Kirche verknüpft.

Im ersten Bereich finden sich drei Einstellungssyndrome:

- Es gruppieren sich Items, die formal eine Auseinandersetzung mit dem Verhältnis von Kirche und Gesellschaft darstellen; inhaltlich wird hier Kritik an der gesellschaftlichen Irrelevanz bzw. der stabilisierenden Funktion von Kirche deutlich. Ablehnung der bürokratischen, autoritären und zu sehr traditionsbetonten Erscheinungsform verbindet sich hier.

  Ferner verknüpfen sich einzelne Items, die formal Kirche als Gemeinschaft (Kult, Wort, Sakrament), als aufgeschlossenen Kreis von Menschen u. a. charakterisieren. Inhaltlich werden solche Aussagen deutlich abgelehnt. Der starke Zusammenhang mit der Ablehnung der Aussage, daß man von der Kirche »Hilfe in Schwierigkeiten« erhalten könne, und die Verknüpfung mit der Einstellung, daß die »Werte des Christentums besser außerhalb der Kirche verwirklicht werden können«, gibt diesem kritischen Syndrom einen anderen Charakter als dem erstgenannten.

- Ein drittes Einstellungsbündel gruppiert sich um Fragen der Offenheit oder Geschlossenheit des kirchlichen Systems gegenüber gesellschaftlichen Problemen (Randgruppen, Konflikte) und gegenüber den Mitgliedern dieser Großorganisation. Inhaltlich werden hier Erwartungen an die Kirche deutlich wie: demokratischere, weniger dogmatische und bürokratische Strukturen, Offenheit für eigene Reformen und gesellschaftliche Probleme.

Im zweiten Bereich finden sich zwei Cluster, die beide auf die gegenwärtige Erscheinungsform der Kirche abheben.

- Im ersten dieser Cluster wird die innere Struktur der Kirche und die derzeitige Funktion der Kirche in unserer Gesellschaft angesprochen. Inhaltlich wird bejaht, daß die Kirche bestimmte Aufgaben in der Gesellschaft wahrnimmt; auch gewisse Freiräume innerhalb der Kirche werden zugegeben. Allerdings wird wieder Kritik an der Bürokratisierung in diesem Zusammenhang deutlich.

- Die zweite Gruppierung von Items umfaßt noch eindeutiger Einstellungen und Einschätzungen des Verhältnisses von Kirche und Gesellschaft. Inhaltlich wird der Kirche eine Funktion in dieser Gesellschaft zuerkannt, sie ist nicht überflüssig, kann sich nicht neutral verhalten und soll diese gesellschaftlichen Aufgaben mit stärkerer Verkündigung des Evangeliums verbinden.

Die hier charakterisierten Einstellungssyndrome sind offensichtlich nicht zufällig; sie reproduzieren sich ganz ähnlich über eine andere Zusammenstellung von Fragen, die das Verhältnis von Kirche und Gesellschaft betreffen. Eine Reihe von Gründen für das Aufnehmen und Aufgeben einer theologisch-kirchlichen Berufslaufbahn in der katholischen Kirche, die mit diesen Items zusammen verrechnet wurden, gruppierten sich folgendermaßen: Gründe und Motive für die Aufnahme des Theologiestudiums verbinden sich mit dem zweiten Cluster des zweiten Bereichs, das die Funktion der Kirche in der konkreten Gesellschaft der BRD anspricht. Gründe für das Ausscheiden verknüpfen sich mit dem ersten Cluster im ersten Bereich: Man hält die Kirche für unfähig, zur Lösung gesellschaftlicher Probleme etwas beizutragen; sie ist zu autoritär; man will als Amtsträger nicht die stabilisierende Funktion der Kirche übernehmen. Diese Gründe für das Ausscheiden haben ihr Pendant in den Motiven für die Aufnahme der Laufbahn: Man will dem einzelnen helfen und gesellschaftliche Probleme lösen.
Die Analyse dieser Einstellungssyndrome gibt bereits erste Hinweise auf wichtige Elemente einer kirchlich beruflichen Handlungstheorie. Kirche und kirchliches Handeln werden vorwiegend in Zuordnung zu gesellschaftlichen Problemen gesehen; hier liegen die Motivationen für die Aufnahme und die Gründe für das Aufgeben einer kirchlichen Berufslaufbahn.

b) Eine Analyse der Angaben und Einstellungen zu *Christentum* und *Christlichkeit* weist darauf hin, daß die ehemaligen katholischen Theologen auch heute noch eine hohe Affinität zu kirchlich

vorgegebenen Inhalten von »Christentum« und »Christlichkeit« haben. Sehr ambivalent werden Fragen beantwortet, die das Thema »Christentum außerhalb« ansprechen. Solche Einstellungen gruppieren sich bei multivariaten Analysen nicht eindeutig.
Ganz deutlich aber verknüpfen sich Einstellungsitems in einer Clusteranalyse, die sich auf wesentliche Punkte des christlichen Glaubens beziehen: Schöpfergott, Christus Erlöser, Eucharistie, Gebete, Bibel, Fortleben nach dem Tod. Überwiegend findet sich hier Zustimmung; die Mittelwerte der hier verbundenen Items liegen alle im Zustimmungsbereich.
Ebenso klar wird eine christlich ethische Verpflichtung und die Möglichkeit der religiösen Erfahrung und von Schuldhaftigkeit bejaht.
Wahrscheinlich haben diese Einstellungen im Zusammenhang mit den konkreten Handlungsvollzügen während der Zeit der Berufsausübung als Priester oder der direkten Vorbereitung darauf für die Befragten noch eine andere Intensivität gehabt; es ist aber erstaunlich, daß sie sich auch nach dem Ausscheiden aus diesem Beruf in dieser Form erhalten haben.

c) Die *Theologie* als der theoretische Rahmen, aus dem der größere Teil der Elemente einer kirchlich beruflichen Handlungstheorie wohl gewöhnlich stammen dürfte, wird von den ehemaligen katholischen Theologen nicht so sehr unter dem Aspekt der Unwissenschaftlichkeit oder Wissenschaftlichkeit beurteilt, sondern – wie »Kirche« – in ihrer Relevanz für die Praxis, für die Lösung gesellschaftlicher Probleme. Hier setzt die eigentliche Kritik an. Nur im Zusammenhang mit diesem Vorwurf der weitgehenden Irrelevanz der Theologie verknüpfen sich dann Einstellungen, die sich mit dem Problem der Wissenschaftlichkeit und der wissenschaftstheoretischen Grundlagen von Theologie auseinandersetzen. Dabei wird keine eindeutige Ablehnung von Theologie erkennbar. Auch die Einstellungssyndrome um persönliche Interessenbefriedigung und Integration in den Studienbetrieb sind positiv gefärbt.

d) Das Verständnis des *Priesteramtes* ist überwiegend horizontalfunktional. Dieses Amt wird als Ergebnis eines geschichtlichen Prozesses und nicht von einer christozentrischen und vertikalen Perspektive her gesehen. Die folgenden Einordnungen von Antworten verdeutlichen das:
Die Reihenfolge der Antworten auf die Frage: »Man kann verschiedene Ansichten über das Wesen und die Erscheinungsformen

des priesterlichen Amtes hören. Würden Sie bitte angeben, wie Sie zu den folgenden Aussagen stehen?«:

Das priesterliche Amt

1) ist Dienst an der Gemeinde (6)
2) ist Ergebnis eines geschichtlichen Prozesses (18)
3) verlangt die brüderliche Gemeinschaft der Priester untereinander (10)
4) verlangt die Gemeinschaft mit dem Bischof (3)
5) ist Dienst an der Kirche im ganzen (7)
6) beansprucht das ganze und innerste Leben seines Trägers (4)
7) ist nur funktional zu verstehen (19)
8) ist im Amt der Apostel begründet (9)
9) ist unbiblische Anpassung an Herrschaftsstrukturen (22)
10) gründet nicht in einer besonderen Weihe (17)

(N. B. Es werden hier nur die 10 ersten Nennungen aufgeführt. Die Zahlen in Klammern hinter den Aussagen geben die Reihenfolge der Nennungen in der Priesterumfrage 1971 wieder.)

Zu beachten ist, wie stark ein horizontales und funktionales Amtsverständnis deutlich wird; die in der Priesterumfrage 1971 an erster Stelle erscheinende Aussage »Das priesterliche Amt ist von Christus eingesetzt« erscheint in unserer Umfrage erst auf dem 14. Rang; die in der Priesterumfrage 1971 an zweiter Stelle stehende Aussage »Das priesterliche Amt ist Teilhabe am Priestertum Christi« liegt in unserer Untersuchung auf dem 13. Rang. Die Antworten zu den Aussagen auf Rang 12 und folgende liegen bereits überwiegend im Ablehnungsbereich.

Problematisch bleibt eine Interpretation solcher Ergebnisse u. a. wegen der offenen Frage, ob sich hier ein Selbstverständnis dokumentiert, das auch während der Berufsausübung bzw. unmittelbaren Vorbereitung darauf als Legitimationstheorie für das eigene Handeln diente, oder ob in diesen Einstellungen ein nachträglicher Versuch der Legitimation des Aufgebens der kirchlichen Berufslaufbahn vorliegt. Ganz eindeutig gibt es starke Zusammenhänge zwischen der gegenwärtigen Nähe zu Kirche und Christentum und dem Amtsverständnis: Je größer die Identifikation mit Kirche und Christentum, desto vertikaler und traditionaler ist das Verständnis des Priesteramtes. Eine nicht ganz befriedigende 3-Faktoren-Lösung (nur knapp 32% der Gesamtvarianz können erklärt werden) strukturiert die Vorgaben zum Amtsverständis auf folgende Weise:

- Es gibt einen Faktor, auf dem Items hoch laden, die eine völlige Negation aller Theologoumena zum Priesteramt beinhalten. (17% der Gesamtvarianz)

- Auf einem zweiten Faktor laden Items, die eine völlige Identifikation mit der traditionalen Priestertumstheologie erkennen lassen. (8% der Gesamtvarianz)
- Schließlich bildet sich ein Faktor, der die funktionalen Aspekte des Priestertums gruppiert. (7% der Gesamtvarianz)

Während die Abbruchgründe, die auf dem 1. Faktor laden, eine Entfremdung von wesentlichen Elementen einer christlichen Dogmatik zeigen, laden auf dem zweiten Faktor persönliche Gründe für den Entschluß zur Aufgabe der kirchlichen Berufslaufbahn und auf dem dritten Faktor Kritik an der konkreten Erscheinung der Kirche (gesellschaftliche Funktion, fehlende Brüderlichkeit der Priester).

e) Der *Zölibat* wird allenfalls in einigen funktionalen Aspekten bejaht. Er ist ohne Wert für die menschliche und spirituelle Entwicklung des Priesters. Den 18 vorgelegten Aussagen zum Zölibat wurde in folgender Reihenfolge zugestimmt:

1) Im Zölibat lebt ein Rest einer unchristlichen Leib- und Ehefeindlichkeit. (12)
2) Der Zölibat schafft einen geschlossenen Stand, eine Kaste. (11)
3) Der Zölibat ist ein Ballast der Tradition. (13)
4) Der Zölibat bringt den Priester in eine Distanz zu den Menschen, die seine Arbeit erschwert. (14)
5) Der Zölibat beeinträchtigt die persönliche Reife. (16)
6) Der Zölibat beeinträchtigt das persönliche Lebensglück. (17)
7) Das Zölibatsgesetz ist ein Mittel der Machtausübung der kirchlichen Hierarchie. (15)
8) Der Zölibat entlastet den Priester von familiären Verpflichtungen. (3)
9) Der Zölibat erschwert die ökumenische Begegnung und Verständigung. (18)
10) Der Zölibat ermöglicht eine größere Verfügbarkeit für den priesterlichen Dienst an den Menschen. (1)
11) Der Zölibat ist ein hohes Gut, läßt sich aber in der heutigen Gesellschaft nicht allgemein durchsetzen. (10)
12) Der Zölibat ist ein lebendiges Zeugnis dafür, daß man ungeteilt für Gott da sein kann. (2)
13) Die Ehelosigkeit des Priesters ist ein eschatologisches Zeichen. (7)
14) Wenn auch die heutige Gesellschaft am Zölibat Anstoß nimmt, steht er doch als deutliches Zeichen des Glaubens in der Gegenwart. (4)

15) Der priesterliche Dienst gewinnt durch den Zölibat an Glaubwürdigkeit. (8)
16) Die Treue im Zölibat ist ein Wert, dessen Verlust eine Verarmung für die Kirche mit sich brächte. (5)
17) Der Zölibat ist von großer Bedeutung für das persönliche Verhältnis des Priesters zu Christus. (6)
18) Die Ehelosigkeit des Priesters ist ein wichtiges Zeichen für die christlichen Eheleute. (9)

(Die Zahlen in Klammern verweisen auf die Reihenfolge der Aussagen in der Priesterumfrage 1971.) Zu beachten ist, daß erst an 8. Stelle eine positive Aussage kommt; die Stellungnahmen zu den Aussagen 13 ff. liegen bereits überwiegend im Ablehnungsbereich.

f) die zentrale *Motivation* für die Aufnahme der theologischen Berufslaufbahn ist *Dienst.*
Die sechs wichtigsten Motive:
Ich entschied mich für das Theologie-Studium,
1) weil ich lernen wollte, dem einzelnen zu helfen;
2) weil ich in den Dienst der christlichen Botschaft treten wollte;
3) weil ich mich innerlich dazu berufen fühlte;
4) weil ich an der Reform der Kirche mitarbeiten wollte;
5) weil ich an der Theologie als Wissenschaft interessiert war;
6) weil ich an gesellschaftlichen Problemen interessiert war.

2.3. Die Erschütterung des beruflichen Selbstverständnisses

Der Prozeß der beruflichen Umorientierung kann aus vielen Angaben rekonstruiert werden. Unter anderem werden die Anstöße zum Infragestellen der beruflichen Identität deutlich aus den Antworten auf die Frage nach Krisenzeiten und Krisenerlebnissen, sowie aus den Angaben zu den Gründen für das Ausscheiden.
Auf die Frage nach als krisenhaft erlebten Ereignissen oder Lebensumständen werden sowohl für die Zeit der theologischen Ausbildung wie der Berufsausübung an erster bis fünfter Stelle Probleme genannt, die mit der Zölibatsverpflichtung zusammenhängen (Kennenlernen einer Partnerin, Zölibatsverpflichtung, Leben im Seminar, Vereinsamung im Pfarramt).
Als Gründe für das Ausscheiden aus der theologischen Berufslaufbahn werden genannt:
1) Eine religiöse Begründung für ein zölibatäres Leben war für mich unannehmbar.

2) Mein jetziger Beruf/jetziges Studium gibt mir mehr Handlungsspielraum als der Priesterberuf bzw. das Theologiestudium.
3) Die Kirche war mir zu autoritär und undemokratisch.
4) Als Priester ist man ein einsamer Mann.
5) Die Kirche als bürokratische Organisation schien mir dem einzelnen mit seinen persönlichen Problemen nicht gerecht zu werden.
6) Das Theologiestudium bereitete mich ungenügend auf die kirchliche Praxis vor.
7) Als Priester konnte ich nicht einfach ein Christ unter anderen Christen sein.
8) Was an kirchlicher Alltagspraxis auf mich zukam, war zu frustrierend.
9) Ich hielt die Kirche für unfähig, zur Lösung gesellschaftlicher Probleme etwas beizutragen.
10) Ich lehnte die parochiale Organisationsform der Kirche ab.

Die Antworten zu den weiteren Abbruchgründen, die in einer umfangreichen Liste vorgegeben wurden, liegen bereits überwiegend im Ablehnungsbereich.

Weitergehende (multivariate) Analysen zeigen, daß das professionelle Selbstverständnis der von uns befragten ehemaligen katholischen Theologen offensichtlich im beruflichen Alltag frustriert wurde (zumindest antizipatorisch bei den 40 vor der Priesterweihe ausgeschiedenen Theologen). Die gesellschaftliche Irrelevanz von Kirche und Theologie, die stabilisierende Funktion eines kirchlichen Berufsträgers in unserer Gesellschaft, der bürokratische und undemokratische Handlungsrahmen und die eng-dogmatischen Wertmuster, an denen dieses Handeln auszurichten war, haben zur Aufgabe der Berufslaufbahn geführt. Der Widerspruch zwischen funktional-horizontalem beruflichen Selbstverständnis (Motivation zur Aufnahme der Laufbahn, Amtsverständnis, Zölibat) und den angetragenen Rollenerwartungen wurde durch die Verweigerung der Rollenübernahme gelöst.

Spätestens an dieser Stelle müssen einige einschränkende Bemerkungen gemacht werden: Diese Aussagen beziehen sich immer auf die gesamte befragte Gruppe (45 ehemalige Priester, 40 ehemalige Theologiestudenten). Sie müssen z. B. differenziert werden nach dem Alter der Befragten. Da hier retrospektiv eine Längsschnittstudie simuliert wurde, sind die Ergebnisse ebenfalls abhängig von der heutigen Selbsteinschätzung der Befragten. So ist z. B. folgende Tendenz durchgängig feststellbar: Wer sich heute noch als Theologe, als Christ, als kirchlich gebunden oder als politisch eher konservativ bezeichnet, der sieht tendenziell beim Amtsverständnis eher die vertikale Dimension, beim Zölibat eher den spirituellen Aspekt, der übt bei den Abbruchgründen weniger dezidiert Kritik an der gesellschaftlichen Funktionslosigkeit und an der Organisationsform der Kirche.

2.4. Das heutige Selbstverständnis der ehemaligen katholischen Theologen und ihre berufliche Situation

Eine quantitative Erhebung bekommt die wirklich ablaufenden Prozesse der Identitätsumbildung schlecht in den Griff; deshalb wurde bei der protestantischen Zielgruppe ein qualitativer Zugang über Einzel- und Gruppeninterviews gesucht.
Für die katholischen ehemaligen Theologen gibt jedoch eine Vielzahl von Stellungnahmen zum Komplex der beruflichen Umorientierung genügend Hinweise, daß der Prozeß der Umorientierung nicht als außerordentlich krisenhaft bzw. als Bruch erlebt wurde. Nur 5 Befragte schwanken, ob die Entscheidung, die theologische Berufslaufbahn aufzugeben, mit der großen Linie ihrer persönlichen Entwicklung übereinstimmt. Nur 3 Befragte hatten kurz vor dem Ausscheiden aus der theologischen Berufslaufbahn das Gefühl, sämtliche Orientierungen verloren zu haben; 11 schwanken dabei zwischen Zustimmung und Ablehnung.
Diese Hinweise auf die Kontinuität der persönlichen Identität werden erhärtet durch eine Reihe von Aussagen und Fakten:
Außer den 35 (41.2%), die noch theologischen Aufgaben nachgehen, verstehen sich weitere 14 (16.5%) noch ganz als Theologen; weitere 8 (9.4%) stimmen schwach zu. Überhaupt stehen nur 14 Befragte (16.5%) der Theologie ganz ablehnend gegenüber. 20 von 45 Priestern, die aus dem Amt ausgeschieden sind, fühlen sich auch als Laisierte weiterhin als Priester.
20 (23.5%) der ehemaligen Theologen arbeiten als Religionslehrer, 15 (17.7%) sind in der kirchlichen Bildungsarbeit auf unterschiedlichen Ebenen tätig.
Von den 85 Befragten bezeichnen sich 82.5% als Christen (16.5% mit schwacher Zustimmung); nur 5 sind aus der Kirche ausgetreten.
Ihr Verhältnis gegenüber der Kirche, wie sie diese erleben, bezeichnen

7.1% als zustimmend (völlig bzw. im großen und ganzen)
41.2% als eher zustimmend
21.2% als eher ablehnend

23.5% als ablehend (völlig bzw. im großen und ganzen)
3.5% als gleichgültig
3.5% als nicht entscheidbar.
45.9% der Befragten gehen fast jeden Sonntag zur Kirche,
14.1% besuchen mindestens einmal im Monat den Gottesdienst,
11.8% gehen bei besonderen Anlässen zur Kirche und
27.1% selten oder nie.

Nicht nur im Hinblik auf die persönliche Identität, sondern auch unter dem Aspekt des beruflichen und materiellen Fortkommens war der Berufswechsel offensichtlich wenig krisenhaft.

72 Befragte hatten beim Ausscheiden aus der theologischen Berufslaufbahn bereits ein theologisches Examen abgelegt; davon haben 34 inzwischen ein nichttheologisches Examen abgelegt, und von diesen streben 14 bereits ein zweites nichttheologisches Examen an. Von den 36 Befragten ohne nichttheologisches Examen streben 16 noch ein solches Examen an; 17 Befragte sind ohne weitere Examen bereits im Beruf.

Von den 13 Befragten, die beim Ausscheiden aus der theologischen Berufslaufbahn kein theologisches Examen hatten, haben 8 inzwischen ein nichttheologisches Examen abgelegt; davon streben 4 sogar inzwischen ein zweites nichttheologisches Examen an. Von diesen 13 haben 5 noch keinerlei Examen abgelegt, 4 streben jedoch eines an. Nur ein Befragter ist also ohne abgelegtes Examen und strebt auch keines an.

Ihre jetzige Tätigkeit geben die 85 Befragten folgendermaßen an:
29 Angestellte (34.1%)
28 Beamte (32.9%)
20 Studenten (23.5%)
7 freie Berufe, selbständige Akademiker (8.2%)
1 Hausmann (1.2%)

Auch im Hinblick auf die finanzielle Situation hat sich der Berufswechsel offensichtlich nicht negativ ausgewirkt: Bei 65% der Befragten lag das Haushalts-Nettoeinkommen 1974/75 über 1800,— DM, bei 33% lag es sogar über 2500,— DM. Das eigene Nettoeinkommen lag zu diesem Zeitpunkt bei 50% der Befragten über 1800,— DM, bei 14% lag es sogar über 2500,— DM.

Weitere Hinweise zum Selbstverständnis und zur gegenwärtigen Situation der ehemaligen katholischen Theologen sind vorne bei der Kurzbeschreibung der Stichprobe schon gegeben worden. Für viele Befragte haben sich eine Reihe von Aspekten ihrer Einstellung zur Kirche, Christentum, Priesteramt und Theologie als durchaus positiv dargestellt. Einem Außenstehenden ist nicht leicht ersichtlich, weshalb diese Elemente einer Legitimationstheorie für kirchlich-berufliches Handeln nicht mehr als tragfähig genug empfunden wurden. Die Entwicklung einer neuen persönlichen und beruflichen Identität ist nach der Selbstdarstellung der Befragten konsequent und konsistent. Kann man das Gleiche von den institutionellen kirchlichen Rahmenbedingungen behaupten, nämlich Konsequenz und Konsistenz im Hinblick auf die Anforderungen an das berufliche Handeln ihrer professionellen Mitglieder in der gegenwärtigen Gesellschaft?

3. Die Krise findet nicht statt
Theorie und Analyse von Biographien ehemaliger Theologen

Die Darstellung und Interpretation der empirischen Daten (I,4.–7.; II,1.–2.) stützte sich bislang ausschließlich auf die durch das Instrument des Fragebogens (schriftliche Einstellungserhebung) gewonnenen Erkenntnisse. In den folgenden beiden Kapiteln 3. und 4. gehen wir die Forschungsfrage mit zwei ergänzenden Instrumenten an: dem *Einzelinterview* und dem *Gruppengespräch* (vgl. zur theoretischen und methodologischen Bestimmung dieser Instrumente I,2.; 3.2.). Da hier theoretisch und methodisch neue Wege beschritten wurden, müssen beide Verfahren zunächst allgemein dargestellt werden, bevor die Ergebnisse zur Sprache kommen können.

*3.1. Die Lebensgeschichte als Ort der Konstruktion von Selbst-Identität und ihr Einsatz in soziologischen Erhebungen**

Innerhalb der theoretischen Überlegungen zur Bestimmung der Forschungsfrage sind wir davon ausgegangen, daß das Phänomen der Aufgabe der theologischen Berufslaufbahn sinnvoll nur in einem Gesamtzusammenhang der Ausbildung von Selbst-Identitäten diskutiert werden kann (vgl. I,2.). Unsere allgemeinen Überlegungen zur Lebensgeschichte müssen in einem doppelten Sinn an diese Hauptperspektive der Untersuchung anknüpfen[1]. Zum einen soll die Bedeutung der Lebensgeschichte als alltagsweltliche Formalstruktur zur Ausbildung von Selbst-Identität diskutiert werden (3.1.1.). Zum anderen ist zu fragen, wie solche in der Sozialwelt völlig unabhängig von den soziologischen Aktivitäten eines Forschers vorkommenden, quasi »natürlichen« Entitäten zum Vehikel eines spezifisch soziologischen Interesses gemacht werden können (3.1.2.).

3.1.1. Lebensgeschichtliche Konstruktion und Rekonstruktion der Selbst-Identität

Im Begriff der Selbst-Identität, wie wir ihn eingangs (vgl. I.2.) skizziert haben, legten wir Wert auf die Verknüpfung einer hori-

* Wolfram Fischer

zontalen und vertikalen Dimension in einer fortlaufenden aktiven Leistung des einzelnen. Wir verstanden unter Selbst-Identität die ›aktive Leistung einer Person, sich selber innerhalb verschiedener aktueller Handlungskontexte und im Ablauf ihrer Geschichte als konsistente und abgegrenzte Größe zu definieren und zu orientieren‹ (vgl. I,2., vgl. *Fischer*, *Legitimationsprobleme*, 76). Die ständige aktive Aufrechterhaltung der balancierenden Identität (vgl. *Krappmann*, *Identität*, *pass.*) leistet und setzt gleichzeitig voraus einmal situationsflexibles Handeln, zum anderen reflexive Orientierung an den Handlungspartnern und schließlich eine prinzipielle Offenheit hinsichtlich des Ausgangs der Handlungssequenz. In diesen drei Dimensionen, die wir *Indexikalität*, *Reflexivität* und *strukturelle Offenheit* (vgl. *Fischer*, *Legitimationsprobleme*, 72; *Gumperz*/ Hymes, Directions, 306f.; *Weingarten*, *Ethnomethodologie*, 14-19) nennen wollen, leistet Selbst-Identität die Verbindung von Lebensgeschichtlicher Konsistenz mit einer dynamischen Verarbeitung von Kontingenzen, also nicht-erwartbaren, plötzlich auftretenden Handlungserfordernissen. Während die vertikale Dimension der Selbst-Identität die in der Geschichte des einzelnen bereits erstellten und bewährten Orientierungsmarken enthält, vollzieht sich in der horizontalen Dimension, dem Bereich der aktuellen sozialen Handlung, die Anwendung dieser Orientierungsmarken bzw. deren partielle oder völlige Umbildung. Das heißt nichts anderes, als daß in jeder Situation, in der der einzelne handelt, seine Selbst-Identität auf dem Spiel steht. In Übereinstimmung mit dem lebensgeschichtlich aufgebauten Relevanzsystem (vgl. *Schütz*, *Relevanz*, *passim*), das seine Wahrnehmungsperspektive, sein Interpretationspotential und seine Interessen (Begründungen und Zwecke) umfaßt, muß sich der einzelne in einer Handlungssituation auf davon u. U. divergierende Relevanzsysteme der Interaktionspartner und nicht ausdefinierte Situationselemente einlassen, ohne dabei die Konsistenz seiner Lebensgeschichte zu verlieren (etwa in einer völligen Neudefinition seiner selbst) und ohne dabei die Notwendigkeiten der neuen Situation zu verkennen (etwa in einem starren Festhalten an einem situationsinadäquaten Selbst). Je unklarer in einer aktuellen Situation sich Handlungspartner über die Bestimmung der Situation sind, desto unklarer die Selbst-Identität, die gleichwohl in jedem Handeln realisiert werden muß. »Das ›Wer bin ich in dieser Situation?‹ bleibt solange problematisch wie die Situation selbst.« (*Strauß*, *Spiegel*, 48) Das heißt, daß sich die Selbst-Identität nicht einfach als Orientierungswissen aus ständig fortlaufenden Erfahrungen statisch aufsummiert, sondern prinzipiell greift jede neue Handlungssituation und die darin gemachte Erfahrung zurück auf die scheinbar unveränderliche Vergangenheit des Selbst und verändert sie. Tatsächlich gemachte Erfahrungen und bewältigte Erlebnisse bekommen angesichts der neuen Erfahrungen in der Gesamtbiographie einen veränderten Stellenwert; der einzelne stellt »Entwicklungen« bei sich fest, konstatiert den Abschluß oder Beginn einer »Lebensphase«, hebt längst vergessene Ereignisse als »Schlüsselerlebnis« hervor, akzentuiert bestimmte Erfahrungen jetzt als »Wendepunkte«. So sehr also die Biographie in einmaligen ständig fortlaufenden Ereignissen gebildet wird, so wenig ist die Lebensgeschichte eine statische Angelegenheit. Sie ist selber jeweils aktuell hergestelltes Konstrukt, eine von vielen Lebensgeschichten, die als Interpretation aus der Fülle des Selbsterlebten möglich ist. Die Reichweite der Neuinterpretationen hängt von der Art der aktuellen Handlungserfordernisse und Erlebnisse ab. Sie kann sich nur auf einen einzelnen Punkt meiner Vergangenheit, eine in einer Interaktionsgeschichte gemachte Erfahrung erstrecken, sie kann aber auch meine ganze Lebensgeschichte völlig umkrempeln. So etwas mag geschehen, wenn ich einen Ortswechsel vornehme und die Verbindungen zu meinem alten Interaktionsfeld völlig verliere, wie dies häufig mit dem Beginn des Hochschulstudiums geschieht. So etwas mag geschehen, wenn ich mich in abgeschlossenen Sinnsystemen[2] wie Beruf, Wissenschaft, Politik, Religion, Kunst o. dgl. einniste und frühere Selbstverortungen in anderen Sinnsystemen aufgebe. Auch das Gewinnen eines Lebenspartners, die Gründung einer Familie, eine Ehescheidung, der Verlust eines geliebten Menschen können weitgehende lebensgeschichtliche Umstrukturierungen der vergangenen Biographie auslösen. Plastisch kennzeichnet Berger solche Identitätstransformationen (vgl. auch *Strauß*, *Spiegel*, 95–160):

»Was vorher richtig war, ist jetzt falsch und umgekehrt... Man überzeugt sich davon, daß die großen Gefühle der Vergangenheit nur infantile Regungen sein konnten, und die Menschen, die einem teuer waren, einer wie der andere nur provinzielle Einfaltspinsel sind. Erlebnisse, auf die man stolz war, sind nur noch peinliche Episoden einer Art privater Prähistorie. Wenn sie zu stark im Widerspruch mit dem sind, was man jetzt von sich denken möchte, kann man sie sogar aus der Erinnerung verdrängen... Wir gehen durchs Leben und bringen unseren Feiertagskalender auf den neuesten Stand. Wir errichten Denkmäler zu Ehren unseres Fortschritts in der Zeit, die immer neu erreichte Vollendungen verewigen – und reißen sie wieder nieder.« (*Berger*, *Einladung*, 68ff.)

Sollte nun der Eindruck entstanden sein, als sei die im Wissenssystem des einzelnen konstruierte Biographie ein beliebiges Phantasieprodukt, in dem je nach Lust und Laune in regelloser Verarbeitung gemachte Erfahrungen retrospektiv mal zu dieser, mal zu jener Lebensgeschichte zusammengewebt werden, muß dieser Eindruck in zweierlei Hinsicht korrigiert werden. Zum einen ist zu fragen, welche Veranlassungen retrospektive Umorientierungen von Teilen einer Lebensgeschichte auslösen, zum anderen müssen wir uns stärker als bisher mit der Vorgegebenheit situativer und geschichtlicher Elemente der Handlungsabläufe innerhalb einer Biographie befassen.

Das alltagsweltliche Konstrukt der Lebensgeschichte, also der jeweils gültige biographische Abriß eines Handelnden in einer bestimmten Situation, hat seine Funktion nicht in der Fixierung des vergangenen Lebensablaufes »wie er gewesen ist«. Vielmehr dient er der Darstellung einer konsistenten Person, einer Selbst-Identität in einer *aktuellen Handlungssituation.* Dieses handlungstheoretische Primat des aktuellen Orientierungsbedürfnisses stellt sowohl eine Bedrohung der Konsistenz des einzelnen als auch die Notwendigkeit der Konsistenzherstellung dar. So sehr situationsflexibles Handeln sich auf die kontingenten (»emergenten«) Aspekte der aktuellen Handlungssituation (vgl. *McHugh*, *Situation*, 24–28) einlassen muß und dabei bereits bewährte Handlungsmuster (»Erfahrungen«) außer acht bleiben, so sehr bedarf die Bewältigung der Situation auch einer Anbindung (Dimension der »Relativität«, vgl. *McHugh*, *Situation*, 28–32) an bereits als sinnhaft erfahrene Orientierungen. Kurzum, die für aktuelle Handlungsbewältigung notwendige Balance zwischen Kontingenz und Konsistenz der Selbst-Identität erfordert flexibles Eingehen auf die Situation, aber gleichzeitig den Nachweis, daß die in Geltung gebrachten Orientierungen sich konsistent zum bislang lebensgeschichtlich erprobten Orientierungswissen verhalten. Diese Unterstellung von Konsistenz durch alle Handlungspartner einer Situation bringt eine verläßliche Erwartung der Akteure bezüglich der Situationsdefinition und der aktualisierbaren Handlungspotentiale hervor, ohne die nicht sinnhaft kooperiert werden kann. Bei diesem Primat der aktuellen Handlungsorientierung kann es also keine ein für allemal feststehende Lebensgeschichte geben, sondern die sich durchhaltenden Orientierungen (bzw. Abweichungen) im sedimentierten Wissen müssen permanent neu herausgearbeitet werden. Die *retrospektive* Verarbeitung vergangener Erfahrungen geschieht im Interesse einer konsistenten Anbindung biographisch erworbenen Wissens an die Erfordernisse einer *aktuellen* Situation.

Es ergibt sich eine wechselseitige Abhängigkeit von Lebensgeschichte und aktueller Handlungssituation. Fragt man nach den Konstruktionsbedingungen der Lebensgeschichte, stößt man auf das Konstituens der aktuellen Handlungssituation: von der Gegenwart aus wird die Lebensgeschichte interpretativ erstellt. Fragt man nach den Determinanten der Situation, stößt man auf Wissen, das in vergangenen Interaktionen, »Interaktionsgeschichten«, erworben wurde.

»Ich bin ... immer ›in Situation‹. Diese Situation hat ihre Geschichte, und einige Elemente dieser Geschichte sind ausschließlich Ereignisse meiner Biographie. Jede Situation bezieht sich auf eine frühere, aus der sich die jetzige entwickelt hat. Mein zuhandener Wissensvorrat gehört unter vielen anderen Dingen zu den biographisch bestimmten Elementen der Situation, desgleichen meine Überzeugungen, Meinungen und die verschiedenen Plausibilitätsgrade meines Glaubens an die fraglose Welt.« (*Schütz, Relevanz*, 208; *vgl. auch Schütz, Papers I*,9. 60f., 76; *Schütz/Luckmann, Lebenswelt*, 102ff., 123ff. 216ff.)

Es versteht sich, daß das Wechselverhältnis von bereits erprobtem Wissen und gegenwärtiger Situation eine *Zukunftsdimension* einschließt. Die Umstrukturierung des Wissens, hier die Neukonstitution der Lebensgeschichte, wird immer auch unter Berücksichtigung zukünftiger vergleichbarer Situationen vorgenenommen. Das Konsistenzinteresse als der Versuch, die Zeitdimension in allen ihren Ausprägungen zu transzendieren, erstreckt sich nicht nur auf die Vergangenheit, sondern auch auf die Zukunft. Der einzelne erwartet, daß seine und seiner Interaktionspartner aktuell gewonnenen Orientierungen die Situation überdauern, er erwartet, daß seine Interaktionspartner sich künftig auf seine neuen Erfahrungen ebenso einstellen können, wie er sich auf ihre einstellen will. Dies soll betont werden, um dem Eindruck zu wehren, als wolle man in dieser Theorie der Biographie die Lebensgeschichte auf sich stets verflüchtigende kontingente Existenzpunkte reduzieren. Die Lebensgeschichte besteht vielmehr aus relativ verläßlich erwartbaren *Typisierungen*[3] im Wissensvorrat des einzelnen und seiner Interaktionspartner. Diese Typisierungen, eingebettet in Interaktionsgeschichten, sind allerdings nicht starr, sondern, um es zum wiederholten Male zu sagen, situationsflexibel. Da diese Interaktionsgeschichten für unsere analytischen Zwecke eine besondere Bedeutung haben, wird gleich noch genauer auf sie einzugehen sein (3.1.1.b).

Zunächst wollen wir uns jedoch mit der Vorgegebenheit situativer und geschichtlicher Elemente der Handlungsabläufe einer Biographie befassen. Um die Darstellung nicht übermäßig zu komplizieren, wurde bislang davon ausgegangen, daß sich Orientierungsmarken, Typisierungen individuell in Interaktionsgeschichten ausbilden, aufschichten und retrospektiv aufgearbeitet werden. Eine

Vielzahl von Typisierungen sind jedoch aus der Perspektive eines Individuums vor seiner Zeit oder außerhalb seiner Handlungsreichweite bereits konstituiert und in Geltung. Der einzelne findet nicht nur global »Gesellschaft« bereits vor, mit der er sich auseinanderzusetzen hat, sondern auch ganze Muster und Versatzstücke von Biographien. Will man einmal quantifizieren, dann sind die präformierten Typisierungen, die nicht in Interaktionsgeschichten des einzelnen entstanden sind, unvergleichlich zahlreicher als die Typisierungen, die in »einmaligen«, kontingenten Situationen geschaffen wurden. Man kann sagen, daß die gesamte Sozialstruktur, soweit sie für den einzelnen erlebbar ist – und das ist immer nur ein sehr schmaler Ausschnitt –, sich ihm darbietet in der Form ergreifbarer biographischer Versatzstücke.

»Der einzelne erfährt die ihm vorgegebene, in der relativ-natürlichen Weltanschauung objektivierte Sozialwelt als eine auch auf ihn bezogene Abstufung subjektiver Chancen, als eine Anordnung von Pflichten, leicht oder schwer erlangbaren Zielen und Möglichkeiten. Mit anderen Worten, die Sozialstruktur steht ihm in Form typischer Biographien offen ... Der einzelne lernt Lebenspläne – und Tagespläne zur Verwirklichung von Lebensplänen – in einer bestimmten Auswahl, die wesentlich dadurch bedingt ist, daß sie ihm, und zwar von bestimmten anderen im Rahmen der Unmittelbarkeits- und Anonymitätsstruktur der für ihn zeitgenössischen Sozialwelt, vermittelt werden.« (*Schütz/Luckmann*, *Lebenswelt*, 104, 107)

Solche biographischen Versatzstücke bestehen in concreto aus einer Reihe von Typisierungen (Rollen, Handlungsmustern, ethischen Orientierungen, »selbstverständlichen« Erwartungen u. dgl.), die meist in zeitlich deutlich organisierter Abfolge vermittelt werden. Wir nennen sie in Erweiterung eines Begriffs aus der Berufswelt *»Karrieren«*[4]. Diese Karrieren sind keineswegs von einem Individuum in unserer Gesellschaft beliebig auszuwählen und zu kombinieren; wie groß die Freiheit des einzelnen in der Realisierung einer Karrieresequenz ist, hängt oft von Bedingungen ab, die der einzelne nicht variieren kann, z. B. Geschlecht, Alter, soziale Herkunft, Nationalität. So steht etwa einem in der Bundesrepublik Heranwachsenden nur ein klar abgegrenzter Katalog von schulischen Karrieren offen, die sich teilweise ausschließen, wenn erst einmal bestimmte Laufbahnweichen überschritten sind. Das Verlassen solcher Karrieresequenzen kann mit erheblichen sozialen Sanktionen (Stigma des Versagers, Einkommensverlust, Arbeitslosigkeit etc.) verbunden sein. Grundsätzlich ist jedoch daran festzuhalten, daß ebenso wie individuell erworbene Typisierungen auch präformierte Karrieren nur in subjektiver Aneignung Leben gewinnen. Die Handlungsfähigkeit innerhalb eines durch bestimmte Karrieren dominierten Aktionsfeldes ist situationsflexibel nur dann gewährleistet, wenn der einzelne die zur Verfügung stehenden Karrieren subjektiv varriiert. In der Darstellung soll dieser Aspekt vorübergehend außer Betracht bleiben, wenn wir jetzt statt weiterer allgemeiner Erwägungen zu sozial präformierten Karrieren die für den uns interessierenden Personenkreis gegenwärtig offenstehenden biographischen Versatzstücke skizzieren.

a) Karrieremuster bei Absolventen der theologischen Berufslaufbahn

Wir wollen den Versuch machen, die hier interessierenden Karrieren zunächst einmal den verschiedenen Wissenssystemen (vgl. *Schütz*, *Papers I*, 207ff.; *Schütz/Luckmann*, *Lebenswelt*, 44–52; *weiterführend Fischer*, *Legitimationsprobleme*, 84–120), die zur Wahl stehen, zuzuordnen. Unter Wissenssystemen verstehen wir (vgl. *Berger/Luckmann*, *Wirklichkeit*, 98ff.) nach Handlungs- und Orientierungsstilen von der Alltagswelt als oberster Wirklichkeit klar abgrenzbare Orientierungssysteme, in denen sich Selbst-Identitäten auf Dauer oder Zeit verankern können. Neben dem Bereich des Alltagswissens, den alle Gesellschaftsmitglieder teilen, wollen wir hier die Wissenssysteme berufspraktischen Handelns, der Wissenschaft, der Religion und der Politik, benennen. Andere Wissenssysteme (z. B. die Kunst, die Welt der Phantasie oder des Kindes) spielen in unserem Zusammenhang eine untergeordnete Rolle. Diese Verteilung von Karrieren auf fünf Wissenssysteme geschieht nicht aus einem vordergründigen »wissenschaftlichen« Ordnungsinteresse, es wird vielmehr davon ausgegangen, daß diese Wissenssysteme *alternative* Orientierungs- und Handlungsstile ausgebildet haben, und daß eine primäre Selbst-Verortung in einem von ihnen eine gleichzeitige Selbst-Verortung in anderen erschwert oder sogar ausschließt. Konstituiert sich etwa im religiösen Wissenssystem der für den einzelnen dominante Identitätsstrang aus, wird das Wissenssystem »Wissenschaft« für seine Identitätsbildung marginal, selbst wenn entsprechende Karrierestufen durchlaufen werden (müssen). Gerät der einzelne aufgrund von gegenwärtigen Ausbildungsordnungen im Ablauf seiner Lebenszeit in verschiedene dieser Wissenssysteme, können sich hier Identitätstransformationen vollziehen, d. h. ehemals für die Selbst-Identität zentrale Karrieren rücken aus dem Zentrum des Identitätsbildungsprozesses oder werden um- und wegdefiniert. Die Adoleszenz scheint etwa für religiöse Selbstverortungen gut geeignet zu sein, während die Zeit des Hochschulstudiums wissenschaftliche und politische Karrieren in den Mittelpunkt der Identitätsbildung rückt, nicht selten bei völliger Auflösung der alten religiösen Selbstidentität. Nach Abschluß der formellen Ausbildungsstufen des Theologen mag das berufspraktische Handeln das Selbstbild zentral bestimmen und zur Abschwächung theologisch-wissenschaftlicher Kategorien der Identität führen. Kurzum, die oben geforderte Reinterpretation des Selbst im Verlauf der Lebensgeschichte wird immer dort relevant, wo beim Wechsel von einem Wissenssystem zum anderen ein Verlust lebensgeschichtlicher Konsistenz droht.

Nach dieser grundsätzlichen Vorbemerkung läßt sich der Karrierefahrplan unseres Personenkreises innerhalb der differierenden Wissenssysteme skizzieren.

Die dem *alltagsweltlichen* Wissensbereich zurechenbaren Karrieren des *Lebenszyklus* und der *familiären Karriere* sind nicht auf die Population von Inhabern theologischer Berufspositionen beschränkt, sondern weitgehend identisch mit entsprechenden Karriereabläufen von Mittelschichtsangehörigen, speziell Absolventen langer Ausbildungsphasen (Hochschulstudium, vorauslaufende höhere Schulbildung zur Zeit der Adoleszenz). Von den verschiedenen Stufen der psychosozialen Entwicklung (vgl. *Erikson*, *Lebenszyklus*, 150f., 214f.) und den offensichtlich dazugehörigen Krisen, wechselnden Interaktionsfeldern, moralischen Entwicklungsstufen (vgl. *Kohlberg*, *Entwicklung; ders.*, *Cognitive Development; Turiel*, *Moral Development; Flavell*, *Sequences; Habermas*, *Moralentwicklung*) erscheint hier besonders prägnant wegen der Affinität zum religiösen Wissenssystem die Zeit der Adoleszenz (vgl. *Döbert/ Nunner-Winkler*, *Adoleszenzkrise*). Während die davorliegenden Stufen bestimmt sind durch eine weitgehende Abhängigkeit von der Herkunftsfamilie, setzt in dieser Zeit auch eine Distanzierung von der familiären Karriere bei gleichzeitiger Verortung in anderen außerfamilialen sozialen Kontexten (Schule, kirchliche Gruppen, Freizeitgruppen) ein. Wichtig erscheint, daß für unsere Population die Adoleszenz nicht mit einem klaren Wechsel ins Erwachsenenalter endet, sondern daß sich eine Zwischenphase beruflicher Ausbildung anschließt, in der nur eingeschränkte Handlungskompetenzen zugebilligt werden (vgl. *Kohli*, *Studium*, 95ff.). In diese Zeit des Hochschulstudiums fällt bei gleichzeitiger wirtschaftlicher Abhängigkeit die Lösung von der Herkunftsfamilie. Dieser Abschluß einer Phase innerhalb der familiären Karriere ist vielfach verschränkt mit dem Beginn einer neuen Phase, der Konstitution einer Gründungsfamilie, zu der auch Zeiten wechselnder Partnerschaften gerechnet werden können. Die neue familiäre Karriere-

Phase mit der Ausbildung intensivierter Interaktionsfelder zum andersgeschlechtlichen Partner oder einem Kind kann vorübergehend oder auf Dauer zur Karriere dominanter Identitätsbildung werden, der gegenüber die identitätsbildenden Potenzen anderer Karrieren stark in den Hintergrund treten.

Die Übernahme des *religiösen Sinnsystems* ist in unserem Kulturkreis eng ans Familiensystem einerseits und das kirchliche Veranstaltungsangebot andererseits gebunden. Dementsprechend ist die religiös-kirchliche Karriere vor allem für die Kindheit und den Beginn der Adoleszenz an die religiös (oder auch explizit antireligiös) geprägten Interaktionsformen der Familien gebunden, während allmählich in der Zeit der Lösung vom Elternhaus in der Adoleszenz in unserem Sample kirchliche Bezugsgruppen als identitätsbildende Interaktionsfelder hinzutreten oder sogar in Konkurrenz zum familiären Handlungsbereich dominant werden. Der kirchliche Karrierefahrplan besteht aus aufeinander folgenden überwiegend altersgebundenen Typisierungen innerhalb formeller Gruppen (Jungschar, Konfirmandengruppen, Jugendkreis, Kindergottesdiensthelferkreis, Erwachsenengruppen), die jeweils spezifische Positionen von Mitgliedschaft bereitstellen. Noch vor Beginn der Adoleszenz liegt heute die Konfirmation, ein Ritual, das die Status-passage vom Kind zum Jugendlichen markiert (Ausgliederung aus dem Partizipationsangebot für Kinder wie Kindergottesdienst und Jungschar: Aufnahme in den Erwachsenengottesdient und die Abendmahlsgemeinschaft, Zugangsvoraussetzung für Jugend- und Erwachsenenkreise). Nicht selten wird hier retrospektiv der Beginn einer religiös-kirchlichen Karriere von den Probanden lokalisiert, was weniger mit dem Ritual der Konfirmation in Verbindung zu bringen ist als mit den Erlebnissen in der außerschulischen Peer-Gruppe und der Selbstverortung in den sich zeitlich an das Ritual anschließenden häufig nach Konfirmandenjahrgängen gebildeten Jugendkreisen. Diese Gruppen können bei der Ausbildung der Selbstidentität des Jugendlichen dominant werden, weil sie anders als unifunktionale Gruppen (Sportverein, Hobbygruppen) für eine Vielzahl der vom Jugendlichen zu lösenden Probleme sowohl die Interaktionspartner als auch entsprechende Lösungsmuster in Form religiöser Typisierungen bereitstellen (zu den notwendig zu bewältigenden Aufgaben der Adoleszenz vgl. *Döbert/Nunner-Winkler*, *Adoleszenzkrise*, 83–86).

Aus den vorfindlichen religiösen Typisierungen konstituieren Gesellschaftsmitglieder konsistente Karrieremuster, die bis zu einem bestimmten Grad überindividuell sind. Mindestens drei solcher verschiedener religiöser Karrieren lassen sich nach Partizipationsstilen und unterschiedlichen Sequenzierungen unterscheiden. Die *pietistisch-gemeinschaftsorientierte* Karriere (vgl. II,3.2.2.; 3.4.2.; ferner *Fischer*, *Legitimationsprobleme*, 210ff.) ist einmal gekennzeichnet durch eine extreme Binnenorientierung auf personal klar bestimmbare Eigengruppen (vielfach mit Familie identisch), zum anderen praktizieren ihre Inhaber ein intensives religiöses Engagement (Gebete, Meditation, Bibellesen, Gebetsgemeinschaft, missionarische Aktivitäten). Nicht selten ist bei gleichzeitiger Sektenmentalität eine starke Distanz zum Volkskirchensystem und seiner »religiösen Indifferenz« zu beobachten. Ein entscheidendes Karrieremerkmal ist die Bekehrung, in der der Inhaber einer religiösgemeinschafts-orientierten Karriere sich total auf die religiöse Sub-Welt verpflichtet. Die subjektiven Kosten einer Binnenorientierung auf die personal bekannte, also notwendig kleine religiöse Gemeinschaft sind hoch, da sie identisch sind mit einem Verlust des Interaktionspotentials im Blick auf die volkskirchliche religiöse »Normalwelt« der Bundesrepublik; die Restriktion des Interaktionsfeldes wird extrem, wenn aus »religiöser Redlichkeit«, sprich dogmatischer Konsequenz, der einzelne ein Glaubenssystem wählt, das sozial nicht in der BRD verankert ist (z. B. das griechisch-orthodoxe Glaubenssystem).

Als *kerngemeindliche* Karriere bezeichnen wir ein Teilnahmeverhalten, das in hohem Umfang das kirchlich organisierte Veranstaltungsangebot (alterspezifische Gruppen, Kinder- und Erwachsenengottesdienst, kirchlich-musische Gruppen, verschiedene parochiale Aktivitäten) wahrnimmt. Nicht selten besteht ein enger persönlicher Kontakt zu kirchlichen Funktionsträgern (Pfarrer, Jugendleiter, Chorleiter) als signifikanten anderen. Ein Großteil der Pfarrerskinder in unserem Sample durchliefen solche kerngemeindlichen Karrieren (vgl. *Fischer*, *Legitimationsprobleme*, 198ff.). Die globalen Weltaufordnungen innerhalb dieser Karriere sind parochial-kirchlich qualifiziert.

Davon unterscheidbar ist die *volkskirchlich-distanzierte* Karriere. Ihre Handlungs- und Orientierungsstile haben stärker universalistischen Charakter, nicht selten ist eine explizite Institutionskritik festzustellen. Das Partizipationsverhalten ist beschränkt auf einen oder wenige kirchliche Veranstaltungstypen. Vor allem Jugendgruppen, die intentional gegen die religiös und institutionell verhärtete Kirchenorganisation agieren, sind der formelle Rahmen, in dem solche Karrieren konstitutiert werden.

Von diesen präformierten religiösen Karrieren, die empirisch dominant bis zum Abschluß der Adoleszenz sind, müssen die *beruflichen Typisierungen* der theologischen Karriere deutlich unter-

schieden werden (vgl. *Fischer*, *Legitimationsprobleme*, 88–115; *ders.*, *Pfarrer*, 2.3.). Läßt man die schulischen Einspurungssysteme (humanistisches Gymnasium) beiseite, stellt sich ein zweiphasiges Karrieresystem der beruflichen Karriere des Theologen dar: wissenschaftliches Theologiestudium – Vikariat (berufspraktische Ausbildung). Im Blick auf das dominante Sinnsystem kann das Studium der finiten Sinnprovinz »Wissenschaft«, das Vikariat einem System »berufspraktischen Handelns« zugeordnet werden. Diese Bestimmung impliziert Inkonsistenzen an den Nahtstellen des Übergangs von einer Karrierestufe zur anderen.
Mit der Selbstverortung im Wissenschaftssystem werden die vorher aufgeschichteten religiösen Relevanzen bedroht, am stärksten die Welt pietistisch-gemeinschaftsorientierter Prägung, am wenigsten die volkskirchlich-distanzierte Orientierung. Allgemein kann die *Studienphase* unter sozialen und wissensmäßigen Gesichtspunkten als Distanzierungsphase von ehemals aufgeschichteten individuellen Relevanzen betrachtet werden – was selbst dann der Fall sein dürfte, wenn eine Selbstverortung im Wissenschaftssystem, also der Aufbau einer neuen Identität nicht gelingt. Sozial gesehen tritt der junge Erwachsene mit der Studienphase in einen Wartestand, er ist schon nicht mehr Jugendlicher, darf aber noch nicht ganz Erwachsener (vor allem im Blick auf die Berufsrolle und das damit verbundene Syndrom sozialer Anerkennung) sein. Dieses »Moratorium« (vgl. *Erikson*, *Lebenszyklus*, 137f.; *Kohli*, *Studium*, 97ff.) schafft einerseits Handlungsfreiräume, ist aber andererseits unter gesamtgesellschaftlicher Perspcktive eine sozial wenig relevante Spielwiese. Hier hat der Student Inkonsistenzen im Vergleich zur nicht studierenden Altersgruppe zu bewältigen. Für die Gruppe der Theologiestudenten potenzieren sich die Probleme, da in aller Regel der Interaktionskontext, in dem die religiöse Identität ausgebildet wurde und in dem vor allem auch der Studien- und Berufswunsch entwickelt wurde, aufgegeben wird. Sofern überhaupt neue leistungsfähige Interaktionskreise multifunktionaler Art in der Studienphase bereitstehen, sind sie dennoch nicht vergleichbar mit den parochialen Gruppen und ermöglichen daher kaum eine selbstverständliche Fortsetzung der religiös-kirchlichen Karriere.
Eine Möglichkeit zur Neukonstitution einer moralisch universalen Selbst-Identität in der Studienphase scheint in der Substitution des religiösen Relevanzsystems durch eine *politische Selbstverortung* gegeben zu sein. Zumindest für unser Sample ließ sich bereits in der Auswertung der schriftlichen Befragung (vgl. I,2.5.; 7.2; II,1.4.) die Konstitution dominanter politischer Identitätsstränge in Interaktionskontexten der Studentenbewegung konstatieren.

Mit dem Übergang in die zweite theologische Karrierestufe des *Vikariats* (formelle Voraussetzung: Erstens Theologisches Examen) hat der Sozialisand eine erneute Umdefinition seines Handlungs- und Orientierungsrahmens zu leisten. Die universale Selbstverortung ins Wissenschaftssystem muß ersetzt werden durch eine Verortung im System berufspraktischen Handelns. Der organisatorische Rahmen der Landeskirche (Seminar, Gemeindepfarrer, Dienstvorgesetzter), die kirchlich präformierten Handlungsfelder in ihren historischen Verhärtungen (Gottesdienst, Liturgie, Kasualien) und die Belange einer kerngemeindlichen oder volkskirchlichen Klientel (religiöse und sozialpflegerische Erwartungen) verlangen dem einzelnen eine verbindliche handlungspraktische Umorientierung ab, die vielfach in Spannung und Widerspruch zum Relevanzsystem der Studienphase stehen kann (vgl. *Fischer*, *Legitimationsprobleme*, 97–115). Wo der einzelne diese Umdefinition vom universalen Orientierungssystem auf das organisationspraktische und an den Bedürfnissen der Klienten orientierte kirchliche Handlungssysteme nicht leisten kann, kommt es zu Inkonsistenzen in der Selbst–Identität, die dann u. U. nur durch ein Verlassen der theologischen Berufslaufbahn gemeistert werden können.

b) Aktive Definition von vorgegebenen Karrieremustern in Interaktionsgeschichten und die Konstruktion der Lebensgeschichte

Aus dem bislang Skizzierten sollte deutlich geworden sein, daß die präformierten Typisierungen, hier als Karrieren beschrieben, nicht starr vom einzelnen adaptiert werden können. Die Notwendigkeit einer subjektiven Definition der vorfindlichen Karrieren ergibt sich einmal aus den interaktionslogischen Grundlagen der Konstitution von Typisierungen, zum anderen aus den mangelnden Orientierungsleistungen von Karrieren in ihren Inkonsistenzen. Typisierungen sollen aktuelle Interaktion und Orientierung ermöglichen, sowie künftige Ereigniskonstellationen verläßlich erwartbar machen. Damit dies möglich ist, müssen sie durch Interaktionspartner situationsflexibel verarbeitet werden. Unumgänglich ist eine aktive Bestimmung der Situation dort, wo wie in den gerade beschriebenen Karrierephasen und zwischen verschiedenen Karrieren Widersprüche bestehen.

Wie stellt sich nun eine solche situationsflexible Neubestimmung von Karrieren in der alltäglichen Interaktion dar? Der Ort, an dem bei der Neudefinition von Typisierungen die Dimensionen der Indexikalität, Reflexivität und strukturellen Offenheit realisiert werden können, ist die zu bewältigende aktuelle Handlungssituation. Wir nennen eine re-typisierende Abfolge von Elementen einer Handlungsabwicklung eine *Interaktionsgeschichte* (vgl. *Schütze, Sprache*, 99; 273; 276ff.; 444ff.; ferner *Schapp, Geschichten;* zur interaktionslogischen Abfolge einer Typisierungssequenz vgl. *Schütz/Luckmann, Lebenswelt*, 227f.; die religiöse Konversion als Interaktionsgeschichte bei *Schibilsky, Religiöse Erfahrung*, 4.7.). Die Interaktionsgeschichte hat einen doppelten Charakter. Einmal ist sie der Ort, an dem – ganz allgemein gesprochen – der einzelne Erfahrungen in stattgefundenen Interaktionen gemacht hat. Sie ist als *erzählbare* Interaktionsgeschichte aber auch das Konstrukt, durch das einmal gemachte Erfahrungen in der Kommunikation situationsflexibel interpretiert werden können. Indem ich meinem Interaktionspartner erzähle (Präsentation der stattgefundenen Ereignisse in chrono-logischer Abfolge, subjektive Bewertung von der Gegenwart aus), welche Erfahrung ich gemacht habe, mache ich ihm in überprüfbarer Weise eine Typisierung meines Relevanzsystems klar. Diesen »Erklärungsvorgang« durch alltägliches Geschichten-Erzählen, präziser ausgedrückt, die narrative Stegreifrekapitulation selbst gemachter Erfahrungen (vgl. *Schütze, Sprache*, 554; 705ff.; *ders., Hervorlockung)*, Elemente der eigenen Identität zu präsentieren und interaktionsgerecht zu interpretieren, haben wir uns als Sozialforscher unmittelbar zunutze zu machen – darüber mehr unter 3.1.2.

Wie konstituiert sich nun aus dieser horizontalen Dimension der Identitätsbildung (Interaktionsgeschichten) die vertikale Dimension der Biographie? Die unendliche Fülle von in Interaktionsgeschichten gewonnenen Erfahrungen wird zu einem Gesamtentwurf der Biographie aufgeschichtet, die wir *Lebensgeschichte* nennen wollen. In polythetischen Sedimentierungsvorgängen wird das Relevanzsystem aufgebaut. Eine große Fülle von Interaktionsgeschichten versinkt dabei in den selbstverständlich zuhandenen Wissensvorrat, ohne daß sie in aktuellen Orientierungssituationen als einzelne Geschichten replizierbar wären. Dennoch gibt es aus Anlaß aktueller Selbstdarstellung und Selbstverortung innerhalb meiner konsistenten Biographie für mich als einzelnen die Möglichkeit und Notwendigkeit, monothetisch auf einzelne »besonders wichtige« Interaktionsgeschichten zurückzugreifen. »Im kondensierenden monothetischen Zugriff wird das alltagsweltliche Konstrukt der eigenen *Lebensgeschichte* realisiert.« (*Fischer, Pfarrer*, 2.4.3.)

Dieses globale Bild, das der einzelne von seiner Lebensgeschichte konstruiert, soll in verschiedenen Handlungssituationen die Präsentation einer konsistenten Selbst-Identität ermöglichen. Somit

gibt es für verschiedene aktuelle Erfordernisse abweichende Lebensgeschichten, die alle gleich »wahr« sind; vor allem trifft dies dann zu, wenn wie in unserem Zusammenhang durch ein Thema (»mein Leben als Theologe«) nur ein bestimmtes Bündel subjektiv verarbeiteter Karrieren von Bedeutung ist. Über diese situationsbedingten, themaorientierten Abweichungen hinaus gibt es jedoch globale lebensgeschichtliche Phasierungen (Kindheit, Jugend, Ausbildungsphasen etc.), die begrenzt sind durch Interaktionsgeschichten, die als Anfangs-, End- oder Wendepunkte fungieren. Zwischen den einzelnen Phasen kann es Hierarchisierungen geben, die lebensgeschichtliche Tendenzen (Auf- und Abstieg, Emanzipation, Engagements, Reife u. dgl.) belegen sollen. Unter den Phasenmarkierern nimmt die Interaktionsgeschichte, die den letzten Wendepunkt repräsentiert, eine besonders wichtige Stellung ein. Hier wird Gegenwart von Vergangenheit getrennt, alle Interaktionsgeschichten, die vor dem Wendepunkt liegen, werden von der Gegenwart aus evaluativ konzipiert. Man kann diesen Punkt der Lebensgeschichte *Gegenwartsschwelle* oder *Interpretationspunkt* nennen, weil hier der Angelpunkt der bereits vorher erwähnten biographischen Reinterpretationen liegt. Forschungspraktisch ist der Interpretationspunkt vor allem dann wichtig, wenn man historische Entwicklungen nachkonstruieren will unter Absehung der gegenwärtigen Selbstdefinition eines Probanden.
Da die individuellen lebensgeschichtlichen Phasierungen von Interaktionsgeschichten und Erfahrungsaufschichtungen abhängen, die sich kaum organisieren lassen, können die für den einzelnen signifikanten Phasen völlig verschieden sein von den offiziellen Karriereabläufen der präformierten beruflichen und außerberuflichen Typisierungssequenzen. Das Abitur, der Hochzeitstag, das wissenschaftliche Examen u. dgl. können für mich wichtige Lebensabschnitte markieren, müssen es aber nicht, wenn Interaktionsgeschichten wie ein Autounfall, der Verlust oder Gewinn eines Lebenspartners, die Lektüre eines wissenschaftlichen Buches, ein gruppen-dynamisches Training, die politische Erfahrung der Notstandsgesetzgebung, ein Auslandsaufenthalt, ein schlichter Umzug, die erste Beerdigung, die ich als künftiger Pfarrer zu machen habe, u. dgl. meine Lebensgeschichte und ihre Entwicklungen besser pointieren.
Diese letzten Beispiele sollten nicht zu dem Mißverständnis führen, alle Phasen einer Lebensgeschichte könnten durch erzählbare Interaktionsgeschichten gekennzeichnet werden. Der Grad der retrospektiven Explizierbarkeit lebensgeschichtlicher Entwicklungen dürfte davon abhängen, mit welcher Radikalität und Ge-

schwindigkeit alte Relevanzen in neuen Situationen ihre Orientierungskraft eingebüßt haben und durch andere ersetzt werden mußten. Etwas verkürzt gesagt, überall dort, wo persönliche Entwicklungsprozesse in zeitlich kurzen Dimensionen vom einzelnen als Krise erfahren wurden, dürfte Ende und Anfang einer Lebensphase durch Interaktionsgeschichten gut explizierbar sein, weil die Lösung der Krise selbst explizite Interaktionsgeschichten zur Neudefinition der Selbstidentität erfordert.

Wo sich jedoch der Abbau und Aufbau eines Relevanzsystems in lang andauernden alltäglichen Adaptionsprozessen vollzog, wo eine Bewältigung kleinerer Inkonsistenzen der Selbst-Identität unter der Bewußtseinsschwelle mehr routinisiert vollzogen werden konnte, können kaum explizite Interaktionsgeschichten präsentiert werden[5]. Forschungspraktisch ergibt sich daraus die Konsequenz, daß eine Interviewtechnik fehlgeht, die direkte Fragen nach solchen Interaktionsgeschichten stellt, da dann damit zu rechnen ist, daß aufgrund des sprachkonventionellen Antwortzwangs Geschichten erfunden werden, völlig abstrakte sekundäre Legitimationen produziert werden, also durch den Sozialforscher Artefakten geschaffen werden. Es ist vor allem deshalb auf diesen Punkt hinzuweisen, weil der Aufbau motivationaler Relevanzen im Zusammenhang mit Berufswahlprozessen (vgl. *Kohli*, *Studium*, 99ff; 58ff.) sich in lang andauernden Sedimentierungsprozessen vollzieht, die einem monothetischen Zugriff durch die Sozialisanden verschlossen sind. Das braucht nicht nur für die motivationale Einspurung ins System der theologischen Berufslaufbahn, sondern kann ebenso für das Verlassen dieser Karriere gelten, sofern diese nicht als Krise empfunden wurde. Der Sozialforscher kann dann auf die Frage nach den Anlässen und Gründen für das Verlassen der theologischen Berufslaufbahn keine knappen Antworten erwarten, ja, er tut gut daran, solche Fragen nicht explizit zu stellen, wenn er es nicht riskieren will, daß ihm abstrakte sekundäre Legitimationen präsentiert werden, die am tatsächlichen Zustandekommen einer solchen Aufgabe keinen ursächlichen Anteil hatten. Genau an diesem Punkt liegen auch die strukturellen Schwächen einer standardisierten Befragung, wie sie im Bd. I dieser Studie dargestellt wurde. Vielmehr muß versucht werden, die lebensgeschichtlichen Informationen so breit einzufangen, daß Entwicklungen der Selbst-Identität auch dann sichtbar werden, wenn es dem Probanden selbst nicht möglich ist, sie in Übereinstimmung mit tatsächlich gemachten Erfahrungen zu explizieren. Diesen methodologischen und methodischen Fragen soll jetzt kurz nachgegangen werden.

3.1.2. Die Stegreiferzählung der eigenen Lebensgeschichte als soziologisches Erhebungsinstrument

Wenn wir entsprechend unseren Überlegungen unter 3.1.1. (vgl. auch I, 2.) alltagsweltliche Formen der Erfahrungsübermittlung und -konstitution, also das Erzählen von selbsterlebten Geschichten zur Grundlage unserer soziologischen Analyse machen, dann vollziehen wir *methodologisch* einen Doppelschritt. Zuerst wird das originäre Konstitutionswissen von Gesellschaftsmitgliedern (Alltagswissen) erhoben, dann wird versucht, in einer zweiten Reflexionsstufe ein abstrakteres soziologisches Wissen analytisch zu bilden. A. Schütz hat das Verhältnis von Alltagswissen und soziologischem Wissen klassisch so formuliert:

»the constructs on the first level, the common sense constructs refer to subjective elements, namely the Verstehen of the actor's action from his, the actor's point of view. Consequently, if the social sciences aim indeed at explaining social reality, then the scientific constructs on the second level, too, must include a reference to the subjective meaning an action has for the actor« (*Schütz*, *Papers I*, 62)

Das heißt in der Konsequenz nichts anderes, daß sich alltagsweltliche und wissenschaftliche Bedeutungskonstitution in prinzipiell vergleichbaren, nämlich kommunikativen Akten vollziehen.

»Die Methodik des Fremdverstehens, die der soziologische Forscher anwendet, ist prinzipiell identisch mit derjenigen, die auch die (übrigen) Gesellschaftsmitglieder in der Alltagspraxis verfolgen.« (*Schütz u.a.*, *Fremdverstehen*, 441)

Abstrakt gesprochen heißt das, daß die Forschungsoperation selber als Kommunikationsvorgang begriffen wird, der ebenso wie alltagsweltliche Interaktionen in den Dimensionen der Indexikalität (Situationsbezogenheit), Reflexivität und strukturellen Offenheit abzuwickeln ist. Das Einzel- und Gruppeninterview wird hier also nicht wie der Fragebogen von diesen Dimensionen gereinigt (vgl. *Cicourel*, *Methode*, 110–173; 243–265; *Habermas*, *Logik*, 58–79; 98–149). Entsprechende mit einer bestimmten Wissenschaftsauffassung verbundene »Heilungsversuche« (vgl. *Garfinkel*, *Alltagswissen*, 210f.; *ders.*, *Formale Strukturen*, 131f.), also Abstraktionen von der Situation, sollen nicht vorgenommen werden.

Damit »die Kommunikation auch wirklich das unmittelbar praxisleitende Orientierungswissen, d.h. die tatsächlich in Geltung und Verwendung befindlichen Handlungsfiguren aufdeckt, darf sie nicht den Grundstil natürlicher Kontexte der Kommunikation, die im Strom der tagtäglichen Angelegenheiten des Alltagslebens stehen, verletzen. Die Personen, von denen der Soziologe explizit oder implizit Daten über Handlungen als die

Kernebene gesellschaftlicher Wirklichkeit erfragt, müssen also in Parallele zum ›native speaker‹ der Linguistik als ›natürliche Kommunizierende‹ bzw. ›natürlich Handelnde und Interagierende‹ geachtet und behandelt werden.« (*Schütze u. a., Fremdverstehen*, 436)

Konkret heißt das, daß im Forschungsprozeß seitens der Forschungsgruppe eine Situation zu gestalten war, in der in einem Hörer-Sprecher Interaktionsfeld (Interviewer-Proband) eine retrospektive Aufarbeitung von Erfahrungen im theologischen Karrierekontext durch Probanden möglich war. Bevor im einzelnen dieses setting beschrieben wird (3.1.2.c), soll einmal die textliche Gestalt von erzählten Interaktionsgeschichten und die Form der lebensgeschichtlichen Großerzählung skizziert werden (3.1.2.a), um zu verdeutlichen, an welchen Textselegaten sich vergangene Handlungsabläufe und gegenwärtige Interpretationen manifestieren[6]. Zum anderen ist auf den Unterschied zwischen narrativer und aktualtextlicher Bedeutungskonstitution einzugehen, der sich hier in den beiden Instrumenten des Einzel- und Gruppengesprächs darstellt (3.1.2.b). Schließlich sind die Auswertungsprozeduren der Einzelinterviews zu benennen (3.1.2.d).

a) Zur Textgestalt der Interaktionsgeschichte und der lebensgeschichtlichen Großerzählung

Oben ist ausgeführt worden, daß die intersubjektive Vermittlung und Rekonstitution von Orientierungswissen in der Erzählung selbsterlebter Geschichten erfolgen kann. Es läßt sich zeigen, daß diese narrative Stegreifrekapitulation eigenerlebter Interaktionsgeschichten zum Zwecke gegenwärtiger und künftiger Handlungsorientierung eine bestimmte *Gestalt* hat.

Für die *einzelne Interaktionsgeschichte* kann im großen und ganzen die Form als gültig angesehen werden, die Labov und Waletzky bei der Analyse erzählter Geschichten festgestellt haben (*Labov/Waletzky, Erzählanalyse*):

1. *Orientierungsteil* (Nennung der Ausgangssituation; Ort; Zeit; Einführung der Akteure; Lage des Erzählers)
2. *Komplikationsteil* (Abfolge der Handlungssequenzen in der tatsächlich stattgefundenen Reihenfolge; Überschreitung von mindestens einer Zeitgrenze; Zuspitzung der Handlung)
3. *Evaluation* (bewertendes Zwischenstück, in dem der Erzähler seine Selbstverortung aus aktueller Perspektive verdeutlicht; Geschehen auf der Handlungsebene wird vorübergehend angehalten)
4. *Lösungsteil* (Ergebnis der Handlungssequenz)
5. *Coda* (Replik aus der Aktualsituation; ggf. Einbindung in Folgewirkungen der zurückliegenden Interaktionsgeschichte).

Diese Idealform gilt für kurze Geschichten, in längeren Geschichten treten Verschachtelungen auf, weitere untergeordnete Interaktionsgeschichten können die Funktionen des Orientierungsteils, der Komplikation, Evaluation oder des Lösungsteils übernehmen. Die beiden Hauptfunktionen einer Erzählung liegen in ihrem referentiellen und evaluativen Charakter (vgl. *Labov/Waletzky*, *Erzählanalyse*, 79; 95ff.). Die Textselegate der *Referenz*, also des Bezugs auf die außersprachliche (vergangene) Handlungssituation, bestehen einmal aus expliziten Indexikalisierungen (Eigennamen, Ortsangaben, Zeitangaben, deiktische Partikel, Pronomina etc.), zum anderen in der chronologischen Anordnung der narrativen Teilsätze, die dem Hörer die schrittweise zeit-logische Rekonstruktion der tatsächlich abgelaufenen Handlung ermöglichen. Die *Evaluation* geschieht als unumgängliche Bewertung vom gegenwärtigen Standpunkt des Erzählers aus entweder explizit in eigenen Bewertungsteilen oder wird implizit durch Wortwahl, Intonation (Ironie, Ernst) oder Akzentuierung einzelner Handlungselemente (Selektion) angedeutet. Während der Sozialforscher aus den referentiellen Bezügen den stattgefundenen Ereignisablauf auf der Handlungsebene rekonstruieren oder zumindest überprüfen kann, gewinnt er in der Analyse der Evaluationen die gegenwärtig gültigen Bewertungsmaßstäbe und Selbstverortungen (»Einstellungen«) des Probanden. In den Evaluationen werden die Steuerungselemente der Textproduktion (Selektionskriterien) als Kommunikationsintentionen sichtbar. Hier wird dem Hörer verdeutlicht, warum die Geschichte erzählt wird, welche Selbst-Typisierung (Erfahrung) der Sprecher vermitteln will.

Die interaktionslogische Gestalt einer Erzählung ermöglicht es dem Hörer, hier dem Sozialforscher, auch Inkonsistenzen im Handlungsablauf (Abweichungen von der Chronologie; Auslassung wichtiger Handlungselemente; Entindexikalisierungen) und Inkonsistenzen zwischen Handlungsebene und Bewertungsebene fremdverstehend wahrzunehmen.

Letzteres hat allerdings zur Voraussetzung, daß die generierenden Erzählfaktoren des *Detaillierungszwangs*, des *Kondensierungszwangs* und des *Gestaltschließungszwangs* bei der Produktion in Geltung bleiben (*vgl. Schütze*, *Erzählungen*, 11f.; *ders.*, *Interviews*, 5ff.; *ders.*, *Hervorlockung*, 224–228; *ders.*, *Sprache*, 705–730) und nicht in abstraktes Sprechen ausgewichen wird. Der sicherste Indikator für die Geltung dieser Kriterien bei der Textproduktion ist das explizite Auftreten von Indizes wie Orts- und Namensnennungen, sowie genauen Zeitangaben. Kurzum, der Hörer (Interviewer) muß durch entsprechende Interessensbekundungen oder Nachfragen dafür sorgen, daß die Referenzen zum tatsächlich abgewickelten Handlungsverlauf expliziert werden.

Über die *lebensgeschichtliche Großerzählung* als alltagsweltliches Konstrukt der Selbst-Präsentation liegen abgesehen von *Fischer, Legitimationsprobleme*, 153–158, keine formalen sozio-linguistischen Analysen vor. Die wenigen Arbeiten, in denen die »biographische Methode« in der Soziologie methodologisch empfohlen wird (vgl. *Szczepanski, Biographische Methode; Bukowski, Biographical Method; Osterland, Lebensgeschichtliche Erfahrung; ferner Döbert/Nunner-Winkler, Adoleszenzkrise)*, sind hier unergiebig.
Fischer hat versucht nachzuweisen, daß auch die lebensgeschichtliche Großerzählung eine Globalstruktur hat, in die einzelne Interaktionsgeschichten und beschreibende Blöcke als Mikrostrukturen eingepaßt werden. Vergleichbar der kleinen Einzelerzählung, in der Evaluationen anläßlich der Geschichte die Textproduktion steuern, können in der biographischen Großerzählung *Globalevaluationen*, die sich auf den gesamten Lebensablauf oder ein globales Selbstbild beziehen, als selegierende und akzentuierende Textkonstituenten angesehen werden. Diese Globalevaluationen beschließen oder eröffnen meist die narrative Darstellung ganzer Lebensphasen oder zentraler Interaktionsgeschichten, die für die Identitätsbildung dominant erscheinen. Sie stellen die Fixpunkte der im Augenblick der Forschungskommunikation bewußt oder unbewußt aktualisierbaren Identität des Erzählers dar und regulieren als solche die Textproduktion. Dabei konstituiert der Hörer (Interviewer) durch sein Interesse und Nachfragen in der Darstellung eigener Relevanzen diese erzählgenerierenden Identitätspunkte mit.
Gelingt die erzählte Darstellung der eigenen Lebensgeschichte, dann ist die Geschichte textlich in zweierlei Hinsicht *kohärent*. Zum einen sind auf der Mikroebene Interaktionsgeschichte und mikrostrukturelle Evaluationen konsistent. Zum anderen stehen die Globalevaluationen der Gesamt-Lebensgeschichte in Übereinstimmung mit den aus dieser Perspektive ausgewählten und interpretierten und zu biographischen Phasen zusammengestellten Einzelgeschichten. Die Kohärenz ist mithin ein entscheidendes formales Prüfkriterium für die analytische Brauchbarkeit solcher Texte.
Da diese Makro- und Mikrostrukturen einer Großerzählung Formen alltagsweltlicher Kommunikation darstellen, bedarf der Soziologe zum *Verstehen* dieser Texte vor der Hand keiner besonderer analytischer Prozeduren; bereits in der aktuellen Forschungskommunikation des Interviews muß ein hinreichendes Verstehen erfolgen, damit er als Hörer adäquat reagieren kann. Die eigentliche Forschungsleistung besteht daher im ersten Schritt in einem adäquaten Hörer-Verhalten, das so ausgerichtet sein muß, daß die narrative Stegreifrekapitulation der eigenen Lebensgeschichte in

Gang kommt und an heiklen Stellen nicht durch Legitimierungen zweiten Grades oder abstraktes Reden entschärft wird.

b) Zur Methodologie des Gruppengesprächs

Wichtige Sequenzen von Interaktionsgeschichten bzw. Identitätsbildungsprozessen vollziehen sich im klar definierten Kontext von Gruppen. So sehr die retrospektive Stegreifrekapitulation der eigenen Lebensgeschichte geeignet erscheint, das aufgeschichtete Orientierungssystem einzelner soziologisch zu erheben, sowenig kann sie den aktuellen Vollzug von gruppenspezifischen Typisierungen aufzeigen. Die teilnehmende Beobachtung von Gruppeninteraktionen und Analyse von Gruppengesprächen scheinen hier das bessere Instrumentarium zu sein (*Arbeitsgruppe Bielefelder Soziologen*, *Kommunikative Sozialforschung*, 111ff.; 130ff.). Aus der Perspektive unserer Forschungsfrage kam jedoch ein solches Verfahren nicht in Betracht, weil die Interaktionskontexte, die die Aufgabe der theologischen Berufslaufbahn ermöglichten oder unterstützten, für die Probanden selbst vergangene Interaktionskontexte waren (selbst dann, wenn der Proband ihnen heute noch angehören sollte). Dennoch erschien die Frage prüfenswert, ob es Typisierungen gibt, die in der künstlich aggregierten Gruppe ehemaliger Theologen als gemeinsam geteiltes Wissen gelten können. Neben dem Fragebogen und den statistischen Erhebungen von Gemeinsamkeiten erschien das Gruppengespräch ein geeignetes Mittel, im Medium eines alltagssprachlichen Diskurses Typisierungen produzieren zu lassen, die nicht subjekt- bzw. biographiespezifisch, sondern spezifisch sind für die gesamte Gruppe der ehemaligen Theologen, zumindest für die an der aktuellen Gesprächssituation beteiligten Personen. Im setting eines Gruppengesprächs, dessen Teilnehmer sich nicht vorher kannten und durch das Forschungsteam zusammengeführt worden waren, sollten nicht vergangene Erfahrungen erzählt werden, sondern anläßlich eigener Erfahrungen über theologische ›drop-outs‹ *diskutiert* werden. Dabei waren analytisch von Interesse die Phänomene und Erklärungsfiguren, die gemeinsam in einer solchen aktuellen Kommunikation erstellt wurden, weniger die Typisierungen, die sozusagen schon »von Hause aus« mit in das Gespräch gebracht wurden.
Konversationsanalytisch gesprochen ging es in den Gruppengesprächen nicht um die Produktion und Analyse von Erzählungen (retrospektive Aufarbeitung vergangener Erfahrungen in chronologischer und evaluativer Darstellung von Interaktionsgeschichten), sondern es ging um die Produktion und Analyse von *Aktual-*

texten (vgl. zu den beiden Textsorten *Schütze*, *Sprache*, 705–730). Die interaktionslogischen Konstituenten, die die Textproduktion einer Aktualkommunikation vom Typ einer Diskussion bzw. eines Diskurses steuern, sind außerordentlich kompliziert. Dies ergibt sich allein schon aus der Mehrzahl von Interaktionspartnern, die bei möglicherweise sehr verschiedenen lebensgeschichtlich aufgebauten Relevanzsystemen in Geltung des Grundprinzips der Reflexivität über das vorgegebene Thema und seine Behandlung einen Konsens zu erzielen haben, der zumindest so weit gehen muß, daß überhaupt eine Diskussion geführt werden kann, also nicht nur Monologe produziert werden. Dabei kann es aufgrund von gruppendynamisch zu analysierenden Dominanzen einzelner Gesprächsteilnehmer zur vorläufigen Konstitution *scheinbar* gemeinsamer Typisierungen kommen, die nicht durch die alltagsweltlichen Relevanzen anderer Mitglieder gedeckt sind. Dies kann etwa dazu führen, daß einzelne Mitglieder sich nicht mehr an der Diskussion beteiligen (Aufkündigung der Kooperationsbereitschaft) oder daß nur noch »hypothetisch« diskutiert wird (erkennbar an weitgehender Entindexikalisierung), ohne daß dies sprachlich explizit angedeutet werden muß. Anders als bei der Textsorte »Erzählung«, wo wir relativ viel über die formale Gestalt und gestaltgenerierenden Faktoren wissen, war die Forschergruppe bei der Gruppendiskussion auf ihre natürliche Sprachkompetenz angewiesen. Es war auch im beschränkten Rahmen unseres Forschungsdesigns nicht möglich, die Formalstruktur von Diskussionen gesondert zu untersuchen und die Ergebnisse forschungspraktisch, etwa in einem bestimmten Interviewerverhalten, umzusetzen. Durch den Stimulus eines Briefes (vgl. u. 4.1.) sollte allerdings nicht nur ein bestimmtes Spektrum von Themen vorgegeben werden, sondern auch zu einer biographischen, also indexikalen Bearbeitung derselben angeregt werden, was auch geschehen ist. Insofern unterscheidet sich an einigen Stellen die Analyse der Gruppengespräche nicht von der Analyse der Einzelgespräche, da hier wie dort biographisches Material präsentiert wird. Der Unterschied liegt dann in der Produktionssituation, die nicht bestimmt ist durch das Verhalten *eines* Hörers, sondern durch die erkennbar verschiedenen Interessen und Relevanzen mehrerer Gesprächsteilnehmer, denen gegenüber eher Gruppentypisches als Biographietypisches dargestellt werden kann.

c) Interviewerverhalten beim biographischen Interview

Das Ziel des Einzelinterviews besteht entsprechend dem bislang Ausgeführten darin, den Probanden zum Erzählen seiner Lebensgeschichte im thematischen Rahmen religiös-kirchlicher, beruflicher und politischer Karrieren (Gesamtperspektive der Untersuchung) zu bewegen. Dabei sollen sowohl die horizontale Dimension der Identitätsbildung (vorwiegend Interaktionsgeschichten der Gegenwart) als auch die vertikale Dimension (Einordnung vergangener Interaktionsgeschichten in den Globalrahmen der Lebensgeschichte) zur Geltung kommen. Während letzteres durch thematische Steuerung (»Was machen Sie gegenwärtig?« – »Wie kam es, daß Sie den Weg als Theologe eingeschlagen haben und ihn schließlich verlassen haben? Erzählen Sie mal der Reihe nach.«) geschieht, ist das Hervorlocken narrativer Einheiten und die Verhinderung von entindexikalisierten legitimatorischen Textproduktionen (Darstellung innerer Vorgänge, Selbstbilder, theologische Theorien, die keinen Zusammenhang zur Erfahrungswelt des Probanden erkennen lassen) an die fortlaufende spezifische Darstellung eines am Detail interessierten Hörerinteresses seitens des Interviewers gebunden. Die Erzählung und das Erzählinteresse richten sich also hier in der Forschungskommunikation – ebenso wie in der alltagsweltlichen Erzählung – grundsätzlich am Hörerinteresse und am tatsächlich abgelaufenen Ereignisfluß aus und werden »nicht durch formale Manipulation« *(Schütze, Interviews, 6)* konstituiert. Zur inhaltlichen Regulierung seines Hörinteresses standen dem Interviewer die unter 3.1.1.a skizzierten Karrierefahrpläne zur Verfügung. Sie sollten gelegentliches Nachfragen ermöglichen, wenn der Eindruck aufkam, daß der Proband wichtige Karriereschaltstellen ausläßt, keinesfalls wurden sie als Checkliste benutzt, die explizit abgefragt wurde. Zur Verbesserung einer formalen, also möglichst wenig direktiven Interessiertheit des Interviewers wurden Techniken der psychologischen Gesprächstherapie, die vorher in einem Training eingeübt waren[7], eingesetzt. Ohne nun weitere detaillierte Ausführungen geben zu können (vgl. *dazu Schütze*, *Interviews;* ders., *Erzählungen; Fischer*, *Legitimationsprobleme*, 163–174; *Schibilsky*, *Religiöse Erfahrung*, 3.2.), sollen tabellarisch die wichtigsten *Determinanten der Interviewsituation* (Interviewerverhalten, Gesprächsstruktur) benannt werden:

1. *Ziel und Zweck der Untersuchung* werden dem Pbn soweit erklärt, daß er im Interview kooperieren kann. Dabei kann wegen der bereits in allen Fällen erfolgten Beantwortung des Fragebogens auf ein Vorverständnis zurückgegriffen werden.

2. Als *Ort des Interviews* kommt die dem Pbn vertraute häusliche Umgebung in Betracht. Sie ist unaufgebarer Bestandteil eines erzählgenerierenden natural settings der Kommunikation.
3. Die vom *Interviewer präsentierte Identität* ist die eines wissenschaftlichen Mitarbeiters an einem soziologischen Forschungsprojekt. Er biedert sich dem Pbn nicht an, sondern bekundet durch einen sachlichen Abriß der Forschungsarbeit sein Interesse an den Identitätsbildungsprozessen eines ehemaligen Theologen. Im aktuellen Interviewverlauf wird dieses Interesse explizit und implizit in einer freundlich-permissiven Atmosphäre ständig affirmiert. Mystifizierungstaktiken und eine Haltung, die vermuten läßt, der Interviewer »wisse bereits alles über ehemalige Theologen«, sind absolut zu vermeiden, da sie das Erzählinteresse unterbinden.
4. Bestimmte *Erwartungen an ein soziologisches Interview*, das sich etwa dadurch auszeichnen soll, daß standardisierte Fragen gestellt werden und daß Bewertungen und Gefühlsäußerungen als rein subjektive Haltungen uninteressant seien, müssen abgebaut werden. Dies erfolgt durch explizite Erläuterung des Interviewstils und erzählförderndes Verhalten im Vollzug.
5. Das *Tonbandprotokoll* wird legitimiert, Anonymität der Auswertung zugesichert.
6. Abgesehen von einigen *zentralen Stimuli* bestimmt der Pbn den Gesprächsverlauf.
7. Der Interviewer agiert primär als *interessierter Hörer;* keinesfalls darf der Eindruck aufkommen, als werde der Pbn verhört.
8. Wo der Pbn aus dem Erzählen aussteigt, in abstrakte Theorie ausweicht, versucht der Interviewer, durch *Nachfragen* auf die detailierte Erzählung des Handlungsablaufs zurückzulenken. Wo die Erzählung im Gang ist, wird sie durch *parasprachliche Affirmationen* oder *explizite Interessensbekundungen* unterstützt.
9. Treten *Inkonsistenzen* im geschilderten Ereignisablauf auf, wird vorsichtig nachgehakt.
10. *Direkte Fragen* werden nach Möglichkeit nur vom Hintergrund des bereits im Gespräch erstellten gemeinsamen Wissens vorgenommen. Keinesfalls darf der Eindruck eines »geheimen« Vorwissens entstehen.
11. Die *Produktion von Bewertungen* wird durch den Einsatz der Technik der VEE (Verbalisierung emotionaler Erlebnisgehalte) unterstützt.
12. *Erklärungen*, *Bewertungen*, *Rechtfertigungen*, *Prognosen* im Zusammenhang der globalen Lebensgeschichte des Pbn werden verstärkt.
13. Die interessierenden *Karrieren* der religiös-kirchlichen, beruflichen und politischen Sozialisation werden *nicht* durch gezielte Fragen *direkt angesteuert;* sie sollen vom Pbn im Verlauf der Darstellung selber produziert werden.
14. Der *Gesprächsablauf* soll folgende Phasen durchschreiten:
    - small talk; Selbstvorstellung des Interviewers; Beginn der Tonbandaufzeichnung
    - Gesprächseinstieg durch globale Themenangabe

- erster Gesprächsabschnitt: gegenwärtige Situation des Pbn
- zweiter Gesprächsabschnitt: Vergangenheit des Pbn (im engeren Sinn biographischer Abschnitt)
- Interview-Schluß: Nachfrage nach Zukunftsperspektive; Rückfrage zur Vollständigkeit des bislang Erzählten; Feed-back zur Gesprächsatmosphäre.

d) Zur Durchführung und Auswertung der Einzelinterviews

Nach dem unter c dargestellten Verfahren wurden 24 Probanden interviewt[8]. Die Stichprobe wurde aus 73 ehemaligen Theologen gezogen, die sich nach dem Ausfüllen des Fragebogens zum Einzelinterview bereiterklärt hatten. Nach der Struktur der Sozialdaten ergeben sich keine größeren Abweichungen vom Gesamtsample der ehemaligen Theologen.

Tabelle 3.1.1.: Sozialstruktur der Stichprobe

Alter	*Anzahl*	*Geschlecht/Familienstand*	*Anzahl*
26–29 Jahre	5	männlich	23
30–33 Jahre	8	weiblich	1
34–37 Jahre	4	verheiratet	16
38–41 Jahre	3	ledig	7
42–63 Jahre	4	geschieden	1
Aufgabe als		*Zeit der Aufgabe*	
Pfarrer	4	1957–1966	4
Vikar	7	1967–1970	14
Student	13	1971–1974	6
Jetziger Beruf			
Lehrer	10	Sozialberater	2
Psychologe/ Soziologe	4	freikirchlicher Missionar	1
Mediziner	3	Ingenieur	1
Berufsberater	2	Bibliothekar	1
Landeskirchliche Zugehörigkeit			
ausgetreten	4	Westfalen	2
römisch-katholisch	1	Hessen	2
griechisch-orthodox	1	Württemberg	2
freikirchlich	1	Oldenburg	1
		Lippe	1
Bayern	4	Braunschweig	1
Rheinland	3	Nordwestdeutsch-reform.	1

Im einzelnen verliefen die Interviews genau so, wie projektiert. Die Bandaufzeichnungen erstrecken sich über etwa 56 Interviewstunden. Die Datenaufbereitung erfolgte zunächst interviewspezifisch. Von jedem Interview wurde ein Verlaufsschema angefertigt, in das die Textproduktionen untergliedert nach Handlungsebene/Evaluationsebene/Interaktionsgeschichten und Indexikalitätsgrad/Interaktionen zwischen Interviewer und Proband eingetragen wurden. Nach erfolgter Kohärenzprüfung zur Eliminierung unbrauchbaren Materials (*vgl. Fischer*, *Legitimationsprobleme*, 180–192) wurde für jeden Probanden eine schematische Kurzbiographie, eine graphische Übersicht über die gleichzeitig durchlaufenen Karrieren mit den wichtigsten Schaltstellen und schließlich eine ausführliche Darstellung der Lebensgeschichte in den Dimensionen der religiös-kirchlichen, beruflichen und politischen Sozialisation angefertigt. Die ausführliche Lebensgeschichte enthielt zahlreiche Transkriptionen von Interaktionsgeschichten und Globalevaluationen.
Auf der Grundlage dieser Daten werden im folgenden einige zentrale Analyseergebnisse präsentiert. In der Perspektive der Hauptfragerichtung der Untersuchung werden unter 3.2. die wichtigsten Typisierungen des Prozesses der Aufgabe der theologischen Berufslaufbahn dargestellt. Die Analyse in der horizontalen Dimension der Lebensgeschichten unter 3.3. zielt auf Interaktionsgeschichten an inkonsistenten Stellen präformierter Karrieren (vgl. 3.1.1.a) oder der subjektiven Verarbeitung derselben (vgl. 3.1.1.b). Schließlich wird unter 3.4. versucht, die vertikale Dimension der Identitätsbildung an zwei Lebensgeschichten exemplarisch zu demonstrieren. Entsprechend dem verstehenden Grundansatz erfolgt die formale Darstellung der Analyse weitgehend, indem die Probanden selbst zu Wort kommen, auf eine Interpretation dieser Texte wurde verzichtet, die Auswahl sollte dem Leser aufgrund der theoretischen Ausführungen unter 3.1.1. und 3.1.2. plausibel erscheinen.

*3.2. Muster beruflicher Umorientierung**

Die hier vorzustellenden Muster beruflicher Umorientierung lassen sich theoretisch verstehen als Typisierungsmodelle, die verbunden sind mit konkreten Handlungssituationen. Diese Typisierungen sind zwar biographisch dimensioniert, werden aber in Prozessen sozialer Interaktion ausgehandelt. Sie sind damit gleichzeitig die Zuspitzung der Reinterpretation der eigenen Lebensgeschichte,

---

* Wolfram Fischer/Michael Schibilsky

untermauert mit selbsterlebten Handlungsabläufen (individuell-einzigartig) unter Verwendung sozial präformierter Erklärungsmuster, die in sozialer Interaktion ausgehandelt werden (sozialverallgemeinerbar). In der Analyse der biographischen Interviews haben sich drei Haupttypen herauskristallisiert: 1) berufliche Umorientierung als *Emanzipationsprozeß*, 2) berufliche Umorientierung als *religiös motivierte Kirchenkritik*, 3) berufliche Umorientierung als *institutionelles* (d. h. institutionsbedingtes) *Scheitern*. Außerdem tauchten Muster auf, die berufliche Umorientierung als Ergebnis eines Zufalls-Prozesses, einer persönlichen Lebenskrise oder eines Irrtums darstellten (4.).

3.2.1. Berufliche Umorientierung als Emanzipationsprozeß

Kennzeichnend für dieses Muster ist eine intensive kerngemeindlich orientierte religiöse Sozialisation (vgl. II,3.1.1.), die entweder durch die kirchliche Berufstätigkeit eines Elternteils (Pfarrhaus-Milieu) oder durch starke Identifikation mit kirchlichen Funktionsträgern vor und während der Adolcszenzkrise bestimmt wurde.

»In seinem Lebenslauf muß man mit seinem Vater anfangen. Er ist Pastor gewesen. Er ist tot, ehm, der an sich, muß man wohl sagen, auch, eh, als Theologe enfant terrible war, eh, sich also auch auf'm Dorf die dollsten Sachen geleistet hat, was so Koalitionen mit Parteienleuten und so – also jetzt medizinisch psychologisch: manisch geisteskrank, nachher auch in [Name einer Krankenanstalt] gestorben ist, der aber offenbar auf mich erhebliche Prägung vollzogen hat. Und eh ja, ich hab mich natürlich dagegen gewehrt. So'n Datum wäre, daß ich also Konfirmation unwahrscheinlich ernstgenommen habe. Naja, eh, dann (Interviewer = I.: auch problematisiert haben) jaja, also mit fünfzehn Jahren, nech, unwahrscheinlich ernstgenommen habe und das also, ich will nicht sagen, das war zumindest bis in die Ecke, daß ich heute sagen könnte: Mannometer, en paar Schritte weiter wär's religiöser Wahn, eh, und gleichzeitig, das gehört zu meiner Personenstruktur: Halt, stop, nun mal schön auf den Boden runter und nicht übertreiben.«

»Mein Vater ist Pfarrerssohn, also es hat schon auch was damit zu tun, und mein Großvater als alter schlesischer, preußischer Geistlicher eh ja, er verkörperte schon etwas [lacht] ich meine, was auch vielleicht mir nachgegangen ist, ne eh, ich denk gerad' daran, also auch, vielleicht auch, was durchkommt über meinen Vater als Gottesbild, nech, also das spielt schon auch noch ne Rolle [...] naja, das stark Autoritäre, das ist ja bekannt, eh, aber irgendwie, wie soll ich das ausdrücken, ja, ich red' mal im Augenblick, ich hab das ja vorher nicht durchdacht, nech, wo es mich ärgerte damals, das nicht vorhandene Interesse für soziale Belange, nech, das war einmal.

Was ich ganz gut fand, was mich aber in Konflikt mit dem CVJM brachte, war der Liberalismus, dem er offenbar nachgehuldigt hatte, nech, in gewisser Weise (I.: der Vater?) nein, der Großvater, daß ich teilweise, eigentlich, meine ich, ist es ja ansich ... aber, daß noch der Teufel dahintersaß, und eh, dann hab ich aber das so anhand von Bultmann und so mitgemacht, und das war eigentlich das, was bei mir schon lange schlummerte, was ich dann aber als den bösen Feind, der schon lange in mir sitzt, genommen hatte, empfand, also, ich sag' es jetzt mal so'n bißchen assoziationsmäßig. [...] Mein Vater wieder, der an und für sich offenbar ganz stark unter der Übermacht des Großvaters gelitten hatte, da wäre noch manches zu zu sagen, auch andere Gründe, eh, der hat denn wieder sehr stark überchristliche Ambitionen, nech, also immer stark pietistische fast, eh, die er aber nie durchgehalten hat, das flackerte mal so auf, wenn er ne ganz schlechte Zeit hatte, so mal mit der Gemeinschaft zu tun hatte, und mal so zwischendrin von dem, was er von mir, vom CVJM wußte, eh, mal so Bibelstunden im Haus machen wollte, obwohl das von seinem Großvater gar nicht hätte kommen können. Und nun en grundsätzliches Problem ist es für mich auch in der religiösen Entwicklung, daß mein Vater also eine ganz schwache Figur war, sag' ich jetzt mal so daher, [...] naja und auch mein Vater hat dann so ne eigenartige, ich meine unterschwellig so Religion gehabt, so meine ich schon, er hat nie gepredigt, aber sehr defätistisch, nech, also ein irgendwie Gericht und also: Da kann man sich gar nicht wehren, und: Der Mensch nur so als Marionette, also auch irgendwie sehr stark in sich gelähmt. Und ich muß sagen, ich bin froh, daß ich in soundsoviel Bereichen, daß ich da auch meinen Vater abgeschüttelt habe. Aber das wäre mir alles unheimlich schwer gewesen innerhalb des Theologenberufes, bei dem ich all diese Ketten vom CVJM und so weiter alles gespürt hätte. Insofern bin ich also ganz froh, daß das so gelaufen ist.«

Bereits in der Reinterpretation der Biographie läßt sich der gegenwärtige eigene Standpunkt, also der Interpretationspunkt, geprägt durch eine als Emanzipation vom religiös-kirchlichen Milieu begriffene Entwicklung, deutlich markieren: »religiöser Wahn«, »bin froh, ... daß ich da auch meinen Vater abgeschüttelt habe«. Die berufliche Umorientierung wird auf diesem Sozialisationshintergrund als langwieriger, letztlich jedoch konsequenter persönlicher Entwicklungsprozeß beschrieben, der nicht nur Distanzierung vom Pfarrerberuf, sondern auch Distanzierung vom kerngemeindlichen Milieu (bis zum Kirchenaustritt) bedeutet. Gleichwohl ist es in einem solchen Kontext durchaus möglich, die gegenwärtige, nichtkirchliche Berufstätigkeit als pseudo-theologische Tätigkeit zu qualifizieren. In der Regel wird bei einem solchen Motivations- und Sozialisationskonstrukt eine sozialpädagogische Berufstätigkeit gewählt. Berufliche Umorientierung als Emanzipationsprozeß äußert sich nicht als ad-hoc-Entscheidung, sondern als langfristiger, über viele Stationen vermittelter Prozeß:

»Also ich komm' mir vor, als ob ich hier [Berufsberatung] entsprechend meinem Pfarrerverständnis mehr Pastor bin, als jemals vorher. Das heißt, daß – mit einem praktisch-theologischen Begriff – mir hier intellektuelle Diakonie möglich ist, die ich vorher immer erstrebt habe und in den fast zehn Jahren auf'm Dorf, in Industrie-Wohngemeinden eigentlich so nie realisieren konnte. Und ich muß dazu sagen, daß ich mir also einen enormen Kreativitäts-Anwendungsbereich schaffe, das habe ich früher auch gemacht, eh, bloß, da bin ich [im Pfarramt] wesentlich mehr naja durch die gesellschaftlichen Verhältnisse eingeengt gewesen ... Insofern hat es für mich eigentlich gar keinen Berufswechsel gegeben. Und das, was viele Leute vermuten, daß das eine große, sensationelle Angelegenheit war, das ist also das Image solch einer Sache, aber für mich ging es eigentlich mehr um Identität, eh, und ich muß sagen, da hat sich nicht vieles vollzogen. [...] Vielleicht ein Hinweis darauf, daß das pietistische, sehr individualistische Fragen eine Sache ist, die ich bei allem, was dann eindeutig linke Formen angenommen hat, daß das für mich immer dabeigewesen ist. Ich habe also [als Pfarrer mit politisch linksorientierten] Leuten harte Sträuße ausgefochten unter der Kanzel und auf der Kanzel und nach der Predigt, nach den Predigten, muß ich sagen, ganz schön auseinandergenommen, und meinem Engagement für 3. Welt und ›Brot für die Welt‹ und so weiter, bis dahin, daß ich Kontakte mit eindeutigen Revoluzzern hatte [...] hab natürlich fürchterlichen Ärger gekriegt, aber doch mit einem zum Teil pietistischen Einschlag, den ich jetzt erstens nicht verleugne und zu dem ich übrigens noch stehe, muß ich sagen. [...] Auch in diesem Sinne würd ich nicht einmal sagen, ein innerer Wechsel hat sich da nicht vollzogen.«

»Die alltägliche Wirklichkeit ist anders. Und wenn man dafür nur ein minimales Fingerspitzengefühl hat, dann trocknet einem die Zunge, nech. Ich hab' das sehr deutlich gesagt, aber in Wirklichkeit hab ich en Talar angezogen, was sollte ich denn machen? Ich hab das gegen Ende dann etwas mutiger dargestellt, ich hätte das früher machen sollen, aber wer sagt einem denn, wie man nun die Innovation voranbringt? Andere haben es auch noch nicht geschafft. Und da muß ich einfach sagen, jetzt so gegen Ende, in dem Sinne bin ich niemals Pastor gewesen, niemals, (I.: in welchem Sinne), in dem Sinne, resignierend, Frieden geschlossen haben, nech, das ist nun mal so, und so weiter.«

»Ein Schwarzer ist ein Schwarzer und ein Roter ist ein Roter und ein Weißer ist ein Weißer. Ein Pastor, das ist nun mal einer, der beerdigt, und da ist alles so vorgefertigt, daß ich da nicht rauskomme, da kann ich mir die Zunge fusselig reden. [...] Diese heimlichen Fluchtwege, da haben wir uns en Wohnwagen gekauft, ich bin Mitglied im FKK-Verein geworden, da haben wir so richtig den Bereich, uns Fluchtburgen geschaffen, ganz anders, nech, aber im FKK-Verein waren wir wieder was Besonderes, weil Pastoren da normalerweise nicht Mitglieder sind, nech ... die Sache war vorbei, als ich mir sagte, es macht nicht einmal mehr Spaß.«

»Ich weiß, das ist hier auch (jetziger Beruf) ein ausgegrenzter Bereich, aber da atme ich also en bißchen freier.« »Ich hab wirklich am (genaues Abbruchdatum) hab ich das erste Mal den Stall Kirche verlassen, ich bin im

Pfarrhaus aufgewachsen, nech, verstehen Sie, ich bin jetzt 38 Jahre bin ich nicht aus diesem Dunstkreis rausgekommen, und wenn Sie jetzt Kirche, Theologie oder irgendwas anschlagen, dann fragen Sie ein 37 jähriges Leben ab.« »Ich möchte, wenn's recht ist, mal ›Ich‹ sein.«

Der dargestellte Emanzipationsprozeß bezieht sich also nicht nur auf die konkreten kirchlichen Berufsfelder, sondern auch auf die eigene familiäre und religiöse Sozialisation, stellt sich dar als komplexes Syndrom, das – zum Teil hochreflektiert – über zahlreiche Stationen und Variationen bis zur endgültigen beruflichen Umorientierung und in diesem Fall zur lebensmäßigen Umorientierung führt. Aber auch hier wird auf Kontinuität nicht verzichtet, etwa, wenn die gegenwärtige Berufstätigkeit als konsequente Weiterführung und Vollendung der früheren kirchlichen Berufspraxis interpretiert wird.
Innerhalb des hier beschriebenen Haupttyps lassen sich noch folgende Typen eingruppieren: der intellektuelle und der berufliche Zweifler.

– *Der intellektuelle Zweifler:*
Auch hier liegt in der Regel eine dem Haupttyp vergleichbare, intensive kerngemeindlich orientierte religiöse Sozialisation vor. Die berufliche Umorientierung wird jedoch stärker mit intellektuellen Motiven erklärt, seien es nun theologisch begründete Glaubenszweifel oder gesellschaftspolitisch begründete Kirchenkritik. Durchaus analog zum Haupttyp verläuft die religiöse Sozialisation bis zur Adoleszenzkrise stark kerngemeindlich zentiert. Die bei der Gesamtgruppe dieses Haupttyps feststellbare Distanzierung während des Theologiestudiums (Moratorium) wird inhaltlich reflektiert, taucht auf – bezogen auf die berufliche Umorientierung – als theologisches Problem (›intellektuelle Redlichkeit innerhalb des theologischen Denkens‹) oder als Glaubensproblem (Vergleich der neugewonnenen eigenen Überzeugung und ›Frömmigkeitsform‹ mit der als normativ bindend empfundenen, aber persönlich nicht akzeptablen Frömmigkeitsform der Kerngemeinde). Mit der Abwendung vom Theologiestudium oder projektierter kirchlicher Berufsausübung erfolgt häufig eine Hinwendung zum politischen Engagement, von den Probanden durchaus als »Ersatzengagement« qualifiziert und reinterpretiert.

»Dann hab ich also da versucht, ja, mich im wesentlichen mit Ebeling auseinanderzusetzen, das war so die theologische Richtung, die mich damals fasziniert hat. Es ist mir aber während des ganzen Studiums, obwohl ich bei dem praktisch jede Vorlesung gehört habe, viel Seminare gemacht habe, nicht gelungen, den Mann wirklich zu verstehen. Irgendwo hab ich bei ihm immer diesen berühmten Sprung da gesehen, und da konnte ich nicht mit, da hörte es mit dem Verstehen auf. Und das hat sich eben immer mehr verstärkt im Laufe der Zeit, und die Entscheidung eigentlich gegen die weitere Ausbildung als Pfarrer, die ist schon so nach dem siebten Semester endgültig gefallen. [...] Dann war natürlich das Problem: Was dann? Die Alternative, nech. [...] Da stand ich vor der Alternative, jetzt entweder da aufzuhören und was ganz anderes anzufangen oder irgendwie en Kompromiß zu finden. Hab ich mir überlegt, eventuell könnt ich auch Lehrer werden, Religionslehrer... Dann hab ich mir gedacht, Mensch, Examen kannst du jetzt wenigstens noch machen, hast du wenigstens en Abschluß, ich wollte irgendwie ne Selbstbestätigung haben, daß ich den anderen zeigen konnte, auch meinen Eltern zeigen konnte, hier, ich hab wenigstens das Studium fertiggemacht. [...] Ich war also dann auch ein Jahr lang im SHB. Und durch die Erfahrungen, die ich da gemacht habe, habe ich wieder Parallelen gesehen zwischen der Theologie und einer sozialistischen Ideologie und das hat mich dann auch wieder bewogen, aus'm SHB wieder auszutreten, weil die Leute auch wieder an einem Punkt mit dem kritischen Denken aufhörten. Gerade das hat mich nicht bewogen, das Theologiestudium aufzugeben, sondern meine Kritik an der Theologie hat also auch dazu geführt, daß ich da auch kritisch rangegangen bin. Am Anfang habe ich mit Begeisterung mitgemacht, aber im Laufe der Zeit hat sich denn ne Distanzierung herausgebildet. War vielleicht damals auch einfach en Stück Ersatzengagement, weil es eben in der Theologie nicht mehr so lief. [...] Der historisch-kritische Ansatz – hab ich gleich im ersten Semester bei Marxsen mitgekriegt in Münster. Der hat das ja formal erstmal exzellent betrieben, [...] das war also für mich so die eindrucksvollste Erscheinung in Münster, und da hab ich am meisten gelernt bei dem. Da hab ich gedacht, diesen Ansatz, den könnt man eigentlich durchhalten in seinem Denken, den hielt ich für ganz sinnvoll: immer zu hinterfragen. Hab das dann auch weiter versucht, und solange die Arbeit nur historisch war, ging das auch ganz gut, aber denn bei Ebeling kam's dann also zu echten Schwierigkeiten in meinem Denken, weil ich immer merkte, der hört an einem bestimmten Punkt auf mit seiner Kritik und fängt dann an zu glauben, so wie er das selbst auch formuliert hat... Ich hielt den für intellektuell unredlich. Ich hab nicht eingesehen, warum man nun an diesem Punkt aufhören sollte, die Notwendigkeit schien mir also nicht gegeben.«

»Mir ist [durch das theologische Arbeiten] die Möglichkeit genommen, den Texten zu glauben, damit war die Grundlage entzogen, die ich bis dahin hatte, die Größe Gott, an die ich mich bis dahin wenden konnte, die eine stark beruhigende Funktion gehabt hatte. Auch bei erfolgreichen Liebesgeschichten hab ich die religiös interpretiert als Gottesgeschenk. Dann geriet die Position Gottes ins Wanken, ich war erschrocken, wie allein ich war, wenn das alles wegfiel, allein im Sinne weltanschaulicher Gebundenheit, auf das wollte ich mich nicht einlassen.«

Ein anderer Proband begründet ebenfalls sein Interesse an historisch-kritischer Forschung damit, daß dort exakt wissenschaftlich gearbeitet werde, während dann diese Ergebnisse »in der Systematik umgelogen« werden. Sein kritisches Studieninteresse begründet er zudem so, daß er nicht das studieren wolle, »was man kaputtgemacht hätte«. Zur Aufgabe der theologischen Berufslaufbahn liefert er zwei Begründungen: einmal die Lektüre des Carnap-Aufsatzes »Entlarvung der Metaphysik«, den er geradezu »offenbarungsartig« erlebt, außerdem ein eigentlich positives Predigterlebnis: In einer Predigt hatte er den Versuch unternommen, kritisch-aufklärerisch zu predigen, die Heilung des Gichtbrüchigen psychosomatisch zu deuten. Mißlungen schien ihm die Predigt deshalb, weil da »Mütterchen mit Tränen in den Augen am Ausgang standen. Dann kann es nicht gut gewesen sein.«

Bei dem hier dokumentierten Typ ist die Distanz zur kerngemeindlichen Frömmigkeit fast noch stärker als beim Haupttyp. Betonung der Intellektualität wird in der Regel als disparat mit Gemeindefrömmigkeit und dem damit verbundenen Glaubensverständis betrachtet. Ebenfalls zum Haupttyp (berufliche Umorientierung als Emanzipationsprozeß) gehört auch der

– *berufliche Zweifler:*
Hier steht im Vordergrund die Frage nach den eigenen beruflichen Fähigkeiten bzw. eine Kritik an der Paxis des Pfarrerberufes. Dabei beziehen sich die Berufszweifel nicht nur auf die vom Proband sich selbst zu- oder abgesprochenen subjektiven beruflichen Entfaltungsmöglichkeiten, vielmehr verbindet sich diese Frage mit eigenen, projizierten oder faktisch erlebten Problemen in der konkreten Berufsausübung; also etwa die Skepsis gegenüber den eigenen Darstellungsfähigkeiten (im Gottesdienst, in Gemeindekreisen, bei größeren öffentlichen Veranstaltungen) verbindet sich mit der Befürchtung, einen ›überflüssigen‹ Beruf gelernt zu haben bzw. auszuüben.

»Ja, also en großer Redner bin ich nicht, das ist dann auch etwas, was mich in der Theologie dann auch behindert hat [...] Dann bin ich also zweieinhalb Jahre in [Ortsname] Vikar gewesen, praktisch Vikariat im Vorort, mit 5000 Seelen mit einem Pfarrer nur, der dann einen Vikar dabeihatte, em, ich meine, ich hatte ja durchaus vorher meine Bedenken, daß ich also kein großer Diskussionsredner bin, das hab ich ja gewußt, und eh das hat sich dann auch bestätigt, ich hab mit den Leuten nicht recht reden können, ich hab en Schwätzchen machen können, so über's Wetter, ne, is ja auch was Schönes, eh, das is eben doch sehr unbefriedigend, das hat mich wirklich belastet. Dazu kam dann dieser Konfirmanden-Unterricht, den ich machen mußte, der mir absolut nicht liegt, meine pädagogischen Fähigkeiten sind wirklich gleich Null. Ich meine, das sind ja doch alles wichtige Sachen, (I.: So Disziplinschwierigkeiten?) ja, ja, mit Papierkügelchen geschossen und ich dann das Ding dahergeholt, Papierkügelchen zusammen-

gefegt, damit keiner sehen sollte, wie die wieder mit mir umgesprungen sind (lacht). Ich meine, man kann natürlich auch auf dem Gebiet einiges lernen, das ist wahr, aber – ich war da ziemlich am Boden zerstört ... So Predigt, das hab ich gern gemacht, das war so – aber die hab ich auch fein vorbereitet gehabt, konzipiert und ausgearbeitet da vorne liegen, konnte ich ablesen, da konnte nichts passieren, also das war nicht schlimm. Bloß, wenn ich hinterher den Kindergottesdienst machen sollte, da fing das dann schon an wieder, denn, denn hab ich Schwierigkeiten gehabt, mich überhaupt nur verständlich zu machen, da mag ich nicht so sonderlich gern daran zurückzudenken, ich hab einfach keine Chance gesehen, in diesem Bereich dann voll zu arbeiten. Ich meine, ne Predigt ist ja wirklich ne wichtige Sache, nur damit allein ist es ja nun wirklich nicht getan. So ein Gespräch, das wäre doch eine viel wichtigere Sache, das ist mir einfach nicht gelungen.«
»Ich hab mir vorgestellt, ich sitze im Pfarramt an meinem Schreibtisch und es kommt keiner [lacht]. Ich meine, das ist natürlich sowieso ne falsche Vorstellung, aber eh was mich daran bedrückt hat, daß einen im Grunde keiner braucht, ne, die Leute kommen – gut, und wenn wirklich was eh entscheidendes Problem vorliegt, ja, dann gehören se im Grunde nicht zum Pfarrer, sondern zum Psychologen oder zum Psychiater oder zum Arzt, oder vielleicht auch zum Juristen oder so. Und da fehlt's einem dann wieder, ne ... Ich hab da keine Möglichkeit gesehen.«
Der folgende Proband hat nach seinem Theologiestudium ein Medizinstudium absolviert: »So der praktische Arzt, das ist ne Sache, die mir in letzter Zeit sehr reizvoll geworden ist, em; (...) das kommt doch auf einen persönlich an, was man eben daraus macht, und em das ist ne Sache, die mir fast wieder ein bißchen Bezug zum Pfarramt gebracht hat, ne, ich komm also aus'm Dorf von zu Hause und kenne das also ein bißchen, em, im Grunde genommen ist der Arzt ja was ähnliches, ne, es ist mir ne reizvolle Aufgabe, reizvoll ist en primitiver Ausdruck, aber das ist ne Sache, aus der man was machen kann, also daß ich mich persönlich da auch engagieren kann, ne echte Aufgabe.« »... daß man also zum Beispiel en Diabetiker sorgfältig überwacht und betreut, das ist ne Sache, wenn man die gut macht, das bringt dem zehn oder fünfzehn Lebensjahre ein, em, das ist natürlich keine großartige Sache (bezogen auf Arbeit in Universitätskliniken), aber das ist ne unheimlich dankbare Aufgabe ... also diese Möglichkeit, die ist mir so in letzter Zeit wirklich sehr lohnend erschienen, em, ich meine, ich hab also mehrfach dann so Parallelen zum Pfarramt gesehen, nech, nur mit dem Unterschied oder Vorteil, würde ich jetzt sagen, daß man an der Stelle was Handfestes tun kann, daß man nicht auf das Reden angewiesen ist, sondern sehr praktische Hilfe leisten kann ... man hat was in der Hand.«

Es ist festzuhalten, daß der berufliche Umorientierungsprozeß dann als Emanzipationsprozeß begriffen wird, wenn die Probanden auf dem Hintergrund einer stark kerngemeindlich geprägten (z. T. sogar sekten-orientierten) religiösen Sozialisation sich während des Studiums vom Herkunftsmilieu distanzieren, eine neue

Identität durch theologisch-wissenschaftliches oder politisches Engagement aufbauen (verbunden mit dem Aufbau neuer Interaktionskreise) und diese neugewonnene Identität nicht mehr vermittelbar erscheint mit der in der Praxis vorgefundenen oder projizierten Gemeindefrömmigkeit. Das alternative berufliche Engagement bringt nicht zwangsläufig eine Ablehnung von Kirche und Gemeinde mit sich. Selbst in dem Fall, in dem der Emanzipationsprozeß gegenüber Kirche mit einem Kirchenaustritt verbunden ist, kann die neue berufliche Tätigkeit als Fortsetzung (oft sogar als »bessere« Realisation) des pfarramtlichen Engagements begriffen und interpretiert werden.

3.2.2. Berufliche Umorientierung als religiös motivierte Kirchenkritik

Alle diesem zweiten Haupttyp zuzurechnenden Probanden, die durch Einzelinterviews erfaßt wurden, haben eine äußerst intensive frühkindliche religiöse Sozialisation erfahren, in der Regel entstammen sie dem Umfeld von Freikirchen und Sekten. Die Aufnahme eines (wissenschaftlich orientierten) Theologiestudiums bedeutet hier eine nicht zu unterschätzende Bedrohung des bisher aufgeschichteten religiösen Wissens. Eine grundsätzliche Distanzierung gegenüber religiösem Milieu hat bei niemandem stattgefunden. Vielmehr erscheint der Abbruch des Theologiestudiums häufig als konsequente Fortsetzung des in der religiösen Sozialisation angelegten Lebensweges.

»Das war also meine Großmutter, die inzwischen schon nicht mehr lebt, die hat an sich meine eh früheste Kindheit ziemlich stark geprägt, meine Großmutter war ne recht fromme Frau, kann man wohl so sagen, die in, wie hieß diese komische Gemeinschaft, Salem glaube ich – ich weiß nicht, ob Ihnen das en Begriff ist –, also innerhalb der Kirche schon, also keine Sekte, eine Gemeinschaft, die aber auch eigene Prediger hatte, em, hatte eine Freundin, die recht aktiv war da in der Hinsicht auch, insofern meine Großmutter auch mitgerissen hat, soweit sie nicht selber schon motiviert war, da mitzumachen und ich erinnere mich also noch am – ach Gott, wie alt werd ich da gewesen sein, paar Jahr alt, gerad so, daß man den ersten Verstand im Kopf hat, da war es also so üblich, daß ich Sonntagfrüh eh, ich war schon ewig wach und meine Eltern noch geschlafen, dann zu meiner Großmutter ging, und die hat mir dann also immer Geschichten erzählt und also natürlich auch Märchen, Grimms Märchen und so Andersens Märchen vorgelesen oder erzählt und dann aber auch so dazwischen biblische Geschichten erzählt, vom Herrn Jesus. An eine Sache erinnere ich mich noch ganz genau, weil die eben sehr bildhaft und [für mich] als Pädagoge sehr einprägsam war, die Sache, was das Dasein mit Karfreitag und Ostern so auf sich hat: ›Ja, also für jede Sünd, die du tust, da kriegst a schwarz Tüpferle auf dei Herz drauf und dann ist das Herz nimmer rot, am Schluß is ganz schwarz und dann kommt der Karfreitag und dann wird das wieder abgewasch'n, da hast wieder a rotes Herz'n und dann geht das wieder von vorn los' [lacht].«

Die Abwendung von einer volkskirchlich gedachten pfarramtlichen Berufspraxis wird von allen Probanden dieses zweiten Haupttyps mit theologisch-dogmatischen Erklärungsmustern belegt (häufig taucht etwa die Abendmahlsproblematik auf). Besonders deutliche Kritik wird auch deshalb am Pfarramt geübt, weil es nicht ausschließlich eine religiös-überzeugungsgeleitete, sondern auch eine organisatorische allgemein-gesellschaftliche Aufgabenstellung zu beinhalten scheint.

»Dort ist eine Einrichtung, die nennt sich Pastoralkolleg ..., da werden also Pfarrer, die nun schon etliche Jahre im Dienst sind, wieder etwas theoretisch aufgemöbelt, und die haben also bei uns in der Mensa mitgegessen und teilweise mit uns zusammen gelebt, und da hab ich mich natürlich vielfach mit denen unterhalten, weil's mich interessiert hat: Wie ist es nun wirklich im Pfarramt, aufgrund meiner bösen Vermutungen, wie trist es da zugeht. Und ich hab also, ja, drücken wir es wertfrei aus: Ich bin also in meinen Vermutungen bestätigt worden, daß eben der Anteil – in der Regel, es gibt natürlich auch Ausnahmen – aber der Anteil der Verwaltungstätigkeit, der Kasualhandlungen, die echt kein fruchtbares Gespräch ermöglichen und was also alles dazugehört zum Amt, daß das so viel Zeit beansprucht, ja, und so viel Kraft, daß für das Eigentliche, wenn man so will, kämpfen an vorderster Front, ja, wenig Zeit bleibt. Die haben also alle gejammert. Wenn ich kurz das Thema angesprochen hab: Wie ist das denn da so, wie oft unterhaltet's ihr euch denn da mit den Leuten selber, geht hin in die Häuser? ›Ja, Gott, wann denn, wann denn?‹ Das hat mir also ... Dazu kommt also noch, daß ein Onkel von mir bei einer, wie sagt man da, Sekte, bei einer anderen Glaubensgemeinschaft ist, bei Christian Science, mit dem hab ich mich natürlich auch ständig unterhalten, weil, der macht das natürlich nebenberuflich ... wenn ich also die Gespräche mit dem mit denen mit den Pfarrern verglichen habe, hab ich also gemerkt, daß der effektiv mehr tun konnte an dem, was man eigentlich tun will, also Gespräch mit Leuten, also echte Hilfe und nicht nur so predigen von der Kanzel herunter, das verpufft ja doch mehr oder weniger. Und das hat mich also dahin gebracht, daß ich mir gesagt habe: Also so nicht. Ich mach' Schluß, ich erlern irgendeinen Beruf und versuch mir einen zu erwählen mit möglichst viel Freizeit natürlich [der Proband ist Lehrer] und schau, daß ich dann als sogenannter Laie aktiv werden kann.«

Die eigene Glaubensüberzeugung nicht zum Broterwerb verwenden zu müssen, das ist ein Erklärungsmuster, das bei allen Vertretern dieses Haupttyps besondere Bedeutung besitzt. Dieses Argument verbindet sich mit dem Vorwurf oder Verdacht, daß weder die gegenwärtigen Pfarrer noch die Theologie-Professoren tatsächlich wirklich gläubige (im Sinne der Probanden) Menschen sind. Deutlich wird dem Modell der Volkskirche das Modell der Freiwilligkeitskirche mit hohem persönlichen Engagement der Mitglieder vorgezogen.

Die eigene religiöse Praxis unterscheidet sich verständlicherweise massiv von der anderer ehemaliger Theologen: Alle Probanden dieses zweiten Haupttyps nehmen regelmäßig an Veranstaltungen religiöser Gruppierungen teil, alle haben inzwischen ihren Austritt aus der evangelischen Landeskirche vollzogen und sind konvertiert: zum Katholizismus (mit Tendenz zum Ordenspriester) oder zur Orthodoxie. Lediglich ein Proband ist noch formell Mitglied der Landeskirche, arbeitet jedoch intensiv in einer kleinen freien religiösen Gemeinschaft, mit der er sich stark identifiziert.

Deutlich feststellbar ist bei diesen Probanden ein Marginalitätsbewußtsein – bis hin zur Selbstironie: »Ja, ich bin ein ganz sonderbarer Mensch«. Die Unvermittelbarkeit der eigenen religiösen Überzeugung reicht bis hinein in den privaten Bereich der Familie, die diesen Intentionen gelgentlich ablehnend gegenübersteht.

Dementsprechend sind die bevorzugten Interaktionspartner innerhalb dieser religiösen Gruppierungen zu suchen. Die alltäglich unumgänglichen Interaktionen (zumal vermittelt durch den profanen Beruf) mit nicht-religiös orientierten Menschen werden als nebensächlich qualifiziert. Besonders in der Phase der beruflichen Umorientierung spielen dagegen religiös ausgerichtete Interaktionspartner eine entscheidende Rolle:

Zur alltäglichen beruflichen Interaktion: »Ja, also von Bedeutung ist das sicherlich nicht, was ich im Moment [beruflich] treibe, ... ich bin also schlicht und demütig Pädagoge. Das war ne Notlösung (I.: Also Lehrer?), ja, Lehrer, Volksschullehrer, ich bin nicht der Meinung, daß das Gegenstand des Gesprächs sein sollte, das wäre schade um's Band [gemeint ist das Tonband, auf dem das Gespräch aufgezeichnet wurde].«

Zur religiös orientierten Interaktion: »... bin dann etwas in Abhängigkeit geraten von diesem vorhin genannten AKE, also dieser Arbeitsgemeinschaft Kirchliche Erneuerung, die also vorwiegend aus ist auf eucharistische Erneuerung des Gottesdienstes ... Ja, es war irgendwie was Faszinierendes für mich, diese Leute, die also mit nem fast magischen Empfinden eh Löhe-Bücher gesammelt haben und Lutherische Schriften gesammelt haben und so weiter und eh so die Quelle des Evangeliums in der Reformationszeit gesucht haben, und, wie schon gesagt, ich bin also ziemlich reingeraten in das ganze, zum Teil mit Gewinn, muß ich also sagen. Die Leute haben also schon ein Moment des christlichen Lebens eh neu entdeckt, was also Gebetsleben betrifft, eh, Sakramente etcetera p.p., was meines Erachtens im großen und ganzen ziemlich bei Theologie-Studenten ein bißchen zu kurz kommt ... Auf diese Weise bin ich in Gegensatz gekommen zur übrigen Studentenschaft, zur übrigen Pfarrerschaft, wenn man so will, zur Landeskirche [...] Und dann die andere Frage, wie der Zusammenhalt der Leute aussieht: Einmal in der Studentenschaft selber, einmal darin, daß wir also die liturgischen Andachten gefördert haben innerhalb der Studentenschaft und hatten also auch unsere Kapelle und dann also Komplet und Vesper und die Stundengebete gesungen und gebetet, sind dann andere auch dazu gestoßen, vor allem mehr pietistisch angehauchte Studenten haben sich teilweise angeschlossen [...] Das Endergebnis war, daß ich erst zur orthodoxen Kirche übertreten wollte, eben aufgrund der Begegnung mit dem einen Kommilitonen, aber dann erschien mir das etwas, wie soll ich sagen, unpraktisch, dumm ausgedrückt, weil eben in Deutschland kaum orthodoxe Gemeinden da sind [...] bin dann aber doch zu dem Entschluß gekommen, daß es das Sinnvollste für mich ist, in der katholischen Kirche meine Theologenlaufbahn weiterzuführen, fortzusetzen. Wollte dann ursprünglich gleich nach [Ort], um dort an der katholischen Hochschule, Priesterseminar, weiterzumachen. Aber dann kam also noch eine andere Tendenz dazu bei mir, nämlich der Hang zum asketischen, monastischen Leben, was also ein bißchen gefördert worden ist durch das Leben an der [Name der Kirchlichen Hochschule] zum Teil, wo man sowieso wie so ne Art Zelle bloß hatte, nech, und hatte auch en bißchen durch den Ortspfarrer von [Ortsname] Zugang zum Benediktiner-Orden, geistig informiert, hab mich interessiert für diesen Orden und dachte mir, es wäre doch das Sinnvollere, nicht Weltpriester, sondern eh Ordensgeistlicher zu werden.«

Ausschließlich bei den Probanden dieses Typs ist es in den Interviews auch zur (andeutungsweisen) Verbalisierung innerer religiöser Erfahrungen gekommen:

»Eine Sache, auf die ich während dieser Begegnung mit der Orthodoxie gekommen bin, das ist also dieses innere Herzensgebet, ich weiß nicht, ob Ihnen das etwas sagt, also eine Art von Gebetsmystik, die vor allem von den Athos-Mönchen praktiziert wurde und zum Teil auch noch wird, eh, eine Art Mischung zwischen indischer Mystik, ja, Zen-Buddhismus, sowas in der Richtung und christlichem Gebet. Das oberste Ziel dieser praktizierenden Mönche, das ist dann also dieses Tabor-Licht zu sehen, ist also dann das, die totale Begegnung mit Gott. Also ist dann noch die Unterscheidung zur östlichen Meditation, daß man nicht sich selber sucht, sondern Gott. (I.: Und das praktizieren Sie also auch?) Ich hab's mal versucht, aber man kommt ohne einen Führer oder einen, der einen anleitet, nicht hin. Ich hab also einen vom Missionsseminar [gekannt], der war da auch in der Richtung, der hat's also noch intensiver versucht wie ich, ist dann soweit vorgedrungen, daß er Kreislaufstörungen und Herzbeschwerden gekriegt hat, weil ihm die Anleitung fehlte für sinnvolle Meditationstechniken. Das kann man also sich selber nicht beibringen, auch wenn man noch so viele Bücher darüber liest. Aber das hat mich also sehr beeindruckt, also auch ein Impuls dahin zur Orthodoxie, das fällt mir grad noch ein.«

Bei diesem zweiten Haupttyp sind demnach festzuhalten: eine intensive religiöse Sozialisation, die sich über das Theologiestudium hinweg durchhält, sogar die Motive liefert, das Theologiestudium aufzugeben; eine stärker dogmatisch und anti-volkskirchlich orientierte Kritik am Pfarrerberuf; eine regelmäßige religiöse Praxis in einer kleinen, häufig sektenähnlichen Gruppierung; gelegentlich das Bewußtsein der Marginalität des eigenen Überzeugungssystems und die Unvermittelbarkeit der eigenen Glaubensüberzeugung selbst im unmittelbarsten familiären Umfeld, Unterbewertung der alltäglichen nicht-religiösen Interaktion; gelegentlich Verbalisierungsversuche innerer Erfahrungen (vgl. dazu II,1.2.1. und die an einem anderen Sample gewonnenen Dimensionen von Religiosität, *Schibilsky, Religiöse Erfahrung*, 42–68).

3.2.3. Berufliche Umorientierung als institutionsbedingtes Scheitern

Zu diesem Haupttyp gehören prinzipiell alle Probanden, die an Vorschriften oder Bedingungen berufsbezogener Institutionen (Universität, Landeskirche, Studienordnung, Pfarrerdienstgesetz, Prüfungsordnungen) gescheitert sind, also auch diejenigen, die etwa bei den Sprachprüfungen erfolglos geblieben sind. Zumindest bezogen auf die in den Einzelinterviews erfaßten Probanden ist dieser Anteil äußerst gering. Wir konzentrieren uns daher auf die anderen Fälle, in denen besonders das Pfarrerdienstgesetz oder andere kirchliche Verordnungen oder Anweisungen zum Abbruch der theologischen Berufslaufbahn geführt haben. Hervorragende Bedeutung kommt hier den jeweiligen Partnerproblemen zu, die Eheschließungen mit einem konfessionsverschiedenen Partner, die noch in zahlreichen Landeskirchen die Aufnahme einer pfarramtlichen Tätigkeit verhindert (vgl. *Schneider/Schibilsky, Pfarrfrau*).

»Ich hatte die Absicht, in kirchliche Dienste zu treten, ich hatte schon die Möglichkeit – ich hatte Examen gemacht und dann sogar schon eine Stelle als Vikarin ... und dann hab ich meine Verlobung mit einem Katholiken (dem Landeskirchenamt) mitgeteilt und das war dann Grund genug, mir nahezulegen, daß ich eben doch gar nicht erst die Stelle antrete. Man hätte mir sicher nichts in den Weg gelegt, wenn ich bis zur Hochzeit das gemacht hätte, aber dann war das Kirchengesetz dagegen ... Die ganze Sache ist telefonisch verhandelt worden ... und der bedauerte den Fall persönlich sehr, und ich hatte auch den Eindruck, daß der Kirchenrat, mit dem ich gesprochen habe, eben auch persönlich vielleicht irgendwie doch möglich gemacht hätte, daß ich in kirchliche Dienste trete, aber die beriefen sich eben beide auf die Bestimmungen« [gemeint ist der §35 des Pfarrerdienstgesetzes der EKU, der einem Pfarrer die Ehe mit einem konfessionsverschiedenen Partner untersagt.] »Wir haben nämlich ne lange Zeit die Hoffnungen gehabt, da wären wir gerne gemeinsam in irgend ne Gemeinde gegangen und hatten uns das so vorgestellt, wenn auch mein Mann katholisch war und ohne Beruf war, eben als Ex-Priester, dann hatten wir uns eben gedacht, daß wir in einer Gemeinde gemeinsam leben könnten und uns da irgendwie zurechtfinden und auch neue Wege finden wollten (I.: In der Gemeindearbeit ...) ... in der Gemeindearbeit und haben gedacht, daß die evangelische Kirche doch sehr eh auch irgendwie den Raum dazu bieten könnte und so viel Offenheit haben würde (I: daß auch ihr Mann ...) ... daß der wenigstens, der hätte ja nicht angestellt sein müssen, wir wären gern mit nem ganz geringen Gehalt zufrieden gewesen und hätten gern gemeinsam in einer Gemeinde gearbeitet, (I.: Ist denn Ihr Mann heute noch als Theologe tätig?) Der ist auch in der Schule, nee, der hatte auch keine Möglichkeit, in der Kirche tätig zu sein, hat mit Mühe und Not die missio canonica dann bekommen, der hatte also ähnliche Schwierigkeiten. Da ist uns das gleiche begegnet, daß die einzelnen Vertreter der Kirche persönlich jedenfalls zum Teil – also an der Uni haben wir einige Professoren besucht und wenigstens um ne Assistentenstelle gebeten, mein Mann ist Professor für Dogmatik gewesen, und haben wenigstens nach'ner Assistentenstelle fragen wollen, nicht einmal das war möglich.«

In der Regel trafen diese kirchenamtlichen Maßnahmen Probanden, die ansonsten keinerlei Anlaß oder Motive zur Distanzierung gegenüber Kirche oder Pfarramt aufwiesen; sie wären, das läßt sich dem Gesamtduktus des Lebenslaufes und der Einstellung bis zur Gegenwart hin entnehmen, selbstverständlich und zudem äußerst engagiert Gemeindepfarrer geworden. Selbst die massive Enttäuschung gegenüber der Institution Kirche hat in keinem Fall etwa zu einem Kirchenaustritt geführt, obschon durch eben diese Institution eine jahrelange Berufsausbildung ohne das gewünschte oder geplante Ziel abgebrochen werden mußte. Vielmehr zeichnen sich gerade diese Probanden dadurch aus, daß sie noch heute, sei es informell in ihrem gegenwärtigen nichtkirchlichen Beruf oder in ihrer Freizeit faktisch pastorale Tätigkeiten ausüben. Auch im privaten Familienkreis spielen religiöse Themen eine hervorgehobene Rolle.

I: Spielt der theologische Hintergrund in Ihren Gesprächen eine Rolle? »Ja, eine ganz wesentliche, nicht als theoretisches Gespräch, sondern das ist irgendwie der (Themen-)Kreis um das, was wir sagen, was uns beschäftigt, irgendwie gruppiert ist.«

»Seit anderthalb Jahren arbeite ich also in der Ausbildung der Telefonseelsorge, Schwerpunkt: Gespräch und Institutionslehre, welche Institutionen gibt es im sozialen Bereich ... ich habe damit zwei Abende die Woche ausgefüllt ... Wenn ich das Zeitkontingent sehe, was ich kirchlich investiere, wobei mir die Gleitzeit [gleitende Arbeitszeit als Berufsberater] hier zugute kommt, investiere ich doch pro Woche bis zu zwanzig Stunden in kirchliche Arbeit. Mehr habe ich im Vikariat, wenn ich es richtig betrachte, auch nicht investiert. Und ich kenne manchen Amtsbruder, der mehr auch nicht investiert [...] Es gibt viele Gemeinden, die das [die Tätigkeit des Probanden] als Bereicherung empfinden. Wunderschön war vor kurzem eine Ankündigung in einer [Name] Gemeinde, wo der Pfarrer einmal im Monat so ein Gemeindeblatt herausgibt, und wo er also bekanntgab, wer ihn während des Urlaubs vertritt und dann stand da für einen Sonntag: »Bruder [Name des Probanden], [Ort], Verwaltungsangestellter damals noch, ein Theolog mit weltlich Amt.« [Lacht]. Ich hab dort zwei Gottesdienste gehalten, getraut, getauft und bei den Gesprächen, die dazu gehörten, Kasualien, fragten sie mich dann doch ganz verwundert: Was ist das eigentlich, ein Theolog mit weltlich Amt? Ich hab denen das dann erklärt, wie der Bruder das gemeint hatte, worauf sie wirklich positiv erstaunt waren, so kann man es eigentlich sagen, und plötzlich eine Barriere weg war, die sonst eben bei jedem fremdem Popen da ist. Plötzlich also auch die Gesprächsatmosphäre viel direkter, viel spontaner, das Gefühl – einmal hat es einer artikuliert, der sagte: Naja, Sie stehen ja im Berufsleben, Sie wissen ja, wie das ist. Ich muß heute sehr vorsichtig sein gegenüber meinen Amtsbrüdern, von diesen positiven Erlebnissen nicht zu viel zu erzählen, ich muß das gut dosieren, das nagt an manchen ... Ich muß sagen, ich bin für die derzeitige Situation recht dankbar.«

Es bleibt als Auffälligkeit festzuhalten, daß gerade diejenigen, die Konflikte gerade mit der Institution Kirche und Ihren Verordnungen erlebt haben, trotz beruflicher Umorientierung als die Gruppe zu bezeichnen ist, die nach wie vor den stärksten Kontakt zur Kirche hat und weiterhin positiv zu Glaubensinhalten steht, weder in eine religiöse Kleingruppe noch in ein etwa politisch motiviertes Ersatzengagement ausgewichen ist. (Nur bezogen auf die Gesprächspartner beim Einzelinterview).

3.2.4. Berufliche Umorientierung: Zufall – Irrtum – Krise

Schließlich bleibt eine weitere kleine Gruppe, die in keinem der genannten Haupttypen adäquat repräsentiert wäre, Einzelfälle, die sich einer generalisierenden Betrachtung verschließen: diejenigen, die nur für eine äußerst kurze Zeit aus Verlegenheit Theologie studiert haben, dann jedoch sehr schnell ein anderes Fach gewählt haben; diejenigen, die bereits im ersten Semester nach kurzer Anfangsbegeisterung den getroffenen Berufswunsch als persönlichen Irrtum bezeichnen und sich von dem gewählten Fach wieder abwenden, ohne sich intensiver mit dem Theologiestudium identifiziert zu haben; oder aber diejenigen, die während einer einschneidenden Lebenskrise eine völlige Umorientierung vollzogen haben, von der auch der einstmals gewählte Beruf bzw. die Ausbildungslaufbahn mitbetroffen war. In allen genannten Fällen gibt es lediglich via negationis eine Gemeinsamkeit: Es ist gerade auch aus der Perspektive der Probanden selbst kein Grund innerhalb der religiösen oder theologischen Entwicklung erkennbar oder benennbar, der diese berufliche Umorientierung ausgelöst oder bedingt hätte. Deshalb kann diese kleine Restgruppe bei der hier vorangesetzten Fragestellung (in Übereinstimmung mit der Selbstdefinition der Probanden) unberücksichtigt bleiben.

*3.3. Interaktionsgeschichten innerhalb präformierter Karrieren**

Es soll jetzt der Versuch gemacht werden, in einer horizontalen Analyse (in Bezug auf die einzelne Lebensgeschichte und das ganze Sample der Interviewten) für die Identitätsbildung wichtige Stationen innerhalb der unter II.3.1.1.b skizzierten Karrieren darzustellen. Der zur Verfügung stehende Raum läßt nur eine pointierte Analyse zu, das Sample kann in seinem oft breiten Spektrum nicht voll präsentiert werden.

3.3.1. Die familiale Karriere

Die Identitätsbildung innerhalb der familialen Karriere wird von uns in die Phasen der Sozialisation innerhalb der Herkunftsfamilie (Kindheit, Jugend) und des Identitätsaufbaus in der eigenen Gründungsfamilie unterschieden.
Für die Phase der *Sozialisation in der Herkunftsfamilie* sind in unserem Sample zwei Phänomene auffällig. Zum einen wird bei etwa zwei Dritteln der Probanden der Interaktionskontext der Herkunftsfamilie außerordentlich stark problematisiert. Zwar ist eine distanzierte Darstellung der Herkunftsfamilie nach dem adoleszenten Wendepunkt der Lösungskrise vom Elternhaus durchaus erwartbar, die hier erzählten Interaktionsgeschichten scheinen uns jedoch über das Maß »normaler« distanziert-erwachsener Retrospektion und biographischer Reinterpretation hinauszugehen. Identitätsbildungsprozesse werden explizit als Gegenidentifikationen zu den familialen Typisierungen der Herkunftsfamilie dargestellt. Zum anderen ist der Beginn und die frühe Ausbildung der religiösen Karriere stark an die religiös-kirchliche Orientierung

* Wolfram Fischer/Michael Schibilsky

der Familie gebunden. Dies trifft auch dort zu, wo die eigene religiöse Identität bewußt gegen die religiösen Haltungen von Eltern und Geschwistern gestellt wird.
Der folgende Proband stellt seine religiöse Identitätsbildung als Vehikel der Emanzipation von den als restriktiv erfahrenen Handlungsstilen der Herkunftsfamilie dar:

[Es geht eine positiv bewertete Erzählung der Schulzeit voran] (I: Dann war die Schulzeit – eigentlich eine schöne Zeit für Sie.) »So kann ich das auch nicht sagen. Ich hab also trotz allem, obwohl mir das nicht schwer gefallen ist, unter ziemlichem Leistungsdruck gestanden da. Vor allem, weil meine Eltern wahnsinnige Erwartungen, vor allem meine Mutter, wahnsinnige Erwartungen in mich gesetzt hatte und das auch immer durchblicken ließ. Wenn ich also mal ne schlechtere Note als ne Zwei in der Klassenarbeit nach Hause brachte, da fing die gleich an zu toben – so ungefähr: ›Wie konnte das nur passieren‹ und so. Bei meinen Brüdern war das etwas Selbstverständliches, ich mußte aber immer nur Einsen und Zweien nach Hause bringen. [...] Das entscheidende Erlebnis, und deshalb war für mich die Schulzeit doch nicht so schön, war eben dieser ständige Leistungsdruck, der da war. Diese Erwartungshaltung meiner Eltern: ›Hier, du mußt jetzt was bringen‹ ... und das war eben nicht so, daß die direkten Druck ausgeübt haben, sondern mir da so eine Art Ehrgefühl eingepflanzt hatten, so daß ich mich selbst also echt geschämt habe, wenn ich – ich erinnere mich an solche Situationen, daß ich mich geschämt habe – eh – mit ner schlechten Klassenarbeit, mit ner schlechteren Klassenarbeit als Zwei nach Hause zu kommen. [ausgeführte Interaktionsgeschichte] Ich hab mich also aus eigener Kraft damals, weil ich einfach nicht die Einsicht hatte in diese Vorgänge, gar nicht davon freimachen können, von diesem Leistungsdruck [...] Es geht letzten Endes immer wieder um diesen Leistungsdruck. Konkurrenzsituation zu meinen beiden Brüdern, dadurch mein Anpassungsverhalten. Ich hab dann versucht, auf jeden Fall immer die Zuneigung meiner Mutter immer wieder zu bekommen, indem ich mich übermäßig angepaßt habe. Ihr in der Küche mitgeholfen habe – Dinge, die meine Brüder grundsätzlich nicht machten ... ich hab aber nie das Gefühl gehabt, daß ich sie jetzt sicher in der Hand hab. Da saß also ständig dieser Druck dahinter [...] Es gibt ne ganze Reihe von Erklärungen. Einmal war ich das einzige Wunschkind. Ich bin also wirklich geplant gewesen [Geschichte der Zeugung]. Das haben sie also immer erzählt auch. Der einzige Nachteil – ich hatte nur einen Haken, ich sollte eigentlich ein Mädchen werden [lacht], das hab ich natürlich auch sehr schnell rausgekriegt. Ich hatte zuviel dran, war ich eben doch nicht so richtig geraten. Ich hab's also so gespürt ... Damals war das alles nicht so bewußt, aber dadurch, daß ich das alles so nach und nach bearbeitet hab ... da kann man das sehr schön rekonstruieren alles. [Sexualprobleme der Pubertät] [...] Na dann zum Schluß war denn – eh – die Entscheidung zum Theologiestudium war dann letzten Endes der erste Schritt zur Loslösung von diesem Leistungsanspruch, ne. ... Das Studium habe ich also gegen den ausdrücklichen Wunsch und Rat meiner Eltern begonnen. Die haben mir davon abgeraten [...] (I: Sind die Eltern irgendwie kirchlich gebunden?) Überhaupt nicht. [...] Keine echte kirchliche Bindung. [...] Ein Stück Bindung an die Tradition ist sicherlich da, soweit da das Christentum dazugehört. [...] zum Beispiel bei diesen Weihnachtsfeierlichkeiten. Immer mit Weihnachtsbaum und ›Stille Nacht‹ [...] Weihnachtsgeschichte vorgelesen und Sprüchlein aufgesagt. Da sind wir vorher zum Gottesdienst gegangen, kräftig Weihnachtslieder geschmettert, um uns in Stimmung zu versetzen. Da kann ich mich ganz gut dran erinnern, das hab ich noch relativ lange als heile Welt erlebt. Bis dann irgendwann mal ein Knacks da war. [...] Ich kann mich erinnern, daß sich an einem Weihnachten dieses Gefühl nicht mehr einstellte, in ner heilen Welt zu sein... Da fand ich das auf einmal alles unheimlich beschissen [lacht]. [...] Ich hab dann – so nach der Konfirmation, so drei vier Jahre nach der Konfirmation mit der Kirche überhaupt nichts mehr zu tun gehabt... und dann kam irgendwann – ja im achtzehnten, neunzehnten, ja im achtzehnten Lebensjahr muß das gewesen sein, da bin ich dann einfach mal wieder, aber mehr aus Protesthaltung, weil ich da ne Chance sah, meinen Eltern zu zeigen, ›ich bin anders als ihr‹ – so würd ich's nachträglich interpretieren, bin ich dann sonntags wieder in den Gottesdienst gegangen. Wenn sie zu Hause sonntags frühstückten, war ich im Gottesdienst. [Interaktionsgeschichten zur kirchlichen Sozialisation] (Entschluß zum Theologiestudium) War damals [letztes Schuljahr] noch nicht hundertprozentig fest, ich war mir noch nicht sicher, was ich machen sollte. Danach habe ich gedacht, jetzt mußt du doch mal gucken, was dran ist. [...] Die endgültige Festlegung – war's für mich selber ein Stück Überraschung... aber zur Diskussion stand das Fach Theologie für mich schon länger [...] Das Entscheidende war der Versuch der Loslösung, den Ausschlag haben meine Eltern gegeben, indem sie mir abgeraten haben.«

Der Interpretationspunkt, eine im Zweitstudium durchgeführte Gruppentherapie, wird selbst in der Erzählsequenz angedeutet; die von daher bestimmte ironisch-distanzierte Darstellungsweise und die inhaltlichen Reinterpretationen müssen zwar in der Analyse in Rechnung gestellt werden, sie erscheinen dennoch konsistent mit dem an Fakten festgemachten außerordentlich problematischen familialen Identifikationsgefüge und den in der Folge davon auftretenden religiös-kirchlichen Emanzipationsproblemen. Wie zu erwarten, interpretiert der Proband die spätere endgültige Loslösung vom Elternhaus, die einhergeht mit der Loslösung aus der theologischen beruflichen Laufbahn, als biographische Konsistenz, die keiner weiteren Legitimation bedarf (vgl. 3.2.1. – intellektueller Zweifler). In diesem Fall ging die Loslösung einher mit der Konstitution einer für die Identitätsbildung zentral eingeschätzten ehelichen Partnerschaft.

Die *eigene Gründungsfamilie* erweist sich bei allen Probanden als wichtiger Stabilisierungskontext, was die Entscheidung der Aufgabe der theologischen Berufslaufbahn angeht. Dabei braucht sie nicht unbedingt in der Werthierarchie der identitätsbildenden Karrieren an erster Stelle zu stehen, wie das bei etwa einem Fünftel der Probanden zu beobachten war:

[Im Zusammenhang mit Legitimationen und Interaktionsgeschichten zur Aufgabe der theologischen Berufslaufbahn] »Und der andere Anlaß, der mag vielleicht ein bißchen lächerlich klingen – aber er ist es, glaube ich, nicht. Ich lernte während des Endes des 5. Semesters ein Mädchen kennen – und – das ich dann später auch eben geheiratet habe – und – da kam mir so ganz kurz, als ich mit ein paar Freunden, die auch in der Landeskirche mit mir waren, als wir darüber sprachen, da sagten die ›Ja, wenn du dich verloben willst, dann mußt du mit dem Mädchen da zum Oberkirchenrat gehen.‹ Das war also damals [...] damals war das noch erwartet worden, daß man seine ausersehene Gemahlin dem Oberkirchenrat vorstellt, damit er sich also ein Bild über die zukünftige Pfarrfrau machen kann. Und das hat mir also schlichtweg den Rest gegeben, da hab ich gesagt, Schluß aus.« – »(I: Die Familie hat doch eine sehr wichtige Rolle in ihrem Leben.) Die wichtigste, möchte ich sagen. Erst kommt die Familie ... und dann komme ich [...] und dann kommt der Beruf [lacht], das ist im Moment ganz jedenfalls der Fall. Das ist bei meiner Frau eben genauso, deshalb harmoniert das eben ganz prima in der Hinsicht. Und ich glaube auch, daß man's an unsern Kindern – beobachten kann, die Wirkungen davon, die sind nämlich unheimlich sozial zueinander und zu uns. Ich glaub, das lernen sie ganz einfach, weil wir uns eben sehr viel mit ihnen befassen. Da hab ich eben nen guten Beruf für [Pbn ist Lehrer] – ich teile mir die Zeit so ein, wenn die Kinder wach sind, dann befaß ich mich mit ihnen – entweder alleine oder mit meiner Frau [...] Wenn ich dann überhaupt etwas zu Hause mache für meinen Beruf [lacht], und das ist weiß Gott nicht viel, dann mach ich das eben abends.«

Die familiale Karriere, bzw. Partnerschaftskarriere stellt bei diesem Probanden die dominanten Orientierungsmuster der Identitätsbildung bereit, was an vielen Stellen im Interview deutlich wird (die I-Frage nach der Bedeutung der Familie ist nicht die Einführung einer neuen Thematik, sondern summiert eine Fülle von entsprechenden Einzelhinweisen). Auch die scheinbar harmlose erste Geschichte signalisiert in ihrer prominenten Plazierung (Aufgabe der theologischen Berufslaufbahn) zusammen mit weiteren Hinweisen die zentrale Bedeutung der Familie vor religiösen und beruflichen Typisierungen.

3.3.2. Die religiös-kirchliche Karriere

Alle unter II,3.1.1.a skizzierten religiösen Karrieretypen sind in unserem Sample repräsentiert. Fünf Probanden haben eine ausgeprägte pietistische bzw. sektenorientierte religiöse Sozialisation bis zum Studienbeginn erfahren, der Rest durchlief eine kerngemeindliche oder volkskirchlich distanzierte Karriere, wobei die kerngemeindlich sozialisierten Probanden leicht in der Überzahl sind. Bei allen bildet sich die religiöse Identität dominant im Verlauf der Adoleszenz aus. Mit dem Studienbeginn, im Verlauf des Studiums oder spätestens nach Aufgabe der theologischen Berufslaufbahn wird die religiös-kirchliche Karriere bei zwei Dritteln der Probanden völlig storniert. Bei nur drei Pbn wird der ohnehin dominante religiöse Identitätsstrang verstärkt. Als Hauptursache des religiösen Identitätsverlusts erscheint die Aufgabe des kirchlichen Interaktionsfeldes mit Studienbeginn, die gelegentlich einhergeht mit intellektueller Kritik an Religion und Theologie (Selbstverortung im differierenden Wissenssystem »Wissenschaft«; vgl. II,3.2.1.), gelegentlich mit Selbstverortungen in der politischen oder familialen Karriere. Einen zusätzlichen religiösen Entfremdungsschub erfahren die Pbn in der Regel mit verstärkter Einspurung in die nicht-theologische berufliche Karriere.

Der folgende Pbn durchläuft eine *pietistische Karriere*, die er ohne Unterbrechung bis zum Zeitpunkt des Interviews abwickelte:

»Mein Vater – ein frommer Mann, hat so die Bibel gelesen, die Mutter auch – aber die haben sich untereinander nicht so ideal verstanden [...] das war also für uns als Kinder auch spürbar. [...] Ach ja, wir haben eine fromme Geschichte. Ich hab früher mal den Stammbaum nachgeguckt. Wir hatten ganz früher so einen, der war Missionar in Indien. Aber ich weiß nicht, ob sich sowas vererben läßt [belustigt]. [Kindergottesdienst; Zeltmission] Der Einschnitt für mich persönlich kam erst in [Wohnort]. Dann kamen wir nach [Ort], nach dem Tod des Vaters. Und nach der Konfirmation kam ich da in so'ne Jungschar rein. Jugendleiter war bewußt bekehrter gläubiger Christ. Die hatten ein Zeltlager vor [...] ich bin dann mitgefahren [...]. In diesem Zeltlager haben wir morgens und abends ziemlich intensiv Bibelarbeit gemacht. Da war ich 15. Da wurde uns ziemlich intensiv erläutert [...], daß man durch ne persönliche Entscheidung Christus in sein Leben aufnehmen kann. [*Einschub* zur Konfirmation:] Konfirmation war nett, war gut, war kein Höhenerlebnis, war froh, als es vorbei war. Mußte weit fahren, meine Mutter hatte mich in der eigenen Gemeinde abgemeldet. Die war immer so ein bißchen unzufrieden mit den Pfarrern, hat in den verschiedenen christlichen Gruppen gesucht, mal bei diesen Gruppen, mal bei jenen. [...] Die war mal bei den Baptisten, dann bei den Pfingstlern, jetzt ist sie katholisch, vielleicht ist das das beste, da kommt man nicht so schnell wieder raus [lacht] – bestimmt ne gläubige, bekehrte Frau, aber das hat nicht gestört, sie ist immer zu Versammlungen gerannt. *Das* war uns eigentlich nicht so recht [...] Ich hatte auch schon mal bei den Pfingstlern so eine Entscheidungskarte geschrieben, ohne mich da bekehrt zu haben, ja. Einfach, das hatte mich angesprochen. [Ende des *Einschubs*] Aber ne bewußte Entscheidung für Christus hatte ich da in dem Zeltlager gefällt. Da hab ich mich einfach da von der Truppe abgesondert, hab mich da an so einen Baum hingekniet und gebetet – soweit ich das verstanden hatte, auch

das Wort ›Wieviele ihn aufnahmen, denen gab er Macht, Gottes Kinder zu werden‹ also Christus in mein Leben aufgenommen. Und das war eigentlich der Anfang für all die Entscheidungen, die daraufhin folgten [...] Hab mich dann in [Ort] an der Jugendarbeit beteiligt [...] Da fing ich dann an, selbständig Bibel zu lesen, was ich vorher nicht machte [...] Hab mich mehr in der Gruppe engagiert [...] am Anfang hatte ich Angst, Angst darüber zu sprechen über diese Entscheidung ... Ich hatte überhaupt Angst vor Leuten, in der Schule hatte ich Angst vor Kameraden [...] Dann kam von dem Jugendleiter einmal die Frage, ob ich mich für Christus entschieden hätte. Das war eigentlich mein erstes bewußtes Dazustehen. Das war vielleicht vier, fünf Monate nach dieser Entscheidung. Das war mir höchst peinlich, sehr unangenehm. Mit hochrotem Kopf hab ich ihm gesagt, ›ja‹ und bin schleunigst rausgelaufen. Hab dann mal in der Jungschar ne Andacht gehalten, Wort für Wort vorgelesen von Din A 4 Bögen und bin dann auch gleich rausgelaufen, weil's mir unangenehm war. Das lag mir nicht. Und es kam eigentlich ein Veränderungsprozeß, der jetzt nicht so sehr durch meine bewußte Beteiligung stattfand, daß ich gesagt hätte, ›ich will jetzt anders werden‹, sondern das war echt, da hat sich's Leben ausgedrückt. Wenn die Klassenkameraden kamen und sagten, ›was ist denn los, du erzählst keine dreckigen Witze mehr‹ – das ist mir aber nicht bewußt geworden [...]. Ich hab dann angefangen zu erzählen, daß ich mich für Jesus entschieden hätte, nicht jetzt bewußt forciert, aber da, wo's gefordert war. Ich hab dann später nach der 10. Klasse ein Jahr mit der Schule ausgesetzt – mit der glorreichen Absicht, Missionar zu werden, und weil ich faul war in der Schule [...]. Ich bin dann zu so einer Kurzbibelschule zu den Fackelträgern nach England gegangen. Der Jugendleiter ist da auch zum Glauben gekommen, bei diesen Fackelträgern, das war also ein natürlicher Bezug. Ich war ein Jahr dort und bin dann zurückgegangen zur Schule, weil ich gemerkt hab, so geht's ja nicht, jetzt aus Faulheitsgründen aufs Missionsfeld zu marschieren. [...] Wir hatten vor der Schule Gebetsgemeinschaft gehabt, bevor wir zur Schule latschten, so 20–25 Leute und hatten dann ne ziemlich intensive Jugendarbeit dann in [Ort] gehabt. [...] In England, das hat mir geholfen, jetzt einfach die Bibel besser kennenzulernen ... ja, auch vielleicht – nen persönlichen Bezug, den ich zu Christus gefunden hatte, zu vertiefen und zu verselbständigen. Daß das also nicht nur auf ner damaligen Entscheidung beruhte ›jetzt hab ich mich entschieden, und der Fall läuft‹ – daß da ein Fundament sich anfing ein bißchen herauszukristallisieren.«
Diese im Ablauf der hier produzierten Typisierungen klassische pietistische Karriere setzte der Pbn bis in die Gegenwart fort. Zum Interviewzeitpunkt ist er freikirchlicher Missionar. Die eingeschobenen Semester des Thelogiestudiums sind für ihn eine Episode, die nie mit dem Berufsziel, Pfarrer in einer Landeskirche zu werden, oder mit wissenschaftlichen Ambitionen verbunden war. Der große Bogen der Lebensgeschichte wird als konsistent dargestellt. Der Interpretationspunkt liegt in der Bekehrung und ihren Folgen.

Kerngemeindliche und *volkskirchlich-distanzierte Karrieren* erscheinen im Datenmaterial weniger durchgeformt als die an deutlicher erkennbare Karrierestufen und Typisierungen (Leben vor der Bekehrung, Bekehrung, ständiges Wachsen im Glauben) gebundene pietistische Karriere. Dennoch wird sehr deutlich, daß in den *kerngemeindlichen* Karrieren der kirchliche Handlungsraum mit den parochial präformierten Partizipationsmöglichkeiten das eindeutig dominante Interaktionsfeld darstellt, und daher die adoleszente Identitätsbildung sich nahezu vollständig in religiös-kirchlichen Typisierungen ausarbeitet. Der Studienwunsch »Theologie« oder das Berufsziel »Pfarrer« ist bei dieser Gruppe biographisch früh verankert und kann beim Geschichtenerzählen fast nie an Interaktionsgeschichten festgemacht werden, d. h. er ist innerhalb des sich aufschichtenden religiös-kirchlichen Relevanzsystems kein »Thema« (vgl. *Schütz*, *Relevanz*, 56–66). Die Studienwahl stellt sich hier zu Beginn des Studiums nicht als bewußter Entscheidungsprozeß dar, sondern als ein selbstverständliches Hinübergleiten. Der »objektive« Wechsel aus der religiös-kirchlichen Karriere in die berufliche bzw. wissenschaftliche wird subjektiv nicht als Wechsel antizipiert, eher als Fortsetzung der religiösen Karriere mit anderen Mitteln subjektiv definiert.

Konversationsanalytisch bewegt sich das entsprechende Datenmaterial zwischen der Form mehrerer aneinandergereihter Interaktionsgeschichten, die sozusagen »isotop« die lebensgeschichtliche Phase der religiösen Karriere bis zum Studienbeginn repräsentieren, oder einer nicht erzählenden, sondern nur knapp beschreibenden Auflistung der umfangreichen kirchlichen Aktivitäten, die der Proband absolviert hat. Diese Auflistung hat seitens des Pbn gegenüber einem Interviewer, dem er unterstellen kann, daß er vergleichbare religiöse Karrieren durchlaufen hat (sonst wäre er nicht Theologe geworden), den gleichen Erklärungseffekt wie ausgearbeitete Geschichten.

Das Datenmaterial zeigt auch, daß im Unterschied zur pietistischen Karriere, in der sich eine *total* religiös durchgeformte Identität (nur religiöse Interpretationen der eigenen Biographie sind zulässig) konstituiert, in der kerngemeindlichen Karriere eine stärker *offene* religiöse Identität ausbildet, die in der späteren Studienphase leichtere Adaptionen bis hin zur krisenlosen Stornierung der religiös-kirchlichen Karriere ermöglicht.
Empirisch macht sich die *volkskirchlich distanzierte Karriere* an den gleichen Typisierungen wie die kerngemeindliche fest, sie sind lediglich nicht so umfangreich (stärker selektives Partizipationsverhalten). Das kirchliche Interaktionsfeld erscheint neben Schule, Freizeitgruppen oder Familie als ein Interaktionsfeld unter mehreren, selbst dann, wenn es leicht dominant ist. Ausgeführte Interaktionsgeschichten sind hier häufiger, ebenso explizite Eva-

luationen, die gelegentlich die Form kognitiver »Motivationsbündelungen« (vgl. das folgende Textbeispiel) annehmen, in denen inhaltlich eine Distanz oder ein Zweifel an Religion oder Theologie artikuliert wird. Im folgenden Fall erscheint die Legitimation der anfänglichen Studienwahl auch dann biographisch konsistent, wenn man die reinterpretativen Elemente »abzieht«. Der Interpretationspunkt des Pbn liegt in der späten Studienphase und Erfahrungen mit kirchlicher Industriearbeit nach dem Ersten Theologischen Examen, in denen er sich einen politisch gefärbten funktionalen Religions- und Kirchenbegriff zu eigen machte.

»Da muß ich sagen, daß ich aus einem ganz unkirchlichen Elternhaus komme – und sicherlich so mit – Jugendkrise hing das zusammen, daß ich mich außerhalb der Familie orientierte und da eben in der Kirche, in der kirchlichen Gemeindejugend Platz fand und auch Freunde fand, mit denen man so Jugendprobleme diskutieren konnte. Das war sicherlich ein starker Impuls, im kirchlichen Dienst zu arbeiten. Ebenso die Erfahrung, daß dort sowas wie ne Identitätsbildung möglich war. Das war sicherlich ein Aspekt. Ein anderer Aspekt kam noch dazu, daß ich von der Schule her – einen Lehrer hatte, den ich sehr geschätzt hab, der sicherlich in meiner Entwicklung – in der Zeit – sicherlich – sowas wie ne Orientierungsmarke war. Der war auch, im Unterricht ist der definitiv als Christ aufgetreten, allerdings mit einem kritischen Christentum [Erklärung]. Zum Studium der Theologie kam dann so als dritter Gesichtspunkt noch denn dazu – so – so – ein Klärungsinteresse, ne. Man ist irgendwie als Jugendlicher in seiner eigenen Identitätsbildung so im kirchlichen Bereich, im theologischen Bereich – eh – berührt gewesen, aber es steckten da halt noch immer Fragezeichen und /eh/ also man will das mal genau wissen und nen festen Grund kriegen unter die Füße, im theologischen Bereich und im Bereich der Glaubensformulierung. Am Anfang war bei mir der Aspekt weniger deutlich / eh / du mußt jetzt in der Kirche – eh – irgendwie das Pfarramt ausüben, das war ein untergeordneter Gesichtspunkt. Eher stand der Gesichtspunkt der Klärung oder Identitätsvergewisserung zur Debatte.«

Wo wie hier die kirchliche peer-group als Mittel zur Bewältigung der Lösungskrise vom Elternhaus erscheint, sich aber später wieder positive Identifikationen mit der Herkunftsfamilie einstellen, wird der familiale Herkunftskontext dazu benutzt, die Aufgabe der theologischen Berufslaufbahn zu legitimieren. Religiös-volkskirchlich sozialisierte Probanden haben in unserem Sample die wenigsten Schwierigkeiten, das Verlassen der theologischen Karriere in Kontinuität mit ihrem lebensgeschichtlichen Gesamtduktus darzustellen. Von einer Krise bei der Stornierung der religiös-kirchlichen Karriere oder bei dem späteren Berufswechsel ist in dieser Gruppe am wenigsten die Rede.

3.3.3. Die berufliche Karriere

Auf den ersten Blick mag erwartet werden, daß ehemalige Theologen aus der beruflichen Erst-Karriere nur wenige Elemente der Selbst-Identität gewonnen haben und daß sie, wenn überhaupt eine Identitätsausarbeitung in beruflichen Typisierungen erfolgt, sich dominant in der nicht-theologischen zweiten beruflichen Karriere selbst verorten. Die unter II,3.2.3. und II,3.2.4. empirisch erhobenen Muster der beruflichen Umorientierung zeigen jedoch, daß bei etwa einem guten Drittel der Probanden das Ausscheren aus der theologischen Berufskarriere nicht identisch ist mit der subjektiven Definition einer Distanz. Teilweise werden sogar hier noch kirchliche Funktionen wahrgenommen, die je nach dem vorher erworbenen Ausbildungsstand von der gelegentlichen Mitarbeit in kirchlichen Kreisen über feste Leitungsfunktionen bis hin zur vollen Wahrnehmung von Amtshandlungen in der Freizeit reichen.
Bei einigen Probanden haben sich motivationale Relevanzen, die die theologische Karriere bestimmten, dort aber nicht befriedigt werden konnten oder von anderen Anforderungen überlagert wurden, im nicht-theologischen Beruf aufrechterhalten.

»Also ich komm' mir vor, als ob ich hier [jetziger Beruf] entsprechend meinem Pfarramtsverständnis mehr Pastor bin, als jemals vorher. Das heißt, daß – mit einem praktisch theologischen Begriff – mir hier intellektuelle Diakonie möglich ist, die ich vorher immer erstrebt habe und in den fast zehn Jahren auf'm Dorf, in Industrie-Wohngemeinden eigentlich so nie realisieren konnte.« (vgl, II.3.2.1.)

Es handelt sich hier um Legitimationen biographischer Konsistenz, die überall dort nicht als sekundäre Legitimationen angesehen werden können, wo ihre Verbindung zum gegenwärtig ausgeübten Beruf plausibel gemacht wird. In einigen Fällen wie in dem folgenden ist die Verbindung noch herzustellen; sie spielt aber im gegenwärtigen Alltagsvollzug kaum eine Rolle, sondern kann allenfalls als Interpretationsmöglichkeit in Betracht gezogen werden. Nur eine sehr extensive Auslegung des Theorems vom »Christentum außerhalb der Kirche« kann diesen Probanden das ›Etikett‹ »christlich« zurechnen.

»[Pbn ist in Industrie leitend tätig] [Evaluation zum politisch motivierten Handlungsspielraum] Wie man ja überhaupt nicht weiß, ob man den Spielraum, den man überhaupt hat, auch ausnutzt, oder ob man zu vorsichtig ist und zu sehr taktiert ... Tja, ich hoffe trotzdem eigentlich mit der Zeit, immer noch stärker im Betrieb selber zu verwurzeln. Auf die Betriebsleitung Einfluß zu nehmen, solche Versuche [Ausländerbetreuung] weiter zu machen. Ich glaube, daß trotz aller Tendenzwende eine gewisse emanzipatorische Entwicklung weitergeht, ich glaube, daß das nicht aufzuhalten ist – und daß man in dieser Entwicklung weiterarbeiten und weitertreiben könnte und sollte. Eben so auch Bedingungen zu schaffen, wo man etwas menschlicher miteinander leben kann in den Betrieben ... Und ich könnte mir schon denken, daß ich in dieser Zweigleisigkeit, einmal Ausländerarbeit, auf der anderen Seite Bildungsarbeit, oder besser gesagt, Sozialarbeit und Bildungsarbeit ... daß ich diese Kombination eigentlich noch weiter fortsetzen möchte. [Konkretion] Auch einmal auszuprobieren, wie weit man eigentlich gehen kann, wobei man damit rechnen muß, daß die ganze Sache auch einmal platzt.[...] Da müßte man dann auch die Konsequenzen ziehen und irgendwo klein oder woanders wieder anfangen.« –

»Verschiedene Organisationen, Kirche, Gewerkschaft, Industrie haben ähnliche Machtstrukturen [...] (I: theologisches Selbstbewußtsein) Es ist also so, daß ich mich am Anfang jedenfalls ganz stark als Theologe gefühlt habe, gerade auch im Gegensatz oder Konfrontation mit traditioneller Kirche und dann immer gesagt hab – ja, zur Kirche hab ich ›nein‹ gesagt und zur Theologie halt ›ja‹ – in irgendeiner Weise. Aber allmählich hat die Entfernung von Kirche auch zu einer Entfernung von Theologie, der Beschäftigung mit Theologie geführt. Wobei ich nicht sagen möchte, daß das unbedingt der Grund dafür war, jedenfalls war's in der zeitlichen Folge so ... Und das bedeutet beispielsweise jetzt, daß ich schon jahrelang nicht mehr in der Bibel gelesen habe – auch kein Bedürfnis eigentlich dazu habe.

Im Gottesdienst bin ich also schon X-Jahre nicht mehr gewesen, aber das bedeutet in diesem Zusammenhang, glaube ich, nicht so viel. Aber auch, daß die Kontakte zu Theologen weniger geworden sind, daß ich mit der Zeit ganz andere Kontakte aufgebaut habe ... mit Leuten etwa, die in Gruppen arbeiten ... oder auch politisch engagierten Leuten ... und daß dann allmählich so erst Kirche, dann Gruppen, dann auch Theologie alles irgendwie so ein bißchen, nicht nur ein bißchen – eh – ziemlich stark verblaßte ... und aus der Konfrontation mit Kirche ne absolute Gleichgültigkeit geworden ist – daß mir das also völlig wurscht ist – ob Volkskirche oder nicht Volkskirche – ich möchte, kann einfach keine Kraft da investieren, mich damit auseinanderzusetzen. Das interessiert mich einfach nicht mehr. Anders ist es mit der /eh/ Theologie – da bin ich immer noch der Meinung, das könnte wieder mal Bedeutung gewinnen. Da bin ich irgendwie nicht fertig damit. Aber ich seh' mindestens im Augenblick keinen Ansatzpunkt, das wieder zu intensivieren – aber daß ich hier auch angebissen habe bei der Umfrage, das ist mit der Grund, daß ich – eh – mich da auch ein bißchen orientieren möchte, gerade auch im Austausch mit anderen, die in'ner ähnlichen Situation sind, doch den ein oder anderen Hinweis kriegen könnte, einfach wie auch das, was man tut, in irgendeiner Weise eine theologische Relevanz haben könnte. Nicht so sehr jetzt von der theoretischen Auseinandersetzung her. Das ist natürlich 'ne unbefriedigende Auskunft, na, ich bin einfach da noch nicht weiter. Ob ich weiterkomme, aber ich könnt mir's denken. Jedenfalls hab ich den Eindruck, daß das, was ich studiert habe, doch nicht umsonst war ... daß ich doch zumindest 'ne ganze

Menge internalisiert habe. Daß bestimmte Dinge in mein Verhalten oder in mein Denken eingegangen sind, so daß ich beeinflußt bin, ohne daß ich darüber reflektiere – und mir auch hilft, mit bestimmten Reflektionen fertigzuwerden. Ich weiß nicht ... Prinzip Hoffnung, das klingt so nach Bloch [lacht], aber doch so etwas in der Richtung ist in einem drin, so ein Motor, was einen immer weiterträgt. Das kann ich nicht so ganz reflektieren, aber ich hab doch so den Eindruck, daß ich doch noch so ein bißchen von dem Kapital lebe, was ich da angesammelt habe [sehr leise] – ohne es allerdings, mindestens expressis verbis, anderen weitergeben zu können, sondern nur sehr mittelbar durch das, was ich tue, zum Beispiel die Art, wie ich Seminararbeit mache oder so [Schweigen; dann Ende des Interviews].«

Die größte Teilgruppe unseres Samples gewinnt in der zweiten beruflichen Karriere genuine Identifikationspunkte. Entsprechende positive Evaluationen sind nur an Interaktionsgeschichten aus diesem Feld gebunden und werden nicht mehr an die vorgängige theologische Karriere rückgekoppelt. Ein für die Forschungsgruppe erstaunliches Ergebnis liegt darin, daß die Aufgabe der theologischen Berufslaufbahn weitaus häufiger als konsistente Fortentwicklung der Lebensgeschichte interpretiert wurde, denn als Identitätstransformation. Selbst wenn man in Rechnung stellt, daß es so etwas gibt wie eine interaktionslogische Präferenz zur reinterpretativen Konsistenzherstellung der eigenen Biographie (Dominanz der Ordnungsidealisierung), können die erzählten Geschichten durch den Soziologen nicht als Manifestierungen von krisenhaft erlebten Identitätstransformationen herauspräpariert werden. Der krisenhafte Berufswechsel und die damit verbundene radikale Umstrukturierung des Relevanzsystems sind die Ausnahme, eine Beobachtung, die auch durch die Daten der schriftlichen Befragung unterstützt wird. Das heißt nicht, daß keine Entwicklung der Identität oder eine Verlagerung der Selbstverortung in alternative Karrieren (von der religiös-kirchlichen in berufliche, wissenschaftliche, politische Systeme) stattgefunden hat, sie haben sich jedoch in der Regel in längeren Umschichtungsprozessen abgespielt.

Beispielhaft sei im folgenden ein Entwicklungsprozeß dokumentiert, in dem zwei Wendepunkte als Markierungen der Identitätstransformation expliziert sind:

»Ich bin sehr früh zur Theologie gekommen. Ich wußte also mit 13 Jahren schon ganz sicher, daß ich Theologie studieren würde. Stamme aus einem Elternhaus, in dem die Mutter sehr fromm war. Mein Vater, der noch lebt, ist Humanist, liberaler Humanist [...] aber meine Mutter hat sehr früh begonnen, mir biblische Geschichten zu erzählen, zu lesen ... und hatte dann auch sehr guten Kontakt zu dem Pfarrer, wurde dann der Lieblingskonfirmand, so ein bißchen, war sehr eifrig und sehr begeistert für das, was da geboten wurde. Ich weiß also noch genau die Stunde, das klingt ja fast pietistisch, wo über den Karfreitag gesprochen wurde. Ich kam also nach Hause und sagte ›ich muß Theologie studieren‹ – auch eben mit dem Bild, als Pfarrer auf der Kanzel zu stehen und gewaltig zu predigen – und die Menge zu begeistern [lacht][Erzählung einer familiengebundenen volkskirchlichen Karriere] [Organistentätigkeit] von daher stark an Kirche gebunden und eigentlich sehr begeistert. Ich weiß noch, immer wenn wir auf Reisen waren, Kirchen besichtigt. Das war also wirklich so meine Welt.

... Ich kann mir das kaum noch vorstellen [lacht] und das dritte Element war das, was man so die soziale Frage nennt, das hat mich doch sehr früh beschäftigt. Mein Ideal war damals so Bethel und der Dienst mit der blauen Schürze – Diakonie – so in dem Sinne. Das hat sich dann während des Studiums gewandelt, aber eigentlich so ganz allmählich – ich weiß, daß eigentlich Barth mir erst spät den Unterschied zwischen sozial und sozialistisch klargemacht hat. Das hatte ich bis dahin noch gar nicht begriffen, weil ich auch so ziemlich unpolitisch erzogen, großgeworden bin. Obwohl ganz unpolitisch kann man auch nicht sagen [Erläuterung] [theologische Einspurung im humanistischen Gymnasium] das führte alles ganz selbstverständlich dahin [...] Hebräisch zu lernen, Exegese zu machen, Dogmatik zu machen, so ein ganz normales Studium eigentlich ... und ... ich hab's eigentlich sehr gerne gemacht. Alle Fächer, es hat mir eigentlich alles viel Spaß gemacht. Erst durch Barth hat das ganze dann eine Ausrichtung bekommen ... daß das Ganze überhaupt eine Dynamik bekam, weil durch Barth die ganze politische Dimension mir deutlich wurde. Barth und vor allem die Frage der Arbeiterpriester, die mich sehr beschäftigt haben ... da bin ich dann dazu gekommen, daß es so normal alles doch nicht weitergehen konnte – und daß ich dann, sobald ich mit dem Studium fertig war, eigentlich sah, daß ich nicht in die Kirche, nicht in den kirchlichen Dienst gehen konnte, Habe relativ lange studiert [ca. 10 Semester, Examen] dann noch mal drei Jahre bei Barth gemacht, solange für die Promotion gebraucht. [Promotionsgeschichte][Detaillierte Erzählung des normalen Theologiestudiums, evaluiert mit Begriffen wie »engstirnig«, am Studienort nicht wohlgefühlt, »nicht heimisch geworden«; die Interaktionsgeschichte des *1. Wendepunktes* folgt:] Dann hatte ich einen Freund, der schlug vor, daß wir in Basel studieren sollten, da begann eigentlich erst das Studium [Detaillierungen; Diskussionen mit Barth] Das war eigentlich ganz enorm, belebend und anregend, da kam der ganze Humor seiner Theologie, der hat einen dann eben begeistert. Ich glaube, daß ich nie ein Barthianer in dem Sinne gewesen bin, aber doch ganz stark beeinflußt [...] Basel ist richtig meine zweite Heimat geworden. [Gespräche mit Barth, Thurneysen, Jaspers] Da hat eigentlich erst die Studentenzeit begonnen [...] [weiterer Studienverlauf, philosophische Studien; Arbeit an der Promotion] [Vikariat, 2. Examen] Das war also die furchtbarste Zeit, die ich bis dahin und überhaupt erlebt habe. [...] Ich habe einen richtigen Abscheu erlebt vor allem, was dort gelehrt wurde. Sowohl die Leute, die da unterrichteten und die ganze Art, wie die Kandidaten der Theologie da reagierten, und welche

Meinung sie da vom Pfarramt hatten, das hat mich also richtig abgestoßen [...] Eigentlich grundlegend, muß ich sagen, daß mich diese Zeit im Predigerseminar dazu gebracht hat, nicht in die Kirche zu gehen, das war eigentlich im Studium bei Barth, das ja ganz stark an Kirche ausgerichtet war, noch nicht der Fall. Das ist mir dann doch ziemlich plötzlich klargeworden, daß das für mich nicht in Frage kommt. Zumindest nicht das, was Pfarramt bedeutete, dabei war noch offen, ob man nicht in ein überparochiales Amt, so Industriearbeit oder sowas gehen sollte. Diese Möglichkeit wurde erst später ausgeschlossen. [2. Examen]

[Es folgt die Schilderung des *2. Wendepunktes*, der als der *Interpretationspunkt der Lebensgeschichte* des Probanden erscheint; hier liegt die Gegenwartsschwelle, die sich in der nichtkirchlichen Berufstätigkeit in den nachfolgenden Jahren konsistent ausarbeitete:]
Und bin dann anschließend zu [Industriepfarrer] gegangen und gehörte dann praktisch der [kirchlichen Industriearbeit] an. [...] Während des Seminars, da gehörten 2 Monate Schichtarbeit dazu, da gehörte ich den [Industrie-Werke] an. Da hab ich also Tagebuch geführt, und diese Zeit hat mich also unheimlich beschäftigt. Weil mir doch ganz stark behütetem Muttersöhnchen wirklich 'ne ganz neue Welt aufbrach. Ich war dem kaum gewachsen ... weil es eigentlich all dem widersprach, was man so gelernt hatte und gewohnt war. Und trotzdem hat mich das fasziniert ... 'ne ganz andre Möglichkeit. Da wurde mir erst hinterher klar, wie einseitig das alles war, was man bisher gemacht hatte. Das bezog sich natürlich ebenso auf die eigene Erziehung als auf das, was man so gelernt hatte, gelernt hatte im Studium und auch erlebt hatte in Kirche. Das hatte mich so stark fasziniert, daß ich dachte, da kann man nicht mehr, davon kann man nicht mehr weg.

Da ist mir noch nachträglich klar geworden, wie unmöglich die Situation im Vikariat war. Das war die andere Station, die auch sehr schwierig war.

Ich war so ein halbes Jahr Pfarrvikar, die Kinder sagten immer ›Paprika‹ in [Ort], da mußte ich also ältere Damen besuchen, zum 70jährigen Geburtstag mit 'ner Flasche Rotwein hintanzen und solche Sachen machen und mit Kindern [...] aber zwischen Kindern und Alten war nix da. [...] Ein einziges mal sollte ich eine Beerdigung durchführen ... das war die Frau eines Metzgers, der hat dann aber gesagt, ›nee, vom Lehrbub laß ich meine Frau nicht beerdigen‹ [Pbn und I lachen] [...] [Wohnsituation] das war also wirklich auch ganz schrecklich. Das waren also die beiden schlimmsten Erlebnisse, die sicher auch das Bild von Kirche für mich sehr stark geprägt haben, das Predigerseminar und das Vikariat. [...] Ich hatte eine wirkliche Abneigung gehabt gegen alles, was Parochie war. Das hab ich also viele Jahre mit mir herumgetragen, da hab ich also viel Kraft, ich will nicht sagen vergeudet, aber investiert, um mich abzusetzen. Abzusetzen gegen alles, was parochialer Dienst ist – und auch das schlecht zu machen, was mir zumindest heute unnötig erscheint. Vielleicht mußte man ja auch, nachdem man zunächst so stark an Kirche gebunden war und dann diese Erlebnisse hatte, irgendwie auch fertig werden. [Industriearbeit:] Da war also eine theoretische Ausbildung, wo ich zum ersten Mal mit Volkswirtschaft und Marxismus konfrontiert wurde. [...] Das war sehr stark politisch geprägt, zwischen Marxismus und so ner Art demokratischem Sozialismus, die Entwicklung in Jugoslawien noch sehr stark idealistisch gesehen [...] wobei das, rückblickend muß ich das sagen, auch noch sehr stark kirchlich geprägt war [bei Industriearbeit]; man traf da Kirchenleute, und es war selbstverständlich, daß man in der Woche das Herrenmahl feierte. [...] [Grundgedanke des Leiters der kirchlichen Industriearbeit] Im Grunde war es eigentlich nur die These, daß Gott für die Welt da ist und nicht für die Kirche ... ich meine, wenn man das heute sagt, dann ist es eigentlich eine Banalität. Aber für uns damals war das ein Erlebnis. Das eben nicht nur verbal zu erfahren, sondern es auch zu erleben als Arbeiter in der Fabrik. Wir sind also in diesem Sinne auch in die Fabrik gegangen – nicht als Missionare, um da was hinzubringen, aber eigentlich, um da was zu entdecken ... So wirklich unter dem Zeichen der Dreieinigkeit ging man durchs Fabriktor ... das kann man sich heute kaum noch vorstellen. Aber andererseits, wenn man sich's vorstellt, spürt man, wie sehr man sich gewandelt hat, wie man säkularisiert ist [lacht] in der Zwischenzeit. [...] Ich hab dann, als das Seminar zu Ende war, das Gefühl einer unheimlichen Leere gehabt; ich wußte ja gar nicht, was werden würde. Ich hatte also richtig das Angstgefühl, das ich doch in den parochialen Dienst gehen müßte. Daß es keine Alternative für mich gäbe, ich weiß noch, daß das ganz schreckliche Tage für mich waren. Man sich wie in einem Vakuum vorkam. Bis sich dann eben die Möglichkeit ergab, einfach mal hineinzuspringen und was aufzubauen [Pbn wurde längere Zeit Hilfsarbeiter in einem Industriebetrieb, dann in die Personalabteilung übernommen.]«

Die Ausbildung einer politischen Identität, die im vorhergehenden Fall an Diskrepanzerfahrungen im Vikariat und die betriebliche Arbeit gebunden ist (Pbn beendete sein Studium vor den Studentenunruhen in den sechziger Jahren), manifestiert sich bei der Hälfte der Probanden in Reaktionen auf die Studentenbewegung. Beispielhaft wird dies an der Lebensgeschichte des Probanden unter 3.4.1. sichtbar. Insgesamt scheint die Ausbildung einer politischen Karriere in der Studienzeit ein äquivalentes Substitut für die stornierte religiös-kirchliche Karriere zu sein: Was in der Adoleszenz durch religiöse Typisierungen an Ordnungsleistungen im Rahmen der Identitätsbildung erbracht wird, geschieht im Erwachsenenalter des Studenten durch die Übernahme politischer Motivationen und Wissenssysteme.

3.4. Berufliche Umorientierung in biographischer Konkretion

In diesem Kapitel werden wir stellvertretend für die Gesamtheit der erhobenen und analysierten Lebensgeschichten zwei Biographien in der vertikalen Aufschichtung der Identitätsbildung darstellen. Der erste Proband (3.4.1.) ist dem Haupttyp »berufliche

Umorientierung als Emanzipationsprozeß« (3.2.1.) zuzuordnen, der zweite (3.4.2.) gehört zur Kategorie »religiös motivierte Kirchenkritik« (3.2.2.). Während die bisherigen Auswertungen jeweils unter der Berücksichtigung der Gesamtheit derer, die in den Einzelinterviews erfaßt worden sind, vorgenommen wurde, soll hier der biographiespezifischen Auswertung und Dokumentation Rechnung getragen werden, um einen Einblick in die Komplexität biographischer Rekapitulation und Reinterpretation einerseits und die Interdependenz von individuell orientierter und sozial geprägter Identitätsbildung andererseits zu geben.

3.4.1. Aus dem Leben eines homo politicus

Der Interpretationspunkt dieses Probanden konstituierte sich in der Studentenbewegung; sie ist der Beginn seiner politischen Karriere; von hierher bezieht er seine zentralen Motivationen und Elemente der Selbst-Identität. Die Interaktionsgeschichte zum *Interpretationspunkt Studentenbewegung* und die lebensgeschichtlichen *Globalevaluationen* am Ende der biographischen Großerzählung verdeutlichen den Kern der Selbst-Identität dieses sich selbst als homo politicus definierenden Probanden:

»Ja, was hat sich in der theologischen Ausbildung in der Zeit getan in [Studienort] im Grunde genommen, ganz wenig. /Eh/ Einfluß hat auf mich keiner gehabt [...] [Vorlesung:] das war stinklangweilig und draußen war herrlichster Sonnenschein, ich guckte auf den Wald. Und ich hab als Student eigentlich immer lieber gelebt und bin rausgefahren und hab mich vergnügt, obwohl das alles nicht so klappte, anstatt zu studieren und zu lesen [...] Dann aber noch zu der [Ort] Zeit kommt der zweite Juno 1967 hinzu. Das war für mich – eh – ein Schock. Ich war vorher gar nicht politisch, ganz und gar nicht und bin in die Studentenbewegung durch das Ereignis hineingezogen worden. Ich gehörte auch keiner politischen Hochschulgruppe an [...] die Ereignisse eskalierten ja dann [...] Ich bin nie in den SDS eingetreten, hab aber sehr stark mit ihm sympathisiert – eh – war wohl auch zu der damaligen Zeit maßlos naiv und uninformiert, war eben nur emotional engagiert. [Teilnahme an der Beerdigungsdemonstration für Benno Ohnesorg] Und das waren dann auch für mich rein emotionale Erlebnisse – eh –, die auch heute noch wirksam sind /eh/ ich billige also auf keinen Fall die Aktivitäten der Terroristen des 2. Juni, das hat damit nichts zu tun, aber ich kann immer noch verstehen, daß man sowas wie den 2. Juni zum Namen nimmt. Ja ... was hat das bewirkt, daß ich mich eben /eh/ mit politischen Fragen befaßte, ohne aber Soziologie oder Politologie intensiver zu betreiben, das hat keine Auswirkungen da gehabt. Ich hab an den sit-ins /eh/ und Informationsveranstaltungen der Studentenschaft teilgenommen und /eh/ hab das Ganze miterlebt [polititsche Theologie studiert] das hat mich stark beeinflußt [...] Theologie der Revolution und der [Dozent] nahm meine Grundfrage auf, die mich bis heute beschäftigt hat [...], die hat sich durchgehalten von der Zeit des Religionsunterrichts auf dem Gymnasium bis heute, die Frage des Feuerbachproblems, die Frage der Projektion: Ist die Gottesvorstellung nicht nur eine Projektion des Menschen. Diese Frage ist meine Leitfrage durch das ganze Theologiestudium, und die ist bis dato nicht von irgendeinem angegangen worden, aber von [Dozent] ist sie angegangen worden und unter Aufnahme der politischen Theoriebildung der damaligen Zeit angegangen worden, und das gefiel mir.

[Schilderung politischer Aktivitäten in studentischer Gruppe]

[*Globalevaluationen:*] Mein Bemühen war eben immer, in dieses Irrationale [in der Religion] rationale Konturen reinzukriegen. Und ich für meinen Teil hab das also auch heute, ich meine, das heute erreicht zu haben [...] Ich habe im Laufe der Zeit meine religiöse Sozialisation abgeschlossen, habe die Fragen, die mir auf dem Gymnasium gestellt worden sind, zum großen Teil beantwortet, es bleiben Fragen, die Sinnfragen, die bleiben eben schon vom Prinzip her offen /eh/, und es sind natürlich neue Fragen hinzugekommen – wie kann man heute überhaupt noch religiös sein, was ist das Ziel, das sich der Mensch selbst gesteckt hat, das er Gott genannt hat, was kann das sein /eh/ aber ich hab da eben politische Erklärungen für gefunden /eh/, mit denen ich eigentlich, ja, ganz gut zurechtkomme.[...] Ich habe, besser gesagt, die Hypothese, die ich damals [im Gymnasium zur Feuerbach-These] aufgestellt habe, nicht falsifiziert bekommen, das heißt also die Hypothese, daß die Gottesvorstellung eine menschliche Vorstellung ist, die der Mensch aus bestimmten Gründen projiziert hat [...] Ich weiß nicht, ob ich nicht mehr Atheist bin als religiöser Mensch, Religion schon insofern, als ich etwas habe, das mich unbedingt bestimmt und abhängig bin – das kann man nicht sagen, ich hab ein Ziel gesetzt, aber dieses Ziel nenn ich nicht mehr Ge, O, Te, Te, andere mögen das tun. Ich interpretiere deren Verlautbarungen auch so, anders könnte ich sie gar nicht verstehen. Daß sie sich ein Ziel gesetzt haben, viele haben dieses gesetzte Ziel nur übernommen, aber es ist mal gesetzt worden, ein Ziel, an das man sich halten kann, das Sinn gibt, das Orientierung gibt. Und /eh/ ich hab auch so ein Ziel: Ich möchte sozial wirksam sein, den Menschen zu größerer Freiheit und Selbständigkeit zu führen. Das sind natürlich Schlagwörter, ich weiß es, aber man könnte drüber sprechen, ich meine auch das zu können, also eine Vorstellung davon zu haben. Und dieses Ziel kann ich nicht mehr genau dingfest machen, aber ich hab das, und das bestimmt mich auch /eh/ insofern bin ich religiös, nach der Definition, aber es ist nicht mehr die Religiosität, die man noch vor 100 Jahren beobachten konnte, die auch wirklich trägt, die stabilisiert. Ich bin also sehr häufig – eh – unstabil [...] Dann könnte ich jetzt noch hergehen und aus meiner theologischen Ausbildung sagen: Das ist Religion, was du da machst. Du setzt dir ein Ziel [...] du behauptest, daß das Ziel für dich relevant sei, daß es dir Kraft gibt, andernfalls ist es nicht sinnvoll, es muß Kraft geben, ne.

Das Ziel darf nicht nur bevorstehen, sondern ich muß daher auch etwas kriegen zur Erreichung des Ziels. Woher nehme ich die Kraft, und das ist eben eine Frage, eine religiöse Frage, die eben doch noch nicht beantwortet worden ist [...] woher nehme ich die Kraft, um jeden morgen um 7 aufzustehen und um 8 in der Schule zu sein – nicht nur um Moppeln zu verdienen, da gibt es eine Kraft, woher nehm ich die, manchmal hab ich die nicht. Andere haben die nicht, wie kann ich denen die zusprechen. Ich weiß, es geht nicht mehr, indem ich aufschlage und da ne Perikope verlese. Es geht auch nicht, indem ich ne Predigt halte /eh/ es gibt den Versuch, einfach sich hinzusetzen und mit den Betreffenden zu sprechen, dafür bin ich aber nicht anständig ausgebildet [...] Ich hab auch meine Freunde gefragt: ›Woher nimmst du die Kraft‹ – ja – ›Aus der Analyse der gesellschaftlichen Verhältnisse, weil es so und so läuft, und wenn ich mich einsetze, dann läuft es auch so und wenn nicht, dann läuft es so [zeigt jeweils mit den Händen in verschiedene Richtungen], und der Klassenfeind gewinnt, das gibt mir Kraft,‹ na gut – das ist mir eine zu schnelle Antwort, da kann ich nichts sagen, die ist schlüssig [aber sie befriedigt mich nicht]. Aber dafür Religion zu betreiben, sehe ich nicht mehr ein, weil ich meine, weil ich meine, daß mir durch ein intensiveres theologisches oder religiöses Studium diese Frage nicht beantwortet wird.«

Von dieser Perspektive einer suchenden, aber in den alltäglichen Manifestierungen politischen Grundhaltung bestimmt der Proband die Entwicklungslinien in den verschiedenen Karrieren, die er durchläuft. Die *religiöse Karriere* (volkskirchlich) ist gekennzeichnet durch den Trend einer fortwährenden Distanzierung und Ausdünnung, die mit einem »elitären« Selbstbewußtsein verknüpft wird. Korrespondierend dazu entwickelt sich die *politische Karriere* seit dem Wendepunkt 1967 kontinuierlich weiter bis hin zum gegenwärtigen Stadium einer Zurückhaltungstaktik, die aus einer roll-back-Definition der gegenwärtigen politischen Großwetterlage herrührt. Beide Karrieren, die bewältigte religiöse und die virulente politische können von dem Probanden im Lehrerberuf soweit handelnd integriert werden, daß die *berufliche Karriere* als wichtiger Bereich der Identitätsbildung erscheint. Sie muß sich allerdings messen an dem Kriterium der in politischen Interaktionen gewonnenen »gesellschaftlichen Relevanz« und ist daher krisenanfällig. Einige Stationen der drei Identitätsstränge seien im folgenden verdeutlicht.

Religiöse Karriere

»Mein Vater war katholisch und ist nach dem 2. Weltkrieg aus der Kirche ausgetreten aus mir bis heute nicht bekannten Gründen. Das Verhältnis zu meinem Vater ist bis heute denkbar schlecht [...] mein Vater ist unheimlich autoritär und leidet unter einem ungeheuren Minderwertigkeitskomplex [...] er hat das immer in sich hineingefressen und an der Familie ausgelassen. Dann hat er eine dominante Frau geheiratet und da kam dann alles zusammen [...] er war permanent unterdrückt, hat versucht, das an mich weiterzugeben, aber meine Mutter hat mich geschützt, so daß ich das nicht voll bekommen habe. Meine Mutter hat zu mir kein emotionales Verhältnis entwickeln können, weil sie selbst aus 'ner schwierigen Familie kam [...] meine Mutter war religiös [...] eine pietistische Tradition ist an meiner Großmutter nicht vorübergegangen [...] und sie war hocherfreut über meine theologische Studienwahl. Meine Mutter war auch hocherfreut über meine Berufswahl und war auch sehr froh über den ersten Pastor in der Familie, meinem Vater war das gleichgültig [...] [Kritik der Klassenkameraden kurz vor Studienbeginn] die hab ich nicht ernst genommen, weil ich mit einem anderen Anspruch Theologie studierte als so gängig war und die Sache mit dem Pfarrer mehr als lustigen Aspekt sah. Ich konnte mir nicht, keiner konnte sich vorstellen, daß ich Pfarrer würde. Ich sah das mehr als skurrilen Effekt an, ne. Ich provozierte die Leute damit, daß ich sagte ›ich studiere Theologie‹ – ›wie, du Pfarrer, wie du aussiehst und was du so vertrittst‹ und so – das gefiel mir, das hat auch irgendwo so das elitäre Bewußtsein ein bißchen unterstützt. [...] [Interesse an philosophischen Fragen] [...] Meine Mutter hat mit mir frühzeitig, als ich noch nicht über die Bank gucken konnte, Gottesdienste besucht. Das war also schrecklich, da saß ich 45 Minuten lang und guckte auf den Huthaken und bog da dran rum oder biß ins Gesangbuch, sind heut noch meine Zähne drin zu sehen [...] sie geht also heute noch, sie ist irrational, sie fühlt sich liturgisch stabilisiert [...] Mein Großvater war ein progressiver Mann in der SPD und nichtreligiös. Meine Großmutter hat ihn mitgeschleift in die Kirche, es hat aber nicht geholfen. [...] [Kindergottesdienst] [Schulzeit] Da gab es eine Gruppe von Freunden, mit denen ich sonntags in die Kirche ging, das gab es [...] wir gingen sonntags in die Kirche, warum weiß ich eigentlich gar nicht [...] Ich hab noch relativ lange ein religiöses Nachtgebet gesprochen, aber mehr als Formel [...] Ich meine schon, eine Art religiöses Bewußtsein gehabt zu haben, in Notsituationen Gott anrufen zu können, und ich bildete mir auch ein, davon was zu haben [...] [Kindergottesdiensthelfer]. [Ausführliche Darstellung des Einflusses eines befreundeten Erwachsenen; Initiativwerden in einem Schülerbibelkreis; Artikulation zunehmender Distanzierung.]

Während also in der frühen Kindheit eine volkskirchliche Orientierung mit pietistischem Einschlag vorherrschte, die in ihren Auswirkungen bis zur Teilnahme als Kindergottesdiensthelfer und im Schülerbibelkreis gesehen werden muß, entwickelt sich noch in der Schulzeit ein distanziertes Verhältnis zur Kirche, das in gewisser Weise mit dem Verhältnis zur Herkunftsfamilie korrespondiert und das sich im Theologiestudium verstärkt bis zu dem Entschluß, die theologische Berufslaufbahn aufzugeben. Der Kirchenaustritt wird wegen des beruflich ausgeübten Religionsunterrichts nicht realisiert.

»Ich hatte auf dem Gymnasium einen Religionsunterricht, der mich für theologische und philosophische Fragen aufgeschlossen gemacht hat. So hab ich also nach dem Abitur Theologie studiert mit keinerlei Berufsperspektive, sondern [...] lediglich aus Interesse. Ich hatte eine völlig falsche Vorstellung vom Theologiestudium. Ich dachte, solche, ich meine so grundsätzliche Fragen, so Existenzprobleme, damals war's der Existentialismus, in Westdeutschland noch populär /eh/ solche Grenzfragen würde ich beantwortet bekommen. Ich hatte also eine ganze Reihe von Fragen entwickelt in der Oberstufe des Gymnasiums und dachte, im Theologiestudium würde ich die beantwortet bekommen. [Empfehlung einer Kirchlichen Hochschule durch eine Verwandte] Ich hatte keinerlei Informationen darüber, ich komme nicht aus einem kirchlichen Elternhaus, und da hab ich in [Ort] begonnen. Und es war nicht so gut. Man hat etwas abgebrochen und steht vor etwas Neuem, vollkommen uninformiert, uneingewiesen über das Studium und auch, es war das erste Mal, daß ich von zu Hause aus wegging.

[...] Dann wurde ich als Externer einquartiert, am jenseitigen Tal von [Ort], weil kein Platz mehr da oben war. Das ist nun ne sehr entscheidende Sache, ich hab mich von Anfang an als Außenseiter gefühlt. [Freundschaft zu zwei Kommilitonen] Wir haben alles andere gemacht als Hebräisch gelernt [Veranstaltungen] [Hebraicum bestanden] Dann kam ich ins Haus [Name], also ein Wohnheim und war also jetzt nicht mehr extern, aber ich bin nie mehr richtig in diese [KiHo-]Gemeinschaft reingekommen, ich fühlte mich auch irgendwie, ich kann das so offen sagen, einer Elite zugehörig /eh/ und zwar einer Elite, die eigentlich gar nicht bestand. Ich war mit dem Bewußtsein alleine [freut sich], nicht in der Kirche zu sein, nicht so'n richtiger Theologe zu sein. /eh/ ich kann Ihnen nicht genau sagen, wie das kommt, vielleicht, weil ich mich nie richtig mit kirchlichen Fragen beschäftigt habe, sondern damals mehr den Akzent auf philosophische Fragen gelegt hatte, von Anfang an. Und die kirchlichen Übungen, die die anderen vollzogen so ein bißchen [sehr betont] mit ein bißchen Stolz [...] jedenfalls von oben herab angesehen habe und lieber ein lustiges Leben führte. Ich hatte dann auch ne Freundin, das hatten die anderen nicht, ne Freundin mitgenommen nach Haus [Name], das war ja ein Sakrileg sondersgleichen, das können Sie sich vorstellen [...] Zur Elite, dann wird das etwas klarer, es herrschte dort so ein pietistisches Klima, in meiner Sicht, und – eh – ich hielt mich also für einen sehr kritischen Theologen, wenn überhaupt in der Kirche, dann ganz modern und ganz kritisch, und diese ganze Frömmigkeit konnt ich nicht mitmachen, das war so ein studentischer Missionsdienst, Es – Em – De, und das waren also die letzten Vögel.

Ich stand auch noch auf bestimmter Kleidung und Aussehen, so ein bißchen geprägt vom Existentialismus, langen Schal [einige Semester vor der Studentenbewegung], unmöglich angezogen, die hatten da zum Teil Anzüge an und so, ne, und von daher waren die voll meinem Mißfallen ausgesetzt. [...] [Seminararbeiten] Ich hab also gearbeitet wie ein Irrer im 2. Semester. Nur noch gearbeitet, Nachtarbeit, gelesen, alles andere liegen gelassen, aber an Punkten mich vertieft, die so unklug waren, [...] daß ich also heute sagen muß, vergebliche Jahre, vergebliche Jahre. Was sollte so eine pingeligste, was sollte das, wenn ich mir das heute ansehe, ich fang an zu weinen, die Zeit, die ich verschwendet habe darauf, wie ein lateinisches Wort verstanden werden konnte [...] Ich hab mich da hineinvertieft und den Anforderungen entsprochen, nur wie ich im Nachhinein sagen würde, an einem unsinnigen Gegenstand, was hätte das alles bringen können, wenn ich das beispielsweise /eh/ in Sozialwissenschaften gemacht hätte. [sozialpflegerische Arbeit mit Behinderten] Das war das Eindrucksvollste an der Kirchlichen Hochschule in [Ort], das Erlebnis mit den Geisteskranken, die alle ganz normal waren in meinen Augen, viel normaler als die – eh – theologischen Kommilitonen [...]«

Diese fundamentale Diskrepanzerfahrung der Studienwirklichkeit zu den eigenen Erwartungen, die hier fast in jedem Satz produziert wird, bestimmte das ganze Studium des Probanden. Auch als bereits politische Typisierungen übernommen worden sind, spielt das hier vorgebrachte Erklärungsmuster des elitären Außerseiters immer wieder eine Rolle. Als die Freundin ein Kind erwartet und der Pbn heiratet, wird das Studium bald abgeschlossen. In der Examenszeit, der eine positiv bewertete Teilnahme an der Celler-Konferenz vorausging und in der ein Freund als Vikar aus dem kirchlichen Dienst entlassen wird, stellt sich für den Pbn endgültig heraus, »daß ich mit dieser Kirche nichts zu tun haben wollte«.
Der Aufbau einer *neuen beruflichen Identität* in der Schule gelingt. In den Schilderungen erscheint der Beruf des Lehrers, soweit er politisch motivierbar ist, als Hauptidentitätsstrang. Obgleich er in »die Schule gestolpert« ist, erscheint der Pbn als engagierter Lehrer. Ein Fach ist Religionsunterricht:

»Von daher sagten wir, dann laß uns auch da konsequent sein und laß uns /eh/, weil wir also meinten, Kirche in der Schule auf keinen Fall und kirchliche Propaganda auf keinen Fall, wie auch immer verklausuliert und verschleiert, da laß uns doch den ganzen Ballast wegschieben, zumal wir ja auch Sozialwissenschaften geben und das machen können, was in anderen Fächern nicht gemacht wird – und machen reinen religionswissenschaftlichen Unterricht. Und das ist ja verboten – also nach den neuesten Bestimmungen wieder verboten [...] So was Verbotenes mach ich, natürlich auch wieder so, daß das nicht gemerkt wird [Erklärungen] Reduzierung des Religionsunterrichts auf Religion, aber nicht so wie Vierzig das macht, daß dann der christliche Glaube durch die kalte Küche wieder reinkommt, sondern der christliche Glaube verschwindet. Der wird nur so als eine Möglichkeit, sozusagen streng wissenschaftlich erwähnt. Den gibt es ja, ich bin ja kein Antichrist, der ihn aus der Schule treiben will, aber ich geb ihm nur die Relevanz, die er hat, wenn ich Religionswissenschaftler bin. Ich lege also meinen persönlichen Glauben, der auch so nicht vorhanden ist in der Form, gar nicht zugrunde und bewege mich da als Religionswissenschaftler.«

Nach mehrjähriger Schulerfahrung formuliert der Pbn von seinem politischen Relevanzsystem aus heute »Ansätze eines Krisenbewußtseins als Lehrer« und reflektiert auf einen alternativen Berufsweg.

»(I: Sie sprachen vorhin von einer Krise Ihres Lehrerbewußtseins.) Das ist noch ein wenig unausgegoren, aber ich bin gerne bereit, das zu explizieren. Ich bin hier [X-] Jahre an der Schule tätig [...] /eh/ im Vergleich zu einigen wenigen anderen Berufen, die mir formal auch möglich wären, schätze ich die soziale Relevanz des Lehrerberufes in der letzten Zeit sehr schlecht ein. Als ich an die Schule kam, an der ich jetzt unterrichte vor [X-] Jahren, da hab ich gesehen, wie ein paar Pensionäre da weggingen, und die Leute machen auf mich einen Eindruck, der mich erschüttert hat. Ich meine, an den Leuten eine professionelle Deformation festzustellen, das heißt also, die versuchen noch gerade, den Betrieb aufrechtzuerhalten, daß ihnen das nicht über den Kopf wächst – ansonsten sich zu pflegen. Die jüngeren Kollegen, die hier schon länger an der Schule sind, die sprechen nur vom Bauen und von Steuererklärung, pädagogische Fragen werden also derartig gering behandelt, daß es erschreckend ist. Ich kenn das ja schon länger, aber jetzt bedrängt es mich, weil ich sehe /eh/ daß das meine Berufsmöglichkeit hinweg über Jahrzehnte ist. [...] Ich merke, daß die Anforderungen der Schule nicht an mir vorbeigehen, zum Beispiel bin ich in den Anforderungen in den Sozialwissenschaften wesentlich härter geworden, also in vielen Bereichen auch für den Schüler nicht mehr so ansprechbar bin wie vorher [...] Das tut mir sehr leid, daß sich das so entwickelt hat. Von daher kommen in der letzten Zeit Überlegungen: Du solltest doch jetzt, wo du's noch kannst, dir noch eine andere berufliche Ausgangsposition verschaffen /eh/ eine auch mit höherer sozialer Relevanz, das heißt /eh/ ich meine, daß das, was ich in der Schule mache, nur langfristig feed-back erfährt. Ich sehe, daß eigentlich die Schule für die Schüler ein Graus ist und in der Oberstufe ein derartig stark betontes Leistungssystem [...] daß die Schüler nicht anders als mürbe werden können – eh – eh – schulverdrossen. Die kommen nicht drumrum, schulverdrossen zu sein [Beleg durch eine Interaktionsgeschichte mit einer 13. Klasse] Das war für mich ein großer Schock, der mich auf eine Wirklichkeit hingeführt hat, die ich in meinem Kämmerlein ignoriert habe [lange hypothetische Ausführung zu einer beruflichen Alternative, die alle an dem Kriterium der »sozialen Relevanz« gemessen werden; gelegentlich schimmert auch das Bedürfnis nach einem verbesserten Sozialprestige durch].«

Politische Karriere

Von hier werden die zentralen Relevanzen des Probanden konstituiert. Der oben angeführte Beleg zum Interpretationspunkt sollte das bereits verdeutlicht haben. Im Zuge der Entwicklung der politischen Karriere erweist sich der Pbn als ein Mensch, der sein berufliches Handeln politisch reflektiert und dabei versucht, klug zu handeln.

»[nach gelungener Einführung eines umstrittenen Unterrichtswerkes] Es war ein politischer Konflikt, ohne daß das ganz klar ausgesprochen wurde, denn die Gymnasiallehrer haben ein sehr unterentwickeltes politisches Bewußtsein [wird belegt mit dem Hinweis, einziges GEW-Mitglied an der Schule zu sein], ehe die sowas als politischen Konflikt nehmen /eh/ da muß unheimlich viel passieren. Aber es war einer, und das war den meisten nicht bewußt, aber wir haben die Sache auf unsere Seite schlagen können, also für die Einführung des Buches [...] [positives Abstimmungsergebnis im Sinne des Pbn] Das war ein Hammer, insofern als die Schule, an der ich unterrichte, als letzte Bastion /eh/ der humanistischen Tradition in [Ort] gilt – und wenn unsere Kinder irgendwo noch den Geist des Abendlands mitbekommen, dann auf dieser Schule, wo der Schulleiter [Parteiamt] innehat, der Stellvertreter [Funktion in der gleichen Partei] und der dritte Mann [Funktion im berufsständischen Verband], also alles Persönlichkeiten, die dafür garantieren, daß alles so bleibt, wie es ist und unsere Kinder im richtigen Sinne erzogen werden – und an diesem Gymnasium diese katastrophale Abstimmung [...]«

Zur Realisierung politischer Intentionen in der Schule: »Das geht zu einem Teil [in der Oberstufe] [Abriß des Unterrichts in Sozialwissenschaften] Wenn die Schüler das mitmachen, die machen das im Augenblick mit großem Interesse mit, dann wird nach zweieinhalb Jahren bei dem Schüler ein Bewußtsein entstanden sein von den gesellschaftlich wirksamen Kräften in der Gesellschaft, das heißt von der Arbeitssituation, die sie alle bestimmt hat, ihre Erziehung bestimmt hat und von den Institutionen, die über die Arbeitssituation befinden. Das heißt also auf der einen Seite Gewerkschaften, auf der anderen Seite Unternehmerverbände, das heißt also Klassenauseinandersetzungen, die auf verschiedenen Ebenen geführt werden. Daß diese Auseinandersetzungen ihre eigene Erziehung geprägt haben. Ich hoffe, daß die Schüler über ein solches Bewußtsein ihrer Prägung, über die Ursachen und Kräfte, Einfluß nehmen können auf der richtigen Seite. Das mache ich niemals massiv, sondern immer nur, indem ich sage, welche Deformationen sich in der Sozialisation ereignet haben dadurch, daß bestimmte Kräfte jahrzehntelang am Ruder waren [...] Und ich kann nur hoffen, daß sich das umsetzen läßt in politische Praxis. Ich gehe allerdings nicht mehr hin [wie früher] und organisiere da in Form einer Schülergruppe oder dergleichen. Ich hab das früher mal gemacht [Erzählung] das sehe ich noch mehr so als Restbewegung der antiautoritären Schüler- und Studentenbewegung. /Eh/ Ziel war damals, die Jugendlichen überhaupt politisch zu organisieren, zu interessieren und zu informieren – ein Teil von denen ist in die SDA gegangen, ein Großteil ist zu den Jusos gegangen – und damit war für uns schon mal ein wesentliches Ziel erfüllt. Heute muß man mehr aufpassen. (I: Nachfrage) Ich wollte damit andeuten, daß damals die Euphorie doch sehr groß war, man könne über Schule Einfluß nehmen auf gesellschaftliche Entwicklung, auf Politik. Bei mir war die Euphorie jedenfalls sehr groß und bei meinen Kollegen. Die Euphorie ist verschwunden, sie ist einer realistischeren Einschätzung gewichen. Ich kann nur Informationen geben und versuchen, ein paar Praxismöglichkeiten aufzuzeigen, aber ich bin da auch sehr bescheiden geworden. Ich hab als Sozialwissenschaftler sehr wenig Möglichkeiten, da den Schülern etwas anzubieten [...] Ich traue mir nicht mehr zu, einen direkten Einfluß auf Kinder zu haben und daß ich ihr Verhalten verändere, über den einzelnen Schüler gesellschaftliches Bewußtsein zu verändern [...] Das hat etwas mit meinem Lehrerbewußtsein zu tun, von dem ich sagen muß, daß es sich im Augenblick in einer Art Krise befindet.«

Die breiten Erzählungen zu Vorgängen in der Gewerkschaft und zur eigenen Parteimitgliedschaft lassen ein distanziertes Verhältnis zur gegenwärtigen Organisationsstruktur politischer Gruppierungen erkennen.

(I: Sind sie aus der [X-] Partei ausgetreten?) Ich bin seit [Jahr] Mitglied der [X-] Partei und bin auch noch nicht ausgetreten /eh/ weil – ich hab mein zweites Staatsexamen und bin noch nicht Beamter auf Lebenszeit, und die Zahl der Berufsverbote nimmt ständig zu, und es sind nicht mehr nur Kommunisten, sondern es sind auch – eh – Parteilose, die sich aber kritisch verhalten haben. Da wird was gesucht [Details], das sind alles Dinge, die aus Anhörungsverfahren bekanntgeworden sind. Man muß also dafür garantieren, daß man sowohl in seinem Beruf als auch in seinem privaten Leben ständig für die fdGO, freiheitlich demokratische Grundordnung, eintritt [...] wenn da ein begründeter oder weniger begründeter Verdacht besteht, kann man rausfliegen, der nächste steht ja schon vor der Tür [...] Ich persönlich bin also sehr vorsichtig [...] (I: Parteimitgliedschaft Schutz?) Ja, die Überlegung der Prüfer geht dahin, wieviel Terror kann er machen, wenn er parteilos ist, nicht in der [Gewerkschaft], dann kann man sang- und klanglos abfliegen, aber wenn man dafür garantieren kann, einiges zu mobilisieren, dann nehmen die sich etwas in acht.«

3.4.2. Aus dem Leben eines homo religiosus

Die erzählte Lebensgeschichte darf nicht als chronologische Abfolge (möglichst) aller Erlebnisse eines Lebenszyklus verstanden werden, sondern ist Rekonstruktion aus der Jetzt-Perspektive: Gegenwärtige Wirklichkeit, gegenwärtige Selbstdefinition einer Person ist das entscheidende Selektionsinstrument; dadurch werden nicht nur die biographisch verortbaren Erlebnisse gefiltert, dadurch erhalten sie vielmehr ihre Wertigkeit, ihre Bedeutung im Wissensbestand der Person und in dessen Identitätsbildung in sozialer Interaktion (etwa im Interview). Der hier vorzustellende Proband versteht sich heute als homo religiosus, gehört der griechisch-orthodoxen Gemeinde an, ist außerdem Student (Englisch und Geschichte) und will Lehrer werden. Die berufliche Tätigkeit ist mit dem Kern des eigenen Selbstverständnisses kaum kompatibel, der angestrebte Beruf wird vielmehr als »Brotberuf« gedacht, der den Rahmen einer privaten religiösen Entfaltung in der Freizeit gewährleisten soll. Sein Lebensziel sieht er darin, eine orthodoxe Kommunität zu gründen, Frömmigkeitsformen zu praktizieren, die er gegenwärtig allenfalls privatistisch und isoliert realisieren kann. Zum Interview-Zeitpunkt schloß der Proband sein drittes Studium ab, er hatte bereits ein Studium der evangelischen Theologie und ein Studium der orthodoxen Theologie in Athen mit Examen absolviert; verständlicherweise war er nun des Studierens leid. In der Definition des gegenwärtigen Selbstverständnisses spielt darum die gegenwärtige Berufstätigkeit nur eine marginale Rolle, entscheidend ist vielmehr die Selbstdefinition des Konvertiten, des homo religiosus, Interpretationspunkt ist seine Konversionsgeschichte.

»Jetzt im Augenblick bin ich dabei, mein drittes Studium abzuschließen, erst evangelische, dann orthodoxe Theologie und jetzt Pädagogik, also Englisch und Geschichte, bin im sechsten Semester, das heißt, ich komm jetzt ins sechste Semester, hoffe, in zwei Jahren spätestens, ich versuch's schon in anderthalb Jahren ... und will also zunächst einmal als große Ausrichtung /eh/ das erste Examen zu machen, um dann Lehrer zu werden am Gymnasium. Ich hab diesen Beruf genommen, weil ich doch in meiner Freizeit sehr stark kirchlich engagiert sein möchte und erstens liegt mir also – ich hab gern mit jüngeren Menschen zu tun, ich hab auch während meines Theologiestudiums und im Vikariat ne Jugendarbeit nebenbei geführt ... und dann eben auch die Ferien, da kann man sich doch die Zeit schön einteilen und eh allerlei mögliche Sachen kirchlich unternehmen ... Was mir so etwas vorschwebt, daß man an einem Ort irgendwie ein geistliches Zentrum gründet, anfängt zu bilden. Eh/ das kann verschiedene Formen haben, es gibt einige Leute in unserer Kirche, die monastische Interessen haben und die Kontakte zu anderen Klöstern haben, mit drei, vier Leuten kann man schon ne Kommunität gründen, wenn die gut untereinander harmonieren, dann wirkt das ausstrahlend. Taizé hat ja auch so angefangen. Oder es kann auch ne andere Form sein, wie man's heute gerad unter den sozialistisch engagierten jungen Leuten sieht, die also ne Hausgemeinschaft bilden oder alle in einen Stadtteil ziehen, untereinander dann Kontakte pflegen und auch gemeinsam dann zusammenarbeiten. Sowas schwebt mir also auch vor. ... oder nehmen Sie auch ruhig die Kommunen, jetzt einfach mal unabhängig vom weltanschaulichen Vorzeichen, das ist ja auch, wenn man mal jetzt vom bürgerlichen Vorurteil abgeht, ist ja eigentlich mehr ne Arbeitsgemeinschaft, wenn das gut klappt, und ich könnte mir vorstellen, daß das ausstrahlt, wenn das grad von unten kommt. Es muß natürlich auch, würd' ich sagen, erst einmal familiär kommen [der Proband ist verheiratet]. Es gibt im Urchristentum auch solche Bewegungen, in Ägypten und auch die Leute, die aus Jerusalem nach /eh/ nach Pella ausgewandert sind ins Ostjordanland, das war sowas ähnliches, das waren Familien, die also zusammen an einem Ort sich getroffen haben und ihre

Überzeugung praktiziert haben. Wenn Orthodoxie irgendwas verdeutlichen will, das ist: Es geht nicht nur einfach durch den Vollzug der Liturgie. Das gehört mit auch dazu, aber das ist irgendwie zu wenig. Es gehört auch die Alltagsexistenz mit dazu. Das ist also in groben Worten gesagt, ein /eh/ so'n Art Lebensziel, was mir vorschwebt, und gerade weil ich die Möglichkeit sehe, mit Freunden, die also in dieselbe Richtung gehen und auch in diese Richtung etwas suchen, und weil mir das irgendwie auch notwendig erscheint, daß man es über das rein Liturgische hinaus menschlich konkret werden läßt.«

Dieses Lebensziel, diese geistliche Kommunität wird in kritischer Absetzung gegenüber volkskirchlichen Lebensformen gesehen: Engere Gemeinschaft und intensivere religiöse Praxis:

»... einfach Familie, die doch enger zusammen sind als unsere volkskirchlichen Gemeinden hier, da läuft häufig ja oft alles schnell wieder auseinander. Und, ja zu diesem Zusammenleben gehört natürlich auch ein gewisses gemeinsames geistliches Leben, also meinetwegen das Praktizieren der Fastenzeit. Das wäre auch ne Sache, die man gemeinsam viel leichter praktizieren kann, als wenn jede Familie das für sich macht. Denn also das Fasten der Orthodoxen ist doch etwas komplizierter und deswegen effektiver also das römisch-katholische Fasten ... Der Osten, die Orientalen praktizieren es so – und das sind auch die alten kanonischen Regelungen – /eh/ in der ganzen Fastenzeit keine Eiweiß-Produkte, also weder Milch, Ei, /eh/ Käse, kein Fleisch und kein Fisch, die drei Sachen fallen also flach, es bleiben also nur noch die mehr, die pflanzlichen Sachen und die Backwaren ohne Milch. Es müssen natürlich auch Mahlzeiten sein, die irgendwie sättigen. Aber das Interessante ist also bei dieser Art des Fastens, wenn man über eine längere Zeit diese Art des Fastens praktiziert, kann man nicht so aktiv arbeiten, wie sonst, sondern es geht alles einfach ein bißchen langsamer. Und dadurch automatisch stellt sich die Möglichkeit der Besinnung auf /eh/ gewisse Grundfragen des Lebens ein. Und /eh/ ich hab das also in Griechenland zweimal praktiziert ...«

In dieser Formulierung des Lebensziels, die Produktion einer geistlichen Kommunität, und in der Selbstdefinition als Konvertit sucht der Proband seine Identität zu gewinnen. Seine Konversion versteht er als »Entfaltung des christlichen Anliegens«. Von dieser Konversion her strukturiert sich für den Probanden seine gesamte Lebensgeschichte, sie ist auch das Selektionsprinzip zur Darstellung der frühen Kindheit und der religiösen Sozialisation:

Der Proband entstammt einer Mischehe, der Vater war Mediziner, die Mutter Hausfrau, zeitweise lebte der Proband in einer katholischen Klosterschule: »Dann erzählen also meine Eltern von mir, daß ich mich damals brennend für die bunte Ausschmückung der katholischen Kirche interessiert haben soll und Fronleichnam, da war ich also immer schwer auf den Beinen, um alles mitzukriegen, alle Altäre anzugucken, die so auf den

Straßen geschmückt wurden, das haben die also mit sehr viel Liebe damals gemacht. Ja, und dann auch in den Kirchen, das rote Licht, das hat mich beeindruckt und die Reliquien, /eh/ da waren so Glassärge mit Knochen drin, und die waren mit Perlen umwickelt. Ich erinnere mich auch noch, das hab ich mir also wiederholt auch genau angeguckt und also festgestellt, daß also gewisse Gebeine nicht zusammenpassen, daß da also Gebeinknochen verwechselt worden sind. Und mei'm Vater hab ich gesagt, ›Komm mal mit, das stimmt doch nicht‹ hat er's angeguckt, hat er gesagt: ›Der Kerl hat recht!‹ [gemeinsames Lachen]. Dann war es so, unsere Klasse war zu 90 Prozent katholisch, nur drei oder vier evangelisch. Ich bin dann immer mit den katholischen Kindern in die katholische Kirche gegangen, weil die als Klasse ne ganz bestimmte Bankreihe hatten. Und da haben se gesagt: [Name], du brauchst doch gar nicht hierher zu gehen, du bist doch evangelisch. Und da soll ich also geantwortet haben: ›Hier ist mehr Klimbim‹ [gemeinsames Lachen], dieses Schellen vor der Wandlung und irgendwie das Farbliche muß mich da angesprochen haben. Naja, vielleicht sind das die Urwurzeln meines liturgischen Interesses [lacht], ja und die evangelische Kirche hat auf mich einen etwas bedrückenden Eindruck gemacht.«
Auch die Mischehe, der der Proband entstammt, wird von ihm gesehen und interpretiert im Kontext seiner eigenen religiösen Entwicklung: »Meine Eltern waren – haben also beide eine Mischehe geführt – waren beide nicht sehr engagiert in der Kirche, also sind einmal in ein bis zwei Jahren in die Kirche gegangen, eben bei der Konfirmation und – mein Vater hatte irgendwie 'en Knacks bekommen in seiner Jugend durch eine allzu strenge katholische Erziehung /eh/ der wurde also sonntagsmorgens von meinem strengen Großvater zum Kirchgang verpflichtet und als gehorsamer Junge hat er's gemacht, hat sich aber gerade dann insgeheim geschworen: ›Also, sowie ich aus dem Haus bin, gehe ich nicht mehr in die Kirche‹ ... und meine Mutter hatte irgendwie von ihrer Jugend her /eh/ ne gute Erinnerung an Kirche, also ein Pfarrer muß ihr da irgendwie /eh/ sehr imponiert haben und gefallen haben, also als Seelsorger /eh/ aber auch sie war dann auch irgendwie nie feste bei 'ner Sache dabei. Sie war mal ne kurze Zeit in 'ner Jugendgruppe drin und das muß eine sehr pietistische Jugendgruppe gewesen sein. Von irgendeinem Erziehungsberechtigten [...] die wollten sie mit einem Missionar verheiraten und sie hatte für diesen Missionar nichts übrig und es war ihr dann alles irgendwie zu aufdringlich [...] hat einfach so einen konventionellen christlichen Standpunkt vertreten: Es gibt einen Gott und Gott liebt die Menschen [...] deswegen konnte sie auch ohne Schwierigkeiten meinen Vater heiraten, /eh/ obwohl also mein Großvater schwere Bedenken hatte gegen eine Mischehe ... das haben dann die beiden gegen meinen Großvater durchgesetzt. Ja, so war es also eine typisch liberale Mischehe und aus solchen Ehen gehen ja oft sehr konfessionell ausgerichtete Kinder hervor. Da wär ich ja vielleicht so'n Beispiel gewesen.«

Der Beginn der theologischen Auseinandersetzung um die Abendmahlsfrage, die auch später bei der Konversion eine wesentliche Rolle spielt, wird vom Probanden bereits in die Zeit des Konfirmanden-Unterrichts zurückdatiert und lokalisiert und an folgender Begebenheit verdeutlicht:

»Und dann kam die Konfirmation. Und da fing das auch schon irgendwie an /eh/ mit dem Abendmahl /eh/ mir war an sich klar, was das Abendmahl ist, wir haben nach dem Kleinen Lutherischen Katechismus da gelernt, das war für mich kein Problem /eh/ aber ich hab einfach nicht verstanden, warum, warum die Kreuzigung und diese Sachen. Ich hab mir gedacht, wenn man das nicht versteht, kann man nicht zum Abendmahl gehen. Und da kam also der Pfarrer auch extra mal her zu uns in die Wohnung und hat mir das noch mal erklärt, was das ist und so, was das bedeutet. Und es ist an sich wahnsinnig schwierig, sich klarzumachen gerade den Opfertod, gerad nach heutigen Begriffen, wo man keine Opfer mehr bringt im Sinne des Alten Testaments und so.«

Die gesamte Adoleszenzkrise ist für den Probanden mit religiös motivierenden Ereignissen durchsetzt: Er schließt sich einer kirchlichen Jugendgruppe an, nimmt an kirchlichen Freizeiten und an »guten Bibelarbeiten, die einen persönlich erreichten« teil, wird Kindergottesdiensthelfer und bläst im Posaunenchor. In der Schule gründet er sogar einen Schüler-Missionsbund:

»Dann haben wir in der Schule einen Missionsbund gegründet, das heißt, Freunde – einer Missionsgesellschaft, das heißt, wir haben unter Schülern geworben und haben damals für die [X-]Missionsgesellschaft Geld gesammelt mit'nem regelmäßigen monatlichen Beitrag und haben uns auch verpflichtet, daß wir regelmäßig für die Mission beten. Und dann haben wir en Gebet hektografiert und es ausgeteilt. Dann sind wir also soweit gegangen und haben also auch Filialen gegründet auf dem Real-Gymnasium für Mädchen in der Nachbarschaft in der Stadt und dann in einer Volkshochschule außerhalb von [Ort], da haben wir also auch Mädchen kennengelernt, die haben wir auch angesprochen, die haben da auch en Kreis gehabt und dann sind wir sogar nach [Großstadt] gezogen in die [X-]Schule und haben dort auch einen Eichenkreuzler auf dem Schulhof getroffen, die erkennt man ja an diesem Eichenkreuz, was die haben, und der hatte auch sowas dann aufgezogen auf seiner Schule. Und das war unsere praktische Arbeit. Und nebenbei lief also eine theologische Arbeit /eh/ wir haben uns also mit verschiedenen Thesen, Aussagen unseres Religionslehrers, der also ein sehr jugendbewegter Mann war, aber also verschiedene Ansichten so von Bultmann und Harnack undsoweiter in unseren Religionsunterricht brachte und da haben wir opponiert... da hab ich also nochmal meine Fragen wiederholt und die bezogen sich alle wieder auf Taufe und Abendmahl. Damals war das schon klar: Ich vertrat einen lutherischen Standpunkt.«

Dieses religiöse Engagement wird von einem engen Freund des Probanden geteilt: »(Mein Freund) mußte die Schule verlassen wegen theologischen Überengagements, der hat die Klassenziele nicht geschafft. Und dann später ging der nach den USA, der hat also hier in Deutschland keine Möglichkeiten mehr gehabt, sein Abitur zu machen, weil er zweimal in der Oberstufe durchgefallen ist. Und ich hab dann das Theologiestudium angefangen, und dann etwickelte sich das zwischen ihm und mir durch diesen Zeitraum auseinander und später trafen wir uns dann wieder [...]der war also in Amerika auf zwei lutherischen Colleges [...] er trat dann plötzlich in ein römisch-katholisches Kloster ein, ist dann aber wieder rausgegangen, hat dann geheiratet und hatte dann den Kontakt zur orthodoxen Kirche [...] hat dann als Lagerverwalter in 'nem Whiskylager gearbeitet«.

Seit der Unterprima stand für den Probanden der Entschluß fest, Theologie zu studieren, auch gegen den Willen seiner Eltern. Auch während dieses Studiums organisiert er religiöse Gruppierungen, er ist Mitbegründer einer evangelisch-lutherischen Gebetsgemeinschaft.

Der entscheidende Wendepunkt im Leben dieses Probanden ist zweifellos die Konversion, sie ist Kristallisationspunkt auch im Identitätsbildungsprozeß des Probanden. Die Reproduktion dieser Konversionserzählung beinhaltet alle wesentlichen Merkmale einer klassischen Konversionserzählung: Krisensituation, unterschiedliche Klärungsversuche, Auseinandersetzungen, dramatische Entscheidungssituation und nach der Konversion schließlich die langwierige Neuorientierung (wobei, wie üblich, zwischen der innerlichen Entscheidung und der faktischen Konversion ein erheblicher Zeitraum liegt); Vermittlung über eine bedeutsame Bezugsperson (significant other), in diesem Fall der bereits erwähnte Schulfreund:

»Und dann trat also eine ganz seltsame Sache ein: Ein Freund von mir [s. o.], mit dem ich also von der Oberstufe auf der Schule an /eh/ theologischen Kontakt hatte – wir haben also uns immer mehr theologisch als menschlich verstanden – der hat mich also von Anfang an irgendwie theologisch geprägt. Durch ihn war ich überhaupt auch auf die Frage gekommen: Was ist evangelisch? also die konfessionelle Fragestellung ... dann auch die Frage nach dem Gottesdienst, ... was ist Abendmahl, das war also ein theologisches Problem, was mich von allem Anfang an bewegt hat, /eh/ gerad das Abendmahl, das war also mein erstes großes theologisches Problem [...] Dann kam also dieser Freund plötzlich – der war sieben Jahre in den USA und hatte dort also Kontakt mit der Orthodoxie – der kam also zurück und wir haben uns getroffen. Wir hatten uns etwas entfremdet, weil unser Briefkontakt abgebrochen war, und also unsere ersten theologischen Gespräche kamen also auf lutherische Theologie und Situation der lutherischen Kirche in Deutschland, das war etwa 1964/65, und da merkte ich plötzlich: Auf meine Vorstellungen, eben das landläufige, was man als Lutheraner sagt zu Kirche und konfessionellen Fragen, da hat er irgendwie gar nicht reagiert, hat gesagt: ›Ach, das hilft mir alles nicht, was du da sagst.‹ Ich hab bloß gemerkt, wir haben nicht mehr übereingestimmt so wie früher [...] Na, und da kam er plötzlich und sagte: ›Du, wie wär's, wenn wir mit meinem Auto mal bei den alten Freunden vorbeifahren, die besuchen‹, das betraf also alles nur lutherische Pfarrer und Theologen, ›und mit denen mal sprechen‹ [...] Und nun ist also folgendes interessant: Auf dieser Fahrt [Wegbeschreibung durch die Bundesrepublik], da ist mir also bei den Diskussionen folgendes aufgefallen: [...] Da hab ich gemerkt, wenn er Fragen gestellt hat, das betraf alles immer wieder die ekklesiologischen Fragen, /eh/ daß also auf bestimmte Fragen unsere gemeinsamen lutherischen Freunde da sehr unsicher oder, wie soll man sagen, waren, unklare Antworten gegeben haben [...] Nun war es so, immer, wenn wir zum nächsten gefahren sind im Auto, im Auto selbst haben wir die ganze Fahrt über diskutiert über die Sachen ... Und in einer Nacht, da ging mir plötzlich also eine Sache auf: Das war also auch so'n theologisches Buch, was die evangelische Kirche kritisch beleuchtet (der Proband liest dieses Buch während der Fahrt), da hab ich plötzlich auf zehn Seiten verstanden, was der Mann meinte mit seiner kritischen Betrachtung der ekklesiologischen Struktur des gesamten Protestantismus. Und da wurde mir klar, was mein Freund von den anderen wollte, und warum da so unklare Antworten kamen. Und da hab ich plötzlich meinen Freund verstanden. Auf dieser Fahrt ereignete sich also so plötzlich ein theologischer Knacks bei mir, daß ich mir sagte: ›Da ist ja auch was unklar, wenn man sich auf die Heilige Schrift beruft, als die Basis, wenn das so klar ist, wie das ja auch Luther in ›De servo arbitrio‹ sagt, daß die Schrift in sich selbst klar ist, dann müßten ja alle evangelischen Theologen dasselbe sagen. Aber sie interpretieren es ja doch recht unterschiedlich. Und wenn der eine Pfarrer so sagt und der andere so, wer klärt nun, welcher Pfarrer recht hat? Oder welcher Theologe‹ [...] Und an dieser Frage ist also bei mir irgendwie der Bruch gekommen, nicht nur allgemein zum Protestantismus, sondern auch speziell zum Luthertum, weil das Luthertum letztenendes da ja auch nichts mehr sagt [...] Das zog sich dann so über anderthalb Jahre hin, diese Diskussion [...] Und dann passierte also eine mir unvergeßliche Sache: Wir sind nach [Großstadt] gefahren zu jenem Pastor in der Freikirche, der also auch besonders als Seelsorger en guten Ruf hat und so als Pneumatiker in der Seelsorge, und der saß also nun auf seiner Studierstube, saßen wir zu dritt. Der muß in seiner Jugendzeit nen ähnlichen Kampf durchgemacht haben. Und da sagte er: ›Also, wenn ihr das und das theologisch vertretet, habt ihr keinen Platz in der lutherischen Freikirche. In der lutherischen Landeskirche wird man euch vielleicht akzeptieren ... aber soweit ich euch kenne, würde euch das nicht zufriedenstellen. Und von daher, so, wie ich euch sehe, kann ich eigentlich nur sagen, dann müßt ihr konvertieren.‹ Das war also auch so schön in diesem Gespräch, daß er in keiner Weise pro domo geredet hatte, sondern daß er sich ganz in uns hineinversetzte und auch gemerkt hat, wo uns /eh/ was uns auf den Nägeln brennt ... das empfanden wir auch als menschlich so groß [...] [mein Freund] brach sein evangelisches Theologiestudium ab und ging direkt nach Bukarest und machte dort sein orthodoxes Theologiestudium. Die Entscheidung ist bei mir also gefallen kurz nach dieser großen Fahrt ... hab das dann aber erst zwei Jahre später konkretisiert, weil ich erst das Studium fertig gemacht habe und dann das Vikariat.«

Der Prozeß der Identitätsbildung vollzieht sich bei diesem Probanden ausschließlich auf der religiösen Ebene, die berufliche Ebene wird als nebensächlich, uneigentlich und unbedeutend gewertet, lediglich als Broterwerb; die politische Dimension ist während der gesamten bisherigen Lebensgeschichte ausgeblendet. Nach Abschluß seines orthodoxen Theologiestudiums und vor Abschluß des Pädagogik-Studiums, also zum Interview Zeitpunkt, ist eine Durchdringung von orthodoxer Frömmigkeit und konkreter alltäglicher Lebenspraxis nicht gelungen, der Proband fährt zweimal monatlich zu orthodoxen Gottesdiensten in eine zwei Autostunden entfernte Großstadt. Eine Vermittlung seiner orthodoxen Lebenspraxis ist selbst im privaten Familienbereich nicht gelungen; so ist seine Frau trotz anfänglicher Konversionsneigungen evangelisch geblieben. Der Alltag des Probanden wird faktisch bestimmt nicht durch orthodoxe Religiosität, sondern durch Ehe und Studium, jedoch sind beide Bereiche für ihn von bemerkenswert geringer Relevanz.

4. Typen sozialer Identität Analyse der Gruppengespräche*

Die theoretischen Überlegungen zu den Einzel- und Gruppengesprächen haben sowohl die Übereinstimmung als auch die Unterschiede zwischen beiden Erhebungsinstrumenten deutlich gemacht. In diesem Kapitel wollen wir versuchen, die aufgrund dieser Überlegungen postulierte Typenbildung nachzuzeichnen, die wir als ein wesentliches Merkmal der Gruppengespräche herausgestellt haben. Obwohl diese Beschreibung an einzelnen Individuen und deren biographischen Erlebnissen orientiert ist, soll sie doch versuchen, etwas Typisches, also Überindividuelles sichtbar werden zu lassen. M.a.W. Ohne daß wir hier eine wie auch immer konstruierte Repräsentativität behaupten können, halten wir die zu schildernden Typen für einen Ausdruck von *sozialer Identität*, in denen gemeinsame Erfahrungen als gemeinsam bedeutsam für die gegenwärtige Selbstdefinition ver- und gleichzeitig entschlüsselt werden.

Wie im vorigen Kapitel werden auch hier ausführliche Textpassagen aus den Gesprächen selbst den verstehenden Ansatz unserer Analyse unterstreichen.

Doch bevor wir in die Einzeldarstellung eintreten, müssen noch einige Vorbemerkungen zu Vorbereitung, Durchführung und Auswertung der Gruppengespräche hinzugefügt werden.

4.1. Zur Durchführung und Auswertung der Gruppengespräche

Auf Anfrage im Oktober 1974 erklärten 95 der 554 von uns angeschriebenen ehemaligen evangelischen Theologen ihre Bereitschaft, an einem Gruppengespräch teilzunehmen. Eine Systematisierung der eingegangenen Gesprächsmeldungen nach regionaler Häufung ergab vier geographische Zentren. Unter Berücksichtigung zumutbarer Anreisewege und zur Gewährleistung möglichst homogener Gruppenzusammensetzungen wurden insgesamt 46 Personen ausgewählt und nach Göttingen, Berlin, Münster und Heidelberg eingeladen.

Zu den Gesprächen, die in der Zeit vom 1. Februar bis 8. März 1975 stattfanden, erschienen 21 ehemalige evangelische Theologen.

---

* Wolfgang Marhold/Hartmut Przybylski

Als Anreiz zur Diskussion, zur Strukturierung und zur Ermöglichung eines gewissen Maßes an Vergleichbarkeit diente jedesmal ein Stimulus. Wir konstruierten dazu den Brief eines ehemaligen Theologen, der drei verschiedene Problemfelder der beruflichen Umorientierung ansprach:

1. Die Reaktionen der Umwelt auf den Berufswechsel
2. aus Studien- und Berufserfahrung resultierende Gründe für den Berufswechsel
3. die eigene Bewertung des Berufswechsels

Dieser Brief hat folgenden Wortlaut:

Sehr geehrter Herr Dr. Marhold!

Vor einiger Zeit hatte ich das eher zweifelhafte Vergnügen, Ihren unverschämt dicken Fragebogen auszufüllen. Obwohl Sie offenbar versucht haben, die Umstände, die mit der Trennung von der Theologie und einem kirchlichen Beruf verbunden sind, sehr differenziert abzufragen, muß ich hier doch einmal meine Kritik anmelden. Ich fürchte, daß Sie alles über einen Leisten schlagen werden. Ein Fragebogen dieser Machart kann niemals die Fülle der individuellen Erfahrungen erfassen. Nehmen Sie z. B. meinen Fall!

Mein Berufswechsel hat eine für mich völlig unerwartete Reaktion meiner Umwelt und z. Teil auch der kirchlichen Oberen hervorgerufen. Nun ist es ja immer schon als negativ bewertet worden, wenn man sein ursprüngliches Ziel aufgibt und ein anderes anstrebt. Aber die massive Art, wie man mich als Versager hinstellte, hat mich doch sehr betroffen. Immer wieder spürte ich, daß dieser Schritt mir als fehlendes Durchstehvermögen und Fahnenflucht angekreidet wurde. Ein ehemaliger Freund, der dann aber seine Freundschaft abrupt abbrach, bescheinigte mir sogar Ichschwäche und falsches Angepaßtsein an modische Zeitströmungen. Damals war ja gerade die Protestwelle im Rollen, und ich geriet in den Verdacht, bloßer Mitläufer zu sein. Auch die Reaktion der kirchlichen Seite war alles andere als freundlich. Unser Gemeindepfarrer, zu dem ich ein zwar lockeres, aber doch recht freundschaftliches Verhältnis hatte, kramte plötzlich seine gesamten Ressentiments gegen Kirchen- und Religionskritiker heraus. Mein Verhältnis zur Kirche sei nie entschieden genug gewesen. Dabei stand ich eine zeitlang intensiv in der kirchlichen Jugendarbeit. Er verstieg sich sogar zu der Behauptung, ich sei bloß ein Scheinchrist gewesen und würde mit meinem Schritt beweisen, daß ich im Grunde ungläubig sei.

Dabei versuchte ich in unzähligen Gesprächen und Diskussionen immer wieder, meine Hauptgründe darzulegen. Der Massenbetrieb an der Universität und die unpersönliche Atmosphäre, die nicht nur unter den Studenten, sondern auch zwischen Studenten und Professoren herrschte, haben mich von Anfang an frustriert. Dazu die Schwierigkeit mit den alten Sprachen! Ich konnte eigentlich nie recht einsehen, warum man sich mit diesem toten Wissen herumplagen soll. Ich hatte sowieso etwas ganz anderes unter Theologie verstanden, nicht jedenfalls diese trockene Faktenhuberei und

das permanente Rumkramen in der Kirchengeschichte. Ich wollte eigene Glaubensprobleme bearbeiten lernen. Ich versprach mir eine praxisnahe Berufsausbildung, nicht aber trockene Wissenschaft, bei der man noch zusätzlich ihren Wissenschaftscharakter bezweifeln kann.
Außerdem erschien mir die Aussicht, als Gemeindepfarrer irgendwo so langsam aber sicher sich aufreiben zu lassen, auch nicht gerade als erstrebenswert. Mir wurde immer klarer, daß die Pfarrer an vielen Fronten kämpfen müssen, daß sie es mit Konservativen, Evangelikalen, Linken, Entkirchlichten und natürlich der Kirchenleitung zu tun haben, und daß ihr Ansehen immer mehr sinkt. Ein Privatleben haben sie sowieso nicht. Ich konnte aus nächster Nähe beobachten, wie ein sehr sympathischer Pfarrer völlig frustriert wurde, obwohl er sich 100%ig für seine Arbeit einsetzte. Schließlich saß er zwischen allen Stühlen und keiner dankte ihm seine Bemühungen. Sogar das Landeskirchenamt hackte noch auf ihm herum, als er wegen einer etwas progressiven Predigt von seinem Presbyterium angegriffen wurde. Für mich waren das jedenfalls Gründe genug, mir einen anderen Beruf zu suchen.
Ihr Fragebogen hat mich natürlich auch dazu angeregt – und das ist vielleicht das beste an ihm –, mir im nachherein nochmals über diesen Schritt, der doch für mich sehr bedeutungsvoll war, Klarheit zu verschaffen. Wenn ich von heute zurückblicke, dann möchte ich diese Zeit trotz der geschilderten Erfahrungen eigentlich recht positiv bewerten. Sie war für mich eine Durchgangsphase, die mir geholfen hat, nicht nur freier, sondern irgendwie auch selbstbewußter und zielsicherer zu werden. Glücklicherweise hatte ich damals auch Freunde, die in dieser Krisensituation zu mir gehalten haben. Mit ihnen habe ich damals sehr engen Kontakt gehabt. Sie bestärkten mich und machten mir Mut, als ich die großen Widerstände meiner Familie und der kirchlichen Kreise zu überwinden hatte. Ich bin nachträglich sehr froh darüber, daß ich diese Entscheidung im Gespräch mit anderen und nicht im einsamen Kämmerlein getroffen habe.
Insgesamt habe ich dadurch eine Menge gelernt. Auch mein Verhältnis zum Christentum hat sich eigentlich eher positiv als negativ entwickelt. Ich bin zwar kein Kirchenläufer geworden, der ich übrigens nie war, aber sehe doch einige Züge am Christentum und an der Kirche mit anderen Augen an als vorher. Jedenfalls bin ich trotz meiner kritischen Haltung kein »Religionsverächter« geworden, wie man es mir damals voraussagte.
Ich schreibe Ihnen das alles, sehr geehrter Herr Dr. Marhold, damit Sie meine Kritik an Ihrem Fragebogen verstehen. Im übrigen wünsche ich Ihnen guten Erfolg und bin gespannt, was sie alles herausbekommen werden.

Mit freundlichen Grüßen

X. Y.

Die Gespräche wurden von zwei Mitarbeitern der Forschergruppe, W. Marhold und H. Przybylski, wobei durchgängig der eine als Gesprächsleiter und der andere als Beobachter fungierte, nach folgendem, vorher festgelegten Schema durchgeführt:

- informelle Eingangsphase (z. T. Begrüßung)
- Begrüßung
- erste Runde zum gemeinsamen Kennenlernen
- Verlesung des 1. Teiles des Stimulus und Gruppendiskussion
- Verlesung des 2. Teiles des Stimulus und Gruppendiskussion
- Verlesung des 3. Teiles des Stimulus und Gruppendiskussion
- Feed back des gesamten Gesprächs.

Alle Gespräche wurden mit Wissen und ausdrücklicher Billigung der Teilnehmer auf Tonträger mitgeschnitten. Während das Göttinger Gespräch aufgrund seiner wenigen Teilnehmer als Pretest geführt und entsprechend knapp ausgewertet wurde, wurden die drei übrigen Gespräche mit einer Dauer von drei bis vier Stunden wörtlich transkribiert.

Die Auswertung durchlief eine analytische und eine rekonstruktive Phase: Zunächst wurde das Gesamtmaterial unter folgenden vier Hauptkategorien analysiert:

1. berufliche Umorientierung
2. Studien- und Berufserfahrung
3. Sozialisation
4. gegenwärtiges Selbstverständnis (personale und soziale Identität).

Die in 4.2. folgende Typenbeschreibung ist Ergebnis der rekonstruktiven Auswertungsphase.

4.2. Typen

4.2.1. Typ A: Der Theologe außerhalb der Kirche

A wird nach langjähriger pfarramtlicher Tätigkeit wegen einer Ehegeschichte gegen seinen erklärten Willen aus dem kirchlichen Dienst entlassen. Er arbeitet dann, nach einem Einweisungsjahr, als Leiter einer Berufsberatung. Zum Zeitpunkt des Gesprächs scheint eine Wiedereinstellung in den kirchlichen Dienst möglich, da sich A's persönlichen Verhältnisse inzwischen geklärt haben. Von seiner Entlassung bis heute hat A sich immer als Theologe verstanden:

»Egal, was ich mache, wenn ich da jetzt die Rolle eines Verwaltungsoberrates ausfüllen muß, bleibe ich Theologe ... als ich meine Entlassung damals beantragte, habe ich gleichzeitig beantragt, Belassung der Rechte des geistlichen Standes und des Rechtes zum Führen des Titels ›Pfarrer a. D.‹, wobei ich den wahrscheinlich nie verwendet hätte. Aber es ging mir darum, denen zu demonstrieren, wenn ihr mich hier auch raussetzt, ist für mich die Sache nicht abgeschlossen. Ich hab's mal so salopp formuliert: Mit meinem obersten Dienstherren ist alles in Ordnung, aber ich hatte Schwierigkeiten mit der Mittelinstanz.«

A will, daß auch die Gesprächsgruppe ihn als Theologen identifiziert und akzeptiert. Er versucht dies, indem er an Beispielen demonstriert, daß auch signifikante andere, ja sogar wildfremde Leute ihn ohne weiteres als Theologen erkennen und anerkennen:

»Mein Freundenkreis, das ist vielleicht ja auch bezeichnend, der engere Freundeskreis, das sind vier Theologen, die haben meine Entscheidung im Privatleben gebilligt und haben daher die Notwendigkeit, irgendwo anders einzusteigen, einfach gesehen. Sie sind aber im Grunde alle eigentlich der Meinung, jetzt, wo es denn wieder geht, wäre ich in der Kirche am richtigen Platze und sollte wieder hin ... Und das war auch verblüffend: Ich wurde auf eine Dienstreise nach England geschickt, Studienreise zum Kennenlernen des englischen Ausbildungswesens, Unterbringung in Familien. Diese Familie hatte zwei Knaben im Chor der Kathedrale von Coventry. Da gab es einen Abend für die Choreltern, und ich wurde mitgenommen. Freund aus Germany. Und da sagte der zweite Mensch da nach dem Probst, nachdem er mich angeguckt hatte: So wie Sie aussehen, müßten Sie eigentlich den Kragen hinten zumachen.«

Vor der Gruppe dokumentiert A konsequenterweise ein positives Verhältnis zu seiner früheren Tätigkeit. Durch den Gesprächsgang in der Gruppe sieht er sich jedoch veranlaßt, einiges auch kritisch zu reflektieren:

»..., daß ich im Jugendpfarramt gern war und der Meinung war, daß man mit einem ganz speziellen Personenkreis etwas an Hilfestellung leisten konnte, was sich auch darin zeigte, daß die Jugendlichen zur Kirchenleitung ziehen wollten, als man mich beurlaubt hatte, und Rabbatz machen wollten. Aber ich sagte, laßt es. Dort war ich gern ...Ich habe gern gepredigt, aber die Frage war eigentlich immer, was kommt denn dabei heraus und was bewirkt es. Ich habe mal, das war in der Zeit als Jugendpfarrer, wo ich viel zur Vertretung gebeten wurde, in einer traditionellen Gemeinde gepredigt. Stichwort kann man sagen: wider das Mißverständis des Gebotes ›Du sollst nicht stehlen‹ als Stabilisierung spätkapitalistischer Besitzerverhältnisse. Und ich war nun äußerst gespannt, was der Kollege, wenn er aus seinem Urlaub zurück ist, aus seiner Gemeinde hört. Nichts. Das ist die eigentliche Frustration. Ich habe nie zwischen irgendwelchen Stühlen gesessen, sondern saß behaglich in meinem Pfarrsessel. Als ich in die Gemeinde kam, waren die CDU und die SPD der Meinung, ich sei ihr Anhänger.

Als ich ging, waren beiden der Meinung, ich sei ihr Gegener. Ich habe eben das als Schwierigkeit empfunden, daß es so schwierig war, sich zwischen die Stühle zu setzen.«

Während der theologischen Ausbildung erworbene Kompetenzen und Fertigkeiten sind auch in der neuen Tätigkeit von Nutzen. A macht der Gruppe klar, daß sein neues Berufsfeld strukturell dem kirchlichen ähnlich ist, ja daß hier sogar mehr an theologischer Arbeit geleistet werden kann als im Pfarramt.

»Wo ich jetzt bin, da muß ich also mit Erstaunen feststellen, daß die Verwaltung auch Spaß machen kann. Als ich mein erstes Vikarsjahr hinter mir hatte, schrieb der Vikarsvater in seinem Bericht: Besondere Freude machte Vikar A die Arbeit auf dem Gebiet der Verwaltung. Ich war damals stinksauer und empfand es als Beleidigung. Ich mußte nun feststellen, daß man tatsächlich auch etwas vernünftiges draus machen kann. Und es konzentriert sich für mich eben auf die Frage, wo kann ich das, was ich damals gelernt habe, jetzt am sinnvollsten einsetzen ... Ich habe also acht Berufsberater als Mitarbeiter und innerdienstlich als Untergebene und bin insofern nicht mehr direkt am Menschen dran. Nur indirekt, wenn Schwierigkeiten sind, suchen sie einen Gesprächspartner und erwarten keine Rezepte von mir, sondern daß man im Gespräch vielleicht weiter kommt. Aber indem ich hier für diese Leute die Arbeit organisieren kann, ihnen soweit wie möglich von der Verwaltungsseite her den Rücken freihalte für das, was sie zu tun haben, glaube ich, daß ich hier einen effizienten Beitrag leisten kann. Ich hab, vor zwei Jahren war das wohl, schon einmal gesagt, was hier im Alltag des Berufsberatungszimmers passiert, ist mehr an Seelsorge als das, was im Alltag des normalen Gemeindepfarrers passiert. Seelsorge hier natürlich ein bißchen weiter gefaßt. Und im übrigen fühle ich mich durchaus in derselben Struktur.

Früher ist man aufgetreten und bekam Prügel für die Kirche und im Moment beziehe ich, wenn ich vom Arbeitsamt in die Öffentlichkeit geschickt werde, Prügel für das Arbeitsamt ... Diese sonntäglichen Predigten vor einer mehr oder weniger anonymen Masse, diese punktuelle Kommunikation ist ziemlich illusorisch. Da ist zuviel verfestigt. Deshalb habe ich nachgerade immer mehr von diesen nichtgemeindlichen Pfarrämtern gehalten, in denen man einen bestimmten Personenkreis, der soziologisch vielleicht gleich gelagert ist, als Gegenüber hat. Ich könnte mir also eher vorstellen, jetzt meinen Leuten im Arbeitsamt etwas zu sagen als einer anonymen Masse.«

Trotz positiver Bewertung seiner gegenwärtigen Tätigkeit macht A aber auch Defiziterfahrungen, die er der Gruppe mitteilt. Die Folie, an der gemessen wird, ist jetzt wieder das Pfarramt:
»Einen Beitrag leisten, sagen wir es ganz banal, daß Menschen geholfen wird. Dazu kann ich organisatorisch jetzt beitragen. Im Blick auf weitergehende Veränderungen ist natürlich innerhalb einer solchen Organisation wenig drin. Das unterscheidet ja das Dasein, eingebunden in eine solche staatliche Hierarchie, von der kirchlichen Hierarchie. Denn ich muß also aus meiner Erfahrung doch sagen, daß man da eine weitgehende Narrenfreiheit hatte, in dem, was man sagt und tut, und zwar in einem Maße, wie es wohl in keinem anderen Beruf möglich ist. Wenn ich hier in der Öffentlichkeit auftrete, dann muß ich im Kopf haben, wie die Linie des Hauses ist, und da ist nicht so sehr zu sagen, was der A jetzt meint, sondern mit einer persönlichen Akzentuierung zunächst einmal die Linie der Anstalt. Das war also etwas, was mir nicht ganz leicht gefallen ist, denn wenn ich früher aufgetreten bin, da habe ich gesagt, was ich meine, egal zu welchem Thema.«
Anhand der Gesprächsauszüge wird deutlich: A präsentiert sich der Gruppe über die erzwungene Aufgabe seiner theologischen Berufslaufbahn hinaus als Theologe. Seine personale und soziale Identität haben hierhin ihr festes Fundament. In Arbeit und Interaktion bleibt A mit sich als Theologe identisch. Nicht zu verkennen ist allerdings, welche Anstrengungen, Interpretationen und Rechtfertigungen es kostet, vom Selbstverständnis und Beruf her Theologe zu sein und doch nicht in der Kirche arbeiten zu können.

4.2.2. Typ B: Der wahre Christ außerhalb der Kirche

B stammt aus dem Umfeld einer Freikirche, wo er das »Gemeindeleben als Form eines wirklich gruppenmäßigen Zusammenlebens und auch der Bewältigung der Lebens- und religiösen Fragen« erlebt und schätzen gelernt hat. Je prägender allerdings und normierender die frühkindliche religiöse Sozialisation empfunden wird, desto heftiger und bewußter geschieht die Emanzipation aus diesen Vorstellungshülsen, sofern überhaupt eine kritische Ablösungsphase durchlaufen wird.
»Bei mir ist die kritische Orientierung eigentlich daraus erwachsen, daß ich auch über meine familiäre Situation von der Herkunftsfamilie mehr und mehr nachgedacht habe, nachdem ich mal draußen war, und ich habe schon nach dem Abitur mich so'n bißchen auf den Weg des verlorenen Sohnes begeben dadurch, daß ich

aus diesem heimatlichen Milieu ziemlich sprunghaft aussteigen wollte mittels Eintritt in die Bundeswehr, also als Wehrdienstableistender, um einfach mal die Welt vom anderen Ende her kennenzulernen ... und habe dann aber eigentlich meine Erkenntnisse auf diesem Weg des verlorenen Sohnes gewissermaßen gesammelt. Ich habe dann bei der Bundeswehr festgestellt, daß ich nicht Soldat sein will, weil ich nicht mit einem Gewehr auf andere Menschen losgehen will und schießen will und habe dann den Wehrdienst verweigert, was wieder ganz anders war, als wie das eigentlich meine familiäre Situation für mich vorgezeichnet hat ... Vorgezeichnet war also der Weg des Geistlichen und der Weg des Staatsbürgers, der treu seine Pflicht tut, und da hab' ich mich davon abgesetzt und dann war wohl, weil also in meiner Familie die Mutter einfach 'ne sehr beherrschende Figur darstellte, immer noch 'ne Möglichkeit für mich, die Verbindung mit der Mutter, die inzwischen von der familiären Situation gelöst war, noch irgendwie zu halten, gewissermaßen, indem ich mich der Mutter Kirche eingliederte und dort auch aktiv wurde. Und als ich dann so mein schlechtes Gewissen abgeladen hatte, da begegnete mir ein Wort von Hermann Hesse, das ich irgendwie auch ein bißchen als ein Schlüsselwort empfunden habe, der sagt: ›Ein Faustschlag in das Gesicht der Pietät gehört zu den Taten, ohne die man nicht von der Schürze der Mutter loskommt.‹ Und das war also auch durchaus der Impetus in dem, was ich da als Absetzbewegung machen wollte, daß ich auch einen Faustschlag ins Gesicht der Pietät vollführen wollte, von der Schürze der Mutter loskommen und mich wirklich auf meine eigenen Beine stellen.«

Der Schritt in die Landeskirche, also Theologiestudium, erstes und zweites theologisches Examen, wird als bewußter Kontrast zur Herkunftsituation gewertet. Jedoch erlebt er diese Kirche als eine Großorganisation, in der er sein Christsein nicht verwirklichen kann.

»Ich habe in meiner Vikarszeit und während des Studiums Vorstellungen von dem, was alles möglich wäre an Kirchenreform, und daß ich ein ganz anderer Pfarrer würde als ich es bisher erlebt habe, ziemlich strikt durchgehalten bis auch noch, bis zum 2. Examen, mich dann praktisch in die volkskirchliche Wirklichkeit, wie sie schlimmer nicht sein kann, ungefähr hineingestürzt und das kennengelernt, gemerkt, was nun von dem, was ich mir mal vorgestellt habe, eigentlich drin ist oder wofür da Offenheit besteht, nämlich eigentlich für gar nix, sondern daß das fortgeführt werden sollte, die kirchliche Arbeit, wie es immer war und wie es bisher war ... und da kam ich eigentlich überhaupt nicht dazwischen, konnte mich aber auch zu wenig dagegen wehren und jetzt irgendwie meine Vorstellungen durchsetzen, so daß sich dann ziemlich viel in mir angestaut hatte; dann überlegt hab', daß das 'ne Quälerei wird, und ich das so nicht weitermachen kann. Dann hab' ich eigentlich so in einer Art Abdankungspredigt alles, was sich da in mir angehäuft hatte, mal losgelassen, und das ging also über den Text: ›Ich schäme mich des Evangeliums nicht‹. Und da habe ich gesagt, ›Ich schäme mich!‹ Und habe dann auch eine ziemlich starke Reaktion vom Gemeindepfarrer bekommen ... Ich bin also auf dem Standpunkt dieser Predigt, daß das also Wahrheit für mich ist und Aussage von meinem Gewissen ist, eingetreten ...«

B's Kritik an der Kirche erwächst aus der Konfrontation mit der biblischen Tradition, eigentlich *die* klassische Quelle aller Kirchenkritik:

»Also es [die Vorwürfe] bezog sich vor allem auf die Punkte, was ich jetzt in der Predigt gesagt habe, des Gebrauchs, der von der biblischen Tradition gemacht wird, also in Form von Sprüchen, der mir so irgendwie mehr und mehr gegen den Strich ging, und ich also bei verschiedenen Gelegenheiten aufgetaucht bin als Pfarrer bei der Beerdigung und bei Geburtstagsbesuchen und sonstwo und dann einen Bibelspruch losgelassen habe und da praktisch das Wort an die Leute ausgeteilt, aber nicht jetzt Verständnis für christliche Haltungen oder Impulse oder Lebensorientierungen oder so, sondern eben der Spruch war dabei und dann war die Sache gut. Das war das eine, dann war eine Sache ziemlich stark, die institutionelle Verfestigung, also daß es eben Liebeswerke als Gebäude gibt und als Leute, die nun Liebestätigkeit qua Funktion und Beruf oder Amt irgendwie oder auch als Aushängeschild christliche Liebestätigkeit tun und dann aber unter dieser Fassade oder hinter dieser Fassade es mit der Menschlichkeit sehr oft verklemmt und verschroben und auch fragwürdig aussehen kann. Das war ein Punkt. Dann war ein Punkt Kirche und Geld. Eigentlich also mein schlechtes Gewissen als Gehaltsempfänger von Kirchensteuergeldern praktisch bezahlt, nun andere zu einem Christentum aufrufen zu sollen, das die aber aus freien Stücken und so aus ihrer inneren Entscheidung heraus leben sollten. Und da waren also Beispiele , z. B. diese Geldgeschenke bei der Konfirmation, die eigentlich ein Zeichen sind, daß man nicht mehr richtig versteht, was eigentlich in der Konfirmation mal gedacht war ... Und da hab' ich mich gefragt, ja eigentlich Bekenntnis nun als Christ, nachgeholtes Taufbekenntnis oder so? Ob ich das den Konfirmanden abverlangen wollte oder selber bei meiner Konfirmation so gesprochen hätte oder jetzt. Das war so'n Punkt und so waren es also mehrere Punkte, die eigentlich aus meiner Praxis heraus, wo mir das aufgestoßen war und wo ich gesagt hab', kann ich das mitmachen? Könnte ich jetzt diese Konfirmanden so drüberweg konfirmieren oder würde ich dann eigentlich doch jeden vor die Entscheidung stellen wollen und sagen ›Ja, wenn Du Dich nicht entscheiden kannst, dann ist Dir keiner böse, dann laß' es sein mit der Konfirmation‹ und solche Sachen. Also ich wollte nicht weiter praktisch mitmachen bei was, wo ich nicht wirklich mit meinem Leben, mit meiner Überzeugung dafür einstehen kann.«

Organisation versus kleine Gruppe, das ist für B ein wesentlicher Punkt, an dem die Verwirklichung des Christseins im Pfarrberuf gescheitert ist: »Also dieses Betrugsmoment, das kann ich eigentlich aus meinem eigenen Erleben schon erläutern. Ich hab das tatsächlich so empfunden, daß, wenn der Ritus bei einer Beerdigung irgendwie eine Hilfestellung geben kann, dann in dem Zusammenhang mit einer seelsorgerlichen Vorarbeit und Nacharbeit, also daß Menschen in einer Krisensituation ihres Lebens wirklich begleitet werden von einem Beistand, der Möglichkeiten hat, diese Krise zu verarbeiten ... daß also der Pfarrer, wenn er als Beistand, als seelsorgerlicher Beistand da wirken kann, diese Krise erlebensmäßig irgendwie mitverarbeiten und bei der Verarbeitung anleiten kann. Und das geht, hab' ich so erlebt, wenn eine Beerdigung in der Woche dran ist. Dann kann ich also den Besuch vor der Beerdigung entsprechend intensiv machen, kann die Beerdigung gut vorbereiten, daß ich da möglichst ein Wort sage, wo mein Erleben, mein Verarbeiten dieses Falles, dieses Todesfalles eingebracht wird, und wo ich auch Nachbesuche machen kann und den Leuten wirklich Hilfestellung geben kann. Wenn jetzt aber die zweite schon dazukommt und vielleicht am nächsten Tag oder am Tag darauf die dritte und die vierte, dann fängt irgendwo dieser Betrug an, denn dann erlebe ich das nicht mehr mit, da nehme ich dann manchmal eben auch eine Beerdigungsansprache, die ich schon gehalten habe, wieder vor und halte die.«

Da ist es nur konsequent, wenn B seine Motivation durchhaltend sich für die kleine Gruppe entscheidet:

»Ich bin also, wenn ich mit einer Gruppe im Heim zu arbeiten hab' – B arbeitet z. Zt. als Heimerzieher –, für einen kleineren, einen viel kleineren Kreis von Menschen irgendwie mit zuständig und verantwortlich als Betreuer. Ich kann also, wenn man das Wort Betreuer mal ernst nimmt, ich kann sechs Leuten wirklich treu sein in dem Zusammenleben, das ich mit ihnen versuche, in der Begleitung ihres Erlebens jeden Tag und was da an Fragen und Problemen auftaucht, aber ich kann das nicht für so einen großen Kreis von Gemeindegliedern, die meistens doch nur halt in der Kartei irgendwie auftauchen und dann, wenn sie siebzig Jahre alt werden, besucht werden und dann irgendwie Kontakt mal wieder mit dem Pfarrer persönlich bekommen. Das ist das eine. Und dann versuche ich also, in der Arbeit im Heim zu verbinden, also eine soziale Gruppenarbeit, die also irgendwie versucht, das Gruppenleben mit zu strukturieren und so zu gestalten, daß das lebensfördernd und entfaltend wirkt und dann gezielte, quasi seelsorgerliche Einzelbegleitung, wo es also irgendwie akut wird, wo einer mich besonders braucht, zu dem, dem wende ich mich intensiver zu und laß' dann aber auch die anderen, also gewissermaßen wie mit dem verlorenen Schaf, halt in der Hürde und gehe nur diesem nach. Also das exemplarische Prinzip läßt sich, glaube ich, auch in dieser Gruppensituation besser verwirklichen, als wenn ich versuchen würde, als Gemeindepfarrer exemplarische Seelsorge zu betreiben, weil dann eben immer wieder diese Anforderungen bei Kasualien, bei Gottesdiensten und so kommen, wo ich für viel mehr Menschen irgendwie dasein soll, als ich es wirklich kann.«

Die Praxis pietatis, die B anstrebt, wird von ihm unablässig in einen christlichen Reflexions- und Vergewisserungsrahmen eingezeichnet:

»Ich wollte noch was sagen zu diesen Vorbildern der Frömmigkeit ... Da bin ich also durchaus weiterhin auf der Suche und mir begegnen auch welche ... Beten heißt – so zitiert er einen chassidischen Rabbi – ein Wort richtig aussprechen lernen. Und das ist also eine Erklärung, die mich völlig befriedigt. Wenn ich ein Wort richtig aussprechen lernen will, z. B. mir, das kommt jetzt vielleicht auch mit der Herrenhuter Brüdergemeine wieder zum Vorschein, ein Wort als Tageswort nehme und versuche, dieses Wort immer wieder in dem, was ich erlebe an diesem Tag, zu erinnern und als Orientierung zu benutzten. ... Dann hab ich mich um Franz von Assisi gekümmert, der auch den Weg des verlorenen Sohnes beschritten hat, der sich also von seinem Vater in einer radikalen Weise getrennt hat, wie das eigentlich bildhafter gar nicht vorzustellen ist. Und so finde ich eigentlich auch für meine religiöse Entwicklung auch immer wieder so Anhaltspunkte bei anderen, wo ich denke, also da kann ich wieder ein bißchen in die Schule gehen und was lernen und ein bißchen meine Orientierung festmachen. Also ich finde da gewissermaßen Weggenossen, mit denen ich dann ein Stück zusammengehe und das, was die mir zu bieten haben, in mein Leben irgendwie mit hineinnehme.« »Also ich würde Gott als das Leben, den Grund des Lebens, den Inbegriff des Lebens ansehen, gewissermaßen auf Du zu stehen, weil auch, wenn ich ganz alleine bin und kein Mensch weit und breit, bin ich nicht allein, weil ich dieses Du bei mir habe.«

4.2.3. Typ C: Der freie Christ außerhalb der Kirche

C hat zweites theologisches Examen. Nach einjähriger Arbeit als Hilfsprediger verläßt er aus eigenem Entschluß den kirchlichen Dienst und beginnt ein Psychologiestudium. Zum Zeitpunkt des Gesprächs steht er kurz vor dem Diplom.

C erklärt und interpretiert der Gruppe im Zusammenhang die Aufgabe seiner theologischen Berufslaufbahn als Konsequenz aus bestimmten Defiziterfahrungen im Seelsorgebereich und als stringentes Resultat eigener theologischer Weiterentwicklung. Der eigentliche Berufswechsel verläuft ohne Konflikte, bringt jedoch Statusprobleme mit sich. Mit dem Hinweis auf Freunde und Bekannte, denen es genau so erging, nimmt er seinem Fall die Exklusivität, obwohl niemand in der Gruppe ihn als Sonderfall bestaunt. Offensichtlich gehört dies zu C's Fremdbild, gegen das er sich zur Wehr setzen muß:

»Für mich war es eigentlich nicht so ein großer Bruch, wie offenbar bei einigen anderen. Ich habe also keine offiziellen Auseinandersetzungen deswegen gehabt, sondern das ging alles ganz friedlich. Und für mich selber war das auch mehr eine kontinuierliche Entwicklung. In dem einen Jahr, wo ich praktisch tätig war, da lag mein Interesse hauptsächlich auf der Seelsorge. Einerseits Beerdigungsgespräche und dann Hinterbliebenenbesuche und wo nötig weiterhin Gespräche führen, soweit es im Rahmen des Möglichen lag, dann aber immer wieder gleichzeitig das eigene Unvermögen erkennen, hier wirklich helfen zu können. Mit Rückblick auf die Ausbildung mußte man sagen, da fehlt so manches. Hinzu kam allerdings auch theologisches Denken, also eine theologische Weiterentwicklung. Ein persönlicher Gott oder ähnliches wurde für mich einfach fragwürdig. Ich konnte das dann auch nicht mehr weitergeben, nicht mehr verkündigen, so offiziell von der Kanzel herunter. Das ging einmal so weit, daß ich absichtlich eine Predigt machte, worin nicht ein einzigesmal das Wort Gott vorkam, was allerdings nicht weiter auffiel. Daß ich jetzt Psychologie studiere mit Richtung Psychotherapie, sprich Gesprächstherapie, ist eigentlich eine Fortentwicklung für mich, kein Bruch. Der größte Bruch für mich ist mehr finanzieller und familiärer Art. Wieder ins Studentendasein zurückgeworfen zu sein, wobei meine Frau eine feste Stelle hat. Aber dabei fühle ich mich am meisten unsicher jetzt. Wenn ich mich bezüglich meiner Freunde und Bekannten umgucke, so läßt sich sagen: Gerade Leute, mit denen ich zusammen studiert habe, haben eine ähnliche Entwicklung durchgemacht; sei es, daß sie Psychologie gemacht haben oder Medizin, dann aber auch mit Richtung auf so eine Art Psychotherapie. Einer ist zum Beispiel heute an einem Institut für Sexualwissenschaften und macht dort entsprechende Ehepaar-Therapien. Ein anderer macht gerade eine Psychagogenausbildung. Der ist allerdings noch im Dienst, aber sobald das abgeschlossen ist, wird er wohl auch umsteigen. Und so sind eigentlich eine ganze Menge Leute um mich herum, mit denen ich engeren Kontakt hatte, die also dann der Theologie Adjö gesagt haben.«

Die Identität der eigenen Lebensgeschichte vermittelt sich C über das Christentum. In exzeptionellen Kommunikationssituationen kann diese Personalisierung jedoch durchbrochen werden, und C präsentiert sich mehr oder weniger bewußt nach außen sogar als Verteidiger der Kirche:

»Wenn ich mich trotzdem Christ nenne, dann unter einem anderen Aspekt, daß ich einfach sage: Meine persönliche Herkunft z. B. Jugendarbeit, Theologiestudium und auch die praktische Tätigkeit haben mich dahin gebracht, wo ich heute stehe. Mehr aus meiner eigenen Historie könnte ich mich als Christ verstehen, weil ich durchaus aus christlicher Tradition komme und meinen eigenen, meinen jetzigen Standpunkt als Weiterentwicklung derselben Sache verstehen kann ... Mir ist aufgefallen, daß ich sehr allergisch reagiere, wenn jetzt zum Beispiel Kommilitonen, die offenbar unter den Psychologen ziemlich antikirchlich sind, die Kirche angreifen. Dann habe ich immer das Gefühl, die haben eigentlich kein Recht, sie zu kritisieren, obwohl ich auf der anderen Seite sie selbst sehr heftig kritisieren kann. Aber wenn das von außen an mich herankommt und wenn ich meine, sie hätten eigentlich nicht das Recht dazu, dann kann ich also sehr heftig die Kirche verteidigen und alles Positive ins Feld führen. Irgendwo ist das schon ein Stück persönlicher Vergangenheit, an dem ich auch sehr hänge, was also nicht abgetan ist, mit dem ich gebrochen habe, von dem ich nichts mehr wissen will. Ich glaube durchaus, es liegt mir noch etwas an der Kirche, obwohl ich wahrlich kein Kirchenläufer bin. Gerade wenn ich irgendwie das Gefühl habe, da werden von außen irgendwelche Angriffe an die Kirche herangetragen, versuche ich immer, sie sehr stark zu verteidigen, Partei zu ergreifen. So empfinde ich meine Entwicklung nicht als gebrochen, sondern durchaus als einen Fortgang, wobei die ganze kirchliche Akte bei mir wirklich dazugehört. Ich möchte sie auch gar nicht missen, sie hat mich nach meinem Empfinden auch voran gebracht.«

Von der fachlichen Seite her haben C's heutiger Arbeitsbereich und seine theologische Vergangenheit nichts miteinander zu tun. Er kann sich aber eine Tätigkeit als Psychologe durchaus auch im kirchlichen Rahmen vorstellen:

»Es gab nur ein einziges Mal, wo ich deutlich gemerkt habe, daß mein Wissen als Theologe und meine gegenwärtige Arbeit nicht auseinanderklafften. Das war in einem Theapiegespräch über das Thema Altern und Tod. Da spielte die Vergangenheit direkt mit hinein. Damit hatte ich mich befaßt, qua Amt, jedoch nicht aus persönlichem Interesse. Aber sonst kann ich nicht sagen ... Ich halte es durchaus für möglich, in einem Teampfarramt als Psychologe zu arbeiten.Im Moment würde ich eher direkt in die Beratungsarbeit gehen, da gibt es ja auch kirchliche Stellen, die sehr gute Arbeit machen ... Ich sehe das also bei mir so, daß ich sagen kann, was ich heute mache, ist nicht das gleiche, es hat sich irgendwie doch weiterentwickelt. Ich sehe zwar Möglichkeiten, daß ich im Rahmen der Kirche weiterarbeiten könnte, aber ich weiß nicht, ob die Kirche mich da akzeptieren könnte, weil ich meine Ansichten viel weiter entwickelt habe, mich von dem emanzipiert habe, an dem, wie ich meine, die Kirche noch festhält. Es ist zwar die gleiche Tradition, darauf möchte ich bestehen, aber ich habe doch das Gefühl, irgendwie bin ich einfach weiter gegangen. Gerade durch das Theologiestudium, zurück zu den Quellen, um zu sehen, wie relativ die eigentlich sind und wie menschlich es von daher eigentlich ist, sich das Recht zu nehmen, seine eigene Meinung oder seine ... Theologie sage ich nicht gern, Anthropologie selbständig und selbstverantwortlich aufzustellen und danach zu leben. So sehe ich, ganz kanpp gesagt, meinen Werdegang, und dann weiß ich nicht, ob die Kirche mich akzeptieren könnte. Ich könnte mit der Kirche leben, aber ob die Kirche mit mir leben kann, das weiß ich nicht.«

C fundiert seine personale Identität auch über die Aufgabe der theologischen Berufslaufbahn hinaus in der christlichen Tradition. Bei einer Weiterentwicklung der eigenen religiösen und theologischen Überzeugungen wird gerade um der Garantie der personalen Identität willen ein Verlassen des kirchlichen Dienstes notwendig. Die Selbstpräsentation in sozialen Bezügen gelingt noch nicht vollständig, alte Rollenmuster sind noch virulent. Das neue Studium ist der Versuch, ein in der kirchlichen Arbeit als interessant und wichtig erfahrenes Tätigkeitsfeld auszudifferenzieren und der eigenen mangelhaften Kompetenz durch Professionalisierung aufzuhelfen. Die Arbeit als Psychologe geschieht ohne christlich-theologische Legitimation, das Interaktionssystem bleibt diesem Hintergrund weitgehend verhaftet. Die Frage nach einer späteren Tätigkeit innerhalb oder außerhalb der Kirche wird dadurch zum Problem. Die »Freiheit« seines Christentums erweist sich gerade darin, daß er die religiöse Vergangenheit produktiv zu gestalten in der Lage ist. Das heißt, daß er eine freie, prinzipiell offene Haltung gegenüber Kirche und kirchlicher Tätigkeit einnehmen kann.

4.2.4. Typ D: Der religiöse Ästhet

D hat nach vollendetem Theologiestudium und eineinhalbjähriger Vikarszeit ein Zweitstudium in Psychologie, Pädagogik und Soziologie absolviert und ist heute Leiter einer Privatschule. Der Wechsel vom theologischen zum pädagogischen Beruf ist von »niemandem negativ registriert worden. Nun hat sich das auch ein Stück weit über längere Zeit vollzogen.« Er war erst für eine Weile beurlaubt, »und dann ergab sich das, daß das mehr und mehr mein Beruf wurde.« Der Berufswechsel gipfelt also nicht in einem dramatischen Akt wie bei B, sondern er ist Ergebnis eines längeren Prozesses, eine ruhige Entwicklung ohne Brüche und Krisen. D hat keinerlei feindliche Gefühle gegenüber Kirche, Religion und Ritus, im Gegenteil. Er stellt sich der Gruppe als liberaler Theologe dar:

»Zu der Zeit, als ich Theologie studierte, das ist zwischen 55 und 60 gewesen, da zerfiel das unter den Studenten deutlich in drei Gruppen; also eine relativ große ..., die kamen aus kirchlichen Traditionen, ob nun Pfarrhäuser oder so vergleichbarer Umwelt, und das war ein für sie naheliegender normaler, sozusagen in ihrer Umwelt gängiger und vernünftiger Beruf, studierten das und machten das, meist sehr entschlossen und wacker und eigentlich sehr vernünftig. Und da gab es eine zweite Gruppe, das waren so die Bekehrten aus verschiedenen kirchlichen Jugendarbeiten und so etwas, die sehr häufig theologisch-fundamentalistisch irgendwo lagen, und da ganz erhebliche gewaltige theologische Streitereien vom Zaun brachen, und dann gab's eine dritte Gruppe, die war relativ klein. Also wenn ich so an meine eigenen Examensjahrgänge denke, dann würde ich schätzen, so um 10 Prozent herum. Das waren Leute, die zum großen Teil aus liberalen oder kirchlichen Kreisen bzw. Elternhäusern stammten und die Pflicht (innerhalb des Studiums) aus außerordentlich großer Neugier machten und mit z. T. einer erheblichen theologischen Leidenschaft. Also ich habe einen ganzen Freundeskreis aus dieser Sippe bis heute hin, die mit mehr oder weniger großer Skepsis praktischer Kirchlichkeit gegenüberstehen, aber zum Teil hochkarätige Theologen sind. Das geht ja durchaus zusammen.«

Liberale theologische Einstellung, Bejahung volkskirchlicher Riten und eine gewisse Selbstironisierung des eigenen Tuns und der eigenen Überzeugung, das scheint ein typisches Syndrom in diesem Zusammenhang zu sein.

Frage eines Teilnehmers an D: »Ja, was machen dann die Theologen, die aus liberalen Elternhäusern kommen und dann den Job mit relativer Lust betreiben? Sind das theologische Ästheten oder?« D: »Ja, würde ich sagen, das sind sie, z. T. sehr skeptische Leute gegenüber dem, was man überhaupt machen kann, die aber nie die Vorstellung gehabt haben, die ja auch so 'ne gute protestantische ist, daß man nun ununterbrochen und ständig mit vollem Herzen hinter seiner Sache stehen müßte, sondern die wissen, daß man gleichzeitig neben sich selber stehen kann und sich dabei mit einer gewissen Ironie zugucken kann bei dem, was man macht. Was ja nicht heißt, daß man seine Sache nicht gut macht. Also ich gestehe, daß ich bis heute z. B. kirchliche Kasualien, ob ich da nun Leute beerdige oder sonst etwas tue, für eine nützliche Tätigkeit halte ... Weil es anscheinend doch einer ganzen Reihe von Leuten in bestimmten Grenzsituationen eine Form von Bewältigungsmöglichkeiten gibt, die zumindest in säkularen Formen bisher nur peinlich angeboten wird, wo das nicht richtig hinhaut, Leute von ihren Angehörigen erlösen, die sie nicht ausstehen können, indem man die vernünftig beerdigt. Oder Leuten dazu zu verhelfen, daß sie mit der Tatsache fertig werden, daß sie ein Kind haben und mit dem eigentlich nichts anfangen können, – durch eine bestimmte Form der Ritualisierung. Das scheint mir ein nützliches Geschäft zu sein, und ich finde, man muß dabei diese Vorstellung aufgeben, man müßte nun gleichzeitig denen noch in irgendeiner Weise ein, einen allgemeinen Gesinnungswandel verpassen. Das ist also bei solchen Gelegenheiten sicherlich nicht drin, nicht, da ist so'n Stück Hilfestellung drin.

Und dann gibts einige, die sich den Spaß leisten – Gott, Wissenschaft ist ja auch in sich ein mehr oder weniger interessantes Glasperlenspiel und wuchert wie so'n Fettfleck im Papier und die wuchern irgendwo mit – zur Befriedigung von Eitelkeit. Aber ich würd' sagen, das gilt nun für andere Berufsfelder ganz genau so, nicht?«

D beansprucht für sich keine besondere religiöse Erfahrung oder gar eine spezielle Glaubenskompetenz:

Replik eines Teilnehmers auf das vorangehende Zitat:
»Was Sie gesagt haben, ist durchweg nicht spezifisch religiös oder nicht spezifisch christlich auch nicht, auch was Sie über die Kasualien gesagt haben nicht. Das wäre also sozusagen mehr ein verständliches psychologisches oder gesellschaftliches Interesse.«
D: »Würde ich auch sagen. Ich würde das auch von mir sagen. Ich bin, also ich könnte so wie der alte Camus sagen, daß mir das Erlebnis des Glaubens entgangen ist, das hab' ich nie gehabt, auch als ich mich entschloß, Theologie zu studieren und entschloß, Pfarrer zu werden. Hatte da nie irgendwie unmittelbare religiöse Erfahrungen. Ich bezweifle nicht, daß es die geben kann, aber ich hab' sie nicht gehabt und fand das trotzdem keinen Grund, einen solchen Beruf nicht zu wählen, der in meiner Familie nicht drinliegt, also es hat bei uns sonst keinen gegeben. Ich hielt das für einen nützlichen Beruf und halte es nach wie vor für eine der fruchtbarsten Möglichkeiten, genau solche Dinge zu tun, weil es sehr wenig andere gibt, die das auch tun. Heute fangen die Sozialarbeiter so'n bißchen an, aber das hat auch noch sehr stark den Armeleutegeruch; und so das Caritative irgendwo, wenn es nicht verwaltet ist, das ist noch peinlicher, nicht? Während witzigerweise Pfarrer noch an allen möglichen Ecken und Enden Zugang haben, wo andere Leute es nicht haben. Ob mit oder ohne Talar.« Trotz dieser funktionalistischen Betrachtung des Pfarramts, die scheinbar die von B so hochbewertete Kategorie der persönlichen Überzeugung ausklammert, gibt D eine ehtische Grundhaltung deutlich zu erkennen: D zu einem Gesprächspartner: »Sie versuchen, andere Leute davon zu überzeugen, daß sie den gesellschaftlichen Kontext noch nicht begriffen haben. (Ironisch:) Folglich haben sie das Evangelium noch nicht begriffen. Natürlich haben sie es alle begriffen, sämtliche Kleinbürger und sämtliche Nichtseßhaften dieser Welt haben ihre Situation ungeheuer genau begriffen, viel genauer, als wir das immer im Nachhinein interpretieren können, und wir haben doch keine andere Aufgabe, als das Stückchen von Mitmenschlichkeit oder von Vorsichtigkeit zu leisten, was denen auch nur ein Stück Weiterkommen ermöglicht ... Ich will doch furchtbar gerne wissen, wie kann ich nun dem und dem und dem helfen, daß er ein kleines Stück weiterkommt von heute bis morgen. Ich weiß auch, daß die Gesellschaft geändert werden muß. – Das ist mir alles zu akademisch.«
Ethisches Engagement muß sich für D in realistischen, nicht gesellschaftsutopischen oder gar revolutionären Arbeitsfeldern durchführen lassen:
»Ich finde das eine legitime Sache, daß man sagt, ich ziehe mich zurück oder beschränke mich auf die Dinge, die ich noch über-

schauen und sehen kann, oder auf Leute, die ich kenne, oder wo ich das Gefühl habe, daß ich für das, was ich tue, also wirklich einstehen kann. Die Frage ist für mich dabei, halten Sie es für legitim, daß andere Leute sagen, es muß auch Positionen, Funktionen, Aufgaben oder so etwas geben, die denen, die sie tun, den Verzicht abfordern, sich selber sagen zu können, ich habe mich um den hier einzeln gekümmert? Nehmen Sie z.B. einfach ganz bestimmte Großorganistationen; in meiner Schule habe ich 350 Kinder und 80 Erwachsene oder sonst irgendwas, für die bin ich so etwas wie Landesvater und alles mögliche sonst und letzte Appellationsinstanz, lauter gute Dinge. Ich weiß, daß ich ganz ungeheuer vieles, was ich gerne tun würde, auch so aus einem gewissen therapeutischen oder sonstigen Impetus heraus, daß ich das nicht tun kann, weiß aber auf der anderen Seite, daß meine Lehrstelle sozusagen besetzt werden muß, jedenfalls solange, wie die Gesellschaft so verfaßt ist, wie sie ist, daß sie bestimmte größere Organisationsmodelle – und Sie haben (einen Heimerzieher ansprechend) 500 da in ihrem Laden, – daß sie die braucht ... Ich glaube, daß in der Tat, daß Schulen nicht so bekloppt sein müßten, wie sie sind, nicht so groß sein müßten und so was. Schön, aber einstweilen habe ich sie und die Frage ist, ob man sagen kann, dieses ist eine Form, na, von Berufsausübung, die so ihre eigene Begründbarkeit und ihre eigene Vernunft auch hat, sich um vieles kümmern zu müssen, auch sehr viel entfremdeten Kram dabei zu tun, aber das auch notwendig zu finden.«

Bei aller ästhetischen und funktionalen Hochschätzung religiöser Formen und Ausdrucksweisen kann D dies für sich letztenendes doch nicht voll in seine Identität integrieren. Sonst würde sich in der Tat auch der Berufswechsel als ein Zufallsakt und nicht als Ausdruck einer bestimmten wertrationalen Haltung darstellen: »Ich habe durch das Theologiestudium gelernt, daß ich ein konservativer Mensch bin, jemand, der ganz bestimmte Sachen bewahren möchte, retten möchte, die anscheinend in Gefahr sind. Soweit ich das diagnostizieren oder identifizieren kann. Das habe ich selber an der Theologie gelernt und habe gemerkt in meiner Berufspraxis als Theologe und Vikar, daß mir das zu vermitteln relativ schwer gelingt. Also das, was mir selbst etwas bedeutet, kann ich in der normalen, religiösen Formel nur unvollkommen zum Ausdruck bringen. Trotz aller Begeisterung über Reden, die ich vorhin zum Ausdruck brachte. Und ich habe für eine Weile geplant, ich mache dieses und vielleicht mache ich später etwas anderes. Ich habe mir schon Tätigkeitsfelder gesucht, in denen ich bestimmte Dinge, von denen ich überzeugt bin, so ein Stück weit weiter durchhalten

kann, die ich in der Tat durchhalten möchte, weil ich das Gefühl habe, es geht da ein großes Stück kaputt.«
Teilnehmer: »Können Sie das mal konkretisieren? Was für Werte sind das, die Sie bewahren wollen? Warum nennen Sie sich konservativ?«
D: »Das kann ich sagen. Ich würde sagen, daß, soweit ich es überschaue heute, ich das Gefühl habe, daß die Gefahren oder die Einschränkung meiner Werte drohen von zu viel Organisation, von zu viel Anonymität, von zu viel Unmöglichkeit von Leuten, sich so zu verwirklichen, wie sie eigentlich möchten, und daß ich nicht glaube, daß diesem allem durch besondere Aktionen abgeholfen werden kann, sondern durch den Schutz der Organisationen, die die individuelle Entfaltung ermöglichen ... Ich würde lieber ein ganz simpler Lehrer sein, aber wer soll dann eigentlich schützen, was Schule sein kann, was dieser Schonraum irgendwo ist? Oder ich würde sehr viel lieber einer sein, der Zigeuner, Nichtseßhafte, Obdachlose und so etwas individuell beschützt, aber wie soll das eigentlich passieren, wenn nicht einer da ist, der diesen Freiraum eröffnet, in dem die anderen agieren können? Das muß passieren, damit die sich nicht kaputtmachen.«
Teilnehmer: »Die sind kaputt.«
D: »Natürlich, die sind kaputt. Deshalb muß es doch irgendwo Leute geben, die verflucht nochmal ihren breiten Rücken dafür hinhalten, damit das andere passieren kann.«
Die ästhetisierende Haltung gegenüber Religion und kirchlichem Amt erweist sich bei D als nur eine Seite, die religiöse Identität zu bewahren. Sie wird gespeist aus Elementen der liberalen Theologie und einer funktionalistischen Amts- und Kirchenauffassung. Daneben gewinnen ethische Züge eine eigene Bedeutung. Sie drücken sich allerdings nicht in einem unmittelbar personalistischen Handeln aus, sondern sind vielmehr durch den teilweise als schmerzhaft empfundenen Verzicht geprägt, der das Handeln in unserer so verfaßten Gesellschaft erst einigermaßen realistisch ermöglicht.

4.2.5. Typ E: Der Nicht-mehr-Christ

E kommt aus stark pietistischen Traditionsverhältnissen. Er studiert Theologie in erster Linie, um eigene Glaubensprobleme zu klären. Seine Einstellungs- und Wissensfundamente geraten dabei ins Wanken, die Bindung an frühere Interaktionssysteme lockert sich und wird schließlich gesprengt. Nach einer Semesterferienarbeit in den Pflegehäusern von Bethel belegt E neben der Theologie auch medizinische Lehrveranstaltungen. Zum Zeitpunkt des Gesprächs studiert er nur noch Medizin und befindet sich im dritten klinischen Semester:

»Ich hab', als ich anfing mit Theologie, das Studium als sehr, sehr positiv empfunden, und das hat sich eigentlich durchgezogen. Was mich von Anfang an ein bißchen gestört hat und wo ich die Schwierigkeiten von Anfang an vermutete, war der Beruf, der hinterher kommen würde. Das Studium empfand ich deshalb so positiv, weil ich darin die dolle Gelegenheit sah, meine Glaubensprobleme, die ich zu der Zeit hatte, wirklich von Grund auf zu bearbeiten, und da bin ich eigentlich nicht enttäuscht worden. Ich hab' zum Beispiel auch die Sache mit Hebräisch und Griechisch voll eingesehen, und ich habe mich da voll engagiert. Ich habe Hebraicum und Graecum gemacht, weil ich irgendwie immer das Gefühl hatte, ich muß also möglichst nah ran an die Sache, damit ich nicht soviel von anderen Leuten abhängig bin, von ihren Meinungen. Ich hab also da Leute gehabt, die mir dolle systematische Theologie beibiegen wollten, und denen hab ich immer nicht richtig getraut. Und deshalb habe ich das sehr positiv empfunden, auch als mir dann nach und nach alles zerschlagen wurde, was ich so an pietistischer Grundhaltung mitbrachte. Und als ich dann versucht habe, aus den Trümmern wieder etwas ganz Neues aufzubauen, empfand ich das immer noch sehr positiv, weil ich dachte, das, was daraus entstanden ist, das ist stabiler ... Ich bin also wirklich für mich selber ins Theologiestudium gegangen und nicht sosehr mit der Absicht, daß ich das irgendwo anwenden kann. Ich hatte also nicht sosehr das Gefühl, ich habe jetzt einen Beruf, auf den ich zusteuere, sondern in dem Studium habe ich Gelegenheit, selber weiterzukommen. Und deshalb dachte ich mir dann, als das mit Medizin kam, als ich dann in der Theologie eine andere Richtung bekommen hatte, lieber jetzt abspringen, als daß ich vorm Examen stehe und dann nochmal ganz von vorn anfangen muß.«

Die im Studium gewonnenen Kenntnisse und Einsichten verlangen von E um der inneren Wahrhaftigkeit willen eine Um- und Neustrukturierung seiner personalen und sozialen Identität:

»Wo man anfängt, unheimlich viel zu interpretieren in all das, was in den Evangelien gebracht ist, wo man also den Leuten nicht mehr sagen kann: Kinder, das war so und so und das müßt ihr so verstehen – das hab' ich immer als ein Problem empfunden. So ein bißchen habe ich mich manchmal unwahrhaftig dabei gefühlt, wenn ich es versuchen mußte, und ich hab' das eine ganze Zeit lang versucht, durchzustehen. Und irgendwann habe ich gesagt, es ist besser, wenn ich den Leuten sage, ich bin kein Christ, aber ich will dieses und jenes, als daß ich sage, Kinder, also ich gehöre ja auch zu euch, aber hört mal her und dann also ganz tief Atem holen muß, irgendetwas zu erklären, von dem ich meine, daß es nachher doch auf's selbe hinaus läuft. Ich fand das irgendwie unaufrichtig ... Wenn also immer nur für's Jenseits vorgebaut wird und die ausgleichende Gerechtigkeit immer nur darin gesehen wird, na, ja im Himmel wirds anders, dann komm' ich einfach nicht mehr mit, oder bin ich nicht mehr mitgekommen. Und wenn ich dann auf der anderen Seite mit Leuten zusammenarbeiten möchte, die sich aber nicht christlich einstufen, dann immer Gefahr laufe, ich muß ja meine christliche Tradition mit einbringen, sonst fühle ich mich nicht ehrlich. In der Situation habe ich mich furchtbar unwohl gefühlt ... Mein augenblicklicher Stand ist ungefähr so, daß ich also eine Veränderung für die Welt möchte, die Welt unter Menschen irgendwie menschlicher machen. Bloß ich denke, wenn man das Evangelium darauf reduziert, dann ist man nicht ganz fair gegenüber den Schriften. Dann muß man also eine ganze Menge interpretieren oder einfach wegschmeißen und sagen, also das war irgendwie Beiwerk, das ist nicht so wichtig. Das finde ich einfach unaufrichtig, zu sagen, Jesus war so'n Sozialrevolutionär auf seine Art oder so und den ganzen Überbau, oder wie man das nennen will, einfach sein zu lassen. Ich finde, das kann man nicht machen, also ich konnte das mit gutem Gewissen nicht machen.«

E präsentiert sich der Gruppe, trotz der Betonung gewisser Elemente von Kontinuität, als Nicht-Christ. Seine Suche nach einer alternativen inhaltlichen Fundierungskategorie wird deutlich:

»Ich habe gemerkt, daß das eine unnötige Trennung sein kann, wenn man also sagt, du, ich mach' das aber aus christlichen Motiven und der andere macht das aus sozialistischen oder sonstwie. Ich würde mich also auf Grund dieser Erfahrung nicht mehr trauen, meinetwegen innerhalb der Kirche ein Amt wahrzunehmen und da zu sagen, ich mache das aus den und den Motiven. Ich meine, das ist ein bißchen mein Problem, weil ich eigentlich nichts ähnliches gefunden habe, keine ähnliche Plattform, auf der ich neu arbeiten könnte, da hake ich so'n bißchen. Ich möchte eigentlich auch wieder irgendwo eine Basis finden, wo ich mich integrieren kann und sagen kann, also da stehe ich und so sehe ich das ... Ich kann also von mir aus nicht genau sagen, ob ich mich wirklich so entwickelt hätte, wenn ich nicht aus christlicher Tradition gekommen wäre und ob ich wirklich die Motivation noch hätte, die ich jetzt habe, wenn nicht alles so gelaufen wäre. Insofern zögere ich eigentlich manchmal zu sagen, ich bin gar kein Christ, weil ich denke, irgend etwas ist da, was mich von anderen Leuten manchmal ganz, ganz weit wegbringt. Bloß zögere ich in dem Moment, wo es spezifisch christlich genannt wird und dafür eingeheimst wird und andere Leute da sind, wo ich mich mit deren Motivation einverstanden erkläre, aber die ganz bewußt sagen, ich mache es nicht aus christlichen Motiven heraus, sondern ich habe ganz andere Motive. . .Im Laufe der Zeit hat sich vielmehr herauskristallisiert, was ich eigentlich will. Zuerst war alles sehr nebulös, auf – sagen wir ruhig Seelenfang aus. Ich könnte da Leute aufzählen, mit denen ich Bekehrungsgespräche gemacht habe und schon damals war mir das ein bißchen seltsam, weil ich eben dachte, es muß irgendwie doch Auswirkungen haben auf unser Leben. Bei den Leuten, die diese Erweckungspredigten machen, hörts immer da auf. Die predigen den ganzen Abend und das Ende ist: Entscheide dich für Christus und dann ist Schluß! Was danach kommt, versandet. Und da habe ich eigentlich angesetzt und bin weitergekommen in der Richtung, so daß ich jetzt meine, den Vorspann mir schenken zu können. Insofern ist da schon eine Richtung drin ... Ich würde auf die Frage, ob ich Christ bin, nicht mehr ja sagen. Ich habe einerseits eine gewisse Kontinuität betont, aber auf der anderen Seite möchte ich doch sagen, daß ich mich von meinem Ausgangspunkt sehr weit wegentwickelt habe. Da möchte ich nicht sagen, das war die klare Linie, und ich bin jetzt an dem und dem Punkt, sondern ich möchte mich irgendwo auch bewußt distanzieren. Das mag natürlich durch meine Erfahrungen geprägt sein, daß ich sage, um der Klarheit der Begriffe willen gehöre ich da nicht zu. Es ist etwas anderes, was ich mache, obwohl sich das irgendwie erklären läßt. Ich kann sagen, wie das entstanden ist bei mir, und da ist irgendwo eine Linie. Aber das ist im Augenblick etwas anderes als das, was ich vorher erlebt habe. Und deshalb würde ich einfach nicht mehr sagen, daß ich Christ bin, vielleicht auch, weil ich das nicht mehr sosehr wichtig finde.«

Befriedigung und Zufriedenheit in Arbeit und Interaktion erhofft sich E in seiner neuen Tätigkeit:

»Was mein Beruf betrifft, da kann ich also wirklich sagen, daß ich da – zumindest was ich mir erhoffe – jetzt noch vollauf zufrieden bin. Ich denke, die Medizin ist ein Bereich, wo erst einmal sehr viele Leute unterkommen können, die ganz unterschiedliche Fähigkeiten haben. Und was bei mir besonders wichtig ist, daß ich ein unmittelbares Erfolgserlebnis brauche, was ich so als Pfarrer nicht bekommen könnte. Und ein bißchen liegt es auch daran, daß ich vorher als Maschinenschlosser gearbeitet habe und so ein bißchen manuell auch ganz gerne was machen würde. Und da sehe ich in der Medizin alle Möglichkeiten, vom Wissenschaftler bis eben zum

Handwerker, dem Chirurgen. Auf der anderen Seite ist auch der soziale Bezug immer mit drin. Da erhoffe ich mir also eine ganze Menge.«

E versucht, sich durch das Theologiestudium, von außeruniversitären Erfahrungen zusätzlich motiviert, aus seiner pietistischen Vergangenheit zu befreien. Seine alten Identitätsmuster verflüssigen sich und können von ihm nicht mehr akzeptiert werden. Auf der Suche nach neuen identitätsstiftenden Inhalten behindert ihn sein pietistischer »Sozialisationsschaden« erheblich. E's Zuwachs an Refelxivität widerstreitet dem pietistischen Grundsatz vom »Zeugnis-ablegen«, gleich im Namen welcher Ideologie. Als Perspektive erscheint der Beruf des Mediziners, der von Legitimationszwängen befreien könnte.

4.2.6. Typ F: Der politische Kirchenkritiker

F hat das Erste theologische Examen abgelegt sowie den Dr. theol. erworben. Er ist gegenwärtig auf der Basis von Werksverträgen als Wissenschaftler tätig. Offenbar hat er seine Identität früh über politische Argumentationsfiguren festgemacht: »Ich habe Theologie studiert, 1961 habe ich begonnen damit schon aus politischem Interesse, und zwar aus dieser Konstellation der Barth'schen Theologie; politisch hieß es damals Niemöller, Cloppenburg usw. also kritische Positionen gegenüber dieser Westorientierung, Natopolitik usw. Ja, der Atomtod, das war damals 1961 der Aufhänger.

Und wenn man jetzt mal sieht, was da gewesen ist, die Suche nach theologischen Legitimationen, das war ja auch im Schwange damals. Man muß nur denken, nicht nur in der Barthschen Theologie, sondern Mezger, Braun und auch diese Bultmann-Schule war politisch sehr progressiv. Da müssen Sie nur einmal sehen die Aufrufe, da standen ja die alle nebeneinander. Und nun hat sich das weiterentwickelt. Nach meiner Auffassung ist es Gollwitzer gewesen, der am weitesten gegangen ist und versucht, diesen Weg auch theologisch zu legitimieren. Und dieser Gollwitzer hat mit seinem kleinen Fischerbuch ›Christlicher Glaube und Marxismus‹ oder wie das heißt, er hat auch damals noch als einer der ganz wenigen eine Rolle gespielt, und das ist etwas, was überhaupt nicht in der Diskussion drin ist. Also ein ganz konsequenter Weg, der nicht die eigene persönliche Entwicklung im Auge hatte, sondern einfach das nachvollzog, nicht nur nach, sondern auch mit und vorantreiben von politischen Entwicklungen.«

Konsequenterweise war für F die Studentenbewegung eine wichtige Etappe im Prozeß der Identitätsbildung:

»Ohnesorg ist ja 67 schon, nicht, im Juni 67 schon. Aber einfach das war hier auch in [Stadt] eine starke Bewegung unter den Theologen, und ich bin nicht der einzige, der dann zunächst den Weg genommen hat, hier eine Vermittlung zwischen einer sozialistischen Position und dem, eh, der Theologie zu leisten. Das Feld auf dem das geschah, war sowohl der SDS damals, als auch die Studentengemeinde. Es hat da sogar Tagungen gegeben, wo man diese Vermittlung geleistet hat, die in der Theologiegeschichte ja gar nichts Neues waren, die auch in etwa in diesen Schemata abliefen.«

Diese politische Grundeinstellung, die zur Abwendung vom Pfarrberuf geführt hat, wird zum Beispiel an der Taufe durchdekliniert:

»Bei einigen hier, die diesen Bruch mit der Theologie und einem theologischen Beruf vollzogen haben, spielt die Auseinandersetzung mit den Fragen, die Sie, die Sie diskutiert haben, schon eine wichtige Rolle, und zwar ist das ein Moment gewesen, das die marxistischen, sozialistischen oder kommunistischen, die also aus solchen politischen und religionskritischen Gründen den Beruf aufgegeben haben, aus solchen Gründen das getan haben, die haben sich mit dieser Frage auseinandergesetzt, und da war der entscheidende Unterschied, daß sie nämlich sagten, wir müssen dafür kämpfen, daß das Volk oder die Betroffenen ihre Geschicke selbst in die Hand nehmen, daß sie selbsttätig werden. Und das heißt zum Beispiel bei der Taufe, dann kann ich nicht mehr taufen, wenn ich weiß, der, das erste Kind oder das zweite Kind ist eine Krisensituation in der Familie, zum Beispiel aus dem Grund, weil jetzt die Mutter als Zweitverdiener zum Beispiel wegfällt und das Kind erhebliche ökonomische Schwierigkeiten auch in die Familie reinbringt; und dann wäre also die Taufe, das ist jetzt ein zugespitztes Beispiel, bei den anderen ähnlich, dann wäre die Taufe also etwas, was die Leute also gerade davon abhalten würde, dafür zu kämpfen, daß sie also ein Kind bekommen können, ohne in eine solche ökonomische Krise zu geraten.«

Die aufklärerische These vom Priesterbetrug – F spricht häufig vom Pfäffischen – erläutert er ebenfalls an der Kasualpraxis: »Ich meinte eben nur, daß man bestimmte Amtsausübungen, gerade diese Kasualien, die jetzt die Hauptrolle spielen in der ganzen kirchlichen Legitimation, daß die von dem, der das ausführt, mit einer solchen Begründung anders verstanden werden wird, als von dem, dem diese Amtshandlung zukommt. Und das ist etwas, was die Leute ja nun noch vielmehr in die Unmündigkeit oder in die Gefangenschaft führen muß.«

Auch die Argumentationsweise, die unter dem Stichwort vom ›Freiraum‹ bzw. ›Marsch durch die Institutionen‹ ein kirchliches Engagement trotz linker politischer Einstellung rechtfertigt, ist für F inakzeptabel. Im Zusammenhang der Diskussion um die Bindung der Bevölkerung an die Kirche, die über die Kasualien vermittelt ist, sagt F:

»Das ist auch damals diskutiert worden unter den Linken, in dem Sinne, daß man sagt, man macht das mit, etwa in einem Sinne, wie Sie sagten, neben sich mit Ironie stehen. Man macht das mit, hat dann im übrigen aber doch als Pfarrer Möglichkeiten, damals gab es den Begriff des Freiraums, den man in keinem anderen Bereich hat, um so politisch auch arbeiten zu können. Und diese Postition hab' ich damals nicht nachvollziehen können. Sie erschien mir, ganz kurz oder überspitzt gesagt, als Betrugsposition, als ein pfäffisches Denken, das ist nicht abwertend, sondern nur beschreibend. Als das Pfäffische daran erschien mir folgendes: Man übt irgendetwas aus und legitimiert das gegenüber sich selbst ganz anders als gegenüber denen, an denen man dieses Werk der Taufe oder so weiter dann tut. Das halte ich für pfäffisch. Also das ist ja verbunden mit einem elitären Denken.«

Während uns in den vorigen Typen vorwiegend individualistische Argumentationsfiguren begegneten, vertritt F einen Typ, der konsequent gesellschaftsbezogen denkt und sich seine Argumente aus der aufklärerischen und marxistischen Religionskritik und sein Anschauungsmaterial aus dem an jener Kritik gemessenen volkskirchlichen Handeln holt. Der Prozeß der Identitätsbildung wird gänzlich vom politischen Aspekt dominiert. Die berufsbezogenen und religiösen Aspekte spielen in diesem Prozeß eher die Rolle einer Folie, auf deren Hintergrund und zu deren Lasten die angestrebte politische Praxis um so deutlicher herausprofiliert werden kann.

4.3. Validierung und Differenzierung. Methodologische Nachüberlegungen zum Instrument des Gruppengesprächs

Das Forschungsdesign sah von Anfang an drei Erhebungsinstrumente vor: die standardisierte Datenerhebung mittels Fragebogen, Einzelinterviews und Gruppengespräche.

Alle drei Instrumente sollten sich *komplementär* aufeinander beziehen und hatten dementsprechend eine bestimmte Funktion zu erfüllen. Die Datenerhebung durch den Fragebogen läßt dem einzelnen innerhalb eines vorgegebenen Spielraums lediglich die Möglichkeit zu reaktiver Auseinandersetzung mit den alltagssprachlich formulierten Theorien einer Forschergruppe.Die Chance freier Selbstpräsentation der Betroffenen ist gering und nur auf einige offene Fragen beschränkt. Dieser Mangel sollte durch den Einsatz von Gruppen- und Einzelinterviews kompensiert werden.
Die Einzelgespräche unterscheiden sich dabei von den Gruppengesprächen zunächst durch eine andere Interaktionssituation: Während im *Einzelgespräch* der Versuchsperson die Gelegenheit gegeben wird, ihre Erfahrungen und deren Verarbeitung und Bewertung in ausführlichen Erzählsequenzen am Leitfaden der eigenen Biographie darzustellen, zeichnet sich das *Gruppengespräch* dadurch aus, daß in gemeinsamer und weitgehend selbstbestimmter Interaktion und Kommunikation diese Verarbeitungen und Bewertungen ausgetauscht und gegeneinander abgewogen werden können. Im Gruppengespräch spiegeln sich also soziale Normierungen und das gewohnte Kommunikationsgeschehen in relativ großer Nähe zur Alltagswirklichkeit.
Ein Vergleich der mit Hilfe der einzelnen Instrumente gewonnenen Ergebnisse zeigt, daß das Postulat nach Komplementarität des Gruppengesprächs zur standardisierten Datenerhebung durch den Fragebogen und zum biographischen Einzelinterview zumindest partiell erfüllt werden konnte.
1. Das Verhältnis von Gruppengespräch zur Datenerhebung durch den Fragebogen kann unter dem Aspekt der Komplementarität in zwei Ebenen beschrieben werden:

a) *Validierung* der Ergebnisse des Fragebogens
Aus den Daten des Fragebogens wurden auf empirisch induktivem Wege verschiedene Typen hinsichtlich der Begründungszusammenhänge des Berufswechsels und des gegenwärtigen Selbstverständnisses der Versuchspersonen herauskristallisiert. Von einer zusätzlichen Validierung kann gesprochen werden, wenn es gelingt, das Auftreten dieser Typen auch im Gruppengespräch nachzuweisen.
Die aufgrund des theoretischen Ansatzes der Gesamtuntersuchung erwarteten typischen Begründungszusammenhänge im Geflecht der beruflichen Umorientierung, nämlich ein Christentum außerhalb der Kirche und eine politisch motivierte, auf der klassischen Religions- und Kirchenkritik fußende Haltung, konnten anhand

der Fragebogendaten verifiziert werden. Auch die Analyse der Gruppengespräche ergab diese beiden Grundtypen.

Daß das Auftreten der genannten Einstellungsmuster im Gruppengespräch nicht zufällig ist, konnte durch folgendes Verfahren bewiesen werden: Zunächst wurden die aufgrund der verstehenden Rekonstruktion ermittelten Typenmerkmale durch entsprechende Items des Fragebogens reoperationalisiert. Über eine KFA konnten dann überzufällig häufige Konfigurationen des entsprechenden thematischen Gehalts ermittelt werden. Eine Nachprüfung der den Typ präsentierenden Personen ergab, daß auch die entsprechenden Teilnehmer des Gruppengesprächs sich unter diesen befanden. Beide Instrumente führen also hinsichtlich des Einstellungssyndroms »Christentum außerhalb der Kirche« und »politisch motivierte Kirchen- und Religionskritik« zum selben Ergebnis.

b) *Differenzierung* der Ergebnisse des Fragebogens

Neben der Validierung der Ergebnisse des Fragebogens besteht die eigentliche Leistung des Gruppengesprächs in der Ausdifferenzierung vorher durch die Theorie noch nicht eingeholter Annahmen über die Ausprägung bestimmter Einstellungssyndrome. Dies läßt sich an dem zentralen Theorieelement »Christentum außerhalb der Kirche« nachweisen. (Vgl. dazu I.2.1.3.)

– Aufgrund der Beschäftigung mit der einschlägigen Literatur wurde dieses Einstellungs- und Verhaltensmodell bei der Konstruktion des Fragebogens als *eine* Alternative zu einem kirchlich geprägten Christentum gesehen und entsprechend operationalisiert. Die verstehende Rekonstruktion der Gruppengespräche, wie wir sie im vorigen Abschnitt dargestellt haben, hat indessen lebensweltliche Variationen dieses Grundmusters zutage gefördert. Es hat sich ergeben, daß »Christentum außerhalb der Kirche« – zumindest was ehemalige evangelische Theologen angeht – aufzufächern ist in vier verschiedene Dimensionen, nämlich:

1. der Theologe außerhalb der Kirche
2. der wahre Christ außerhalb der Kirche
3. der freie Christ außerhalb der Kirche
4. der religiöse Ästhet.

5. Anhang

5.1. Fragebogen mit Ergebnissen

Vorbemerkung:

Zusammen mit dem nur unwesentlich gekürzten Fragebogen werden hier die wichtigsten Daten der Grundauszählung aufgeführt; die Ergebnisse sind dabei aufgeschlüsselt nach

Z = ehemalige evangelische Theologen (*Z*ielgruppe)

T = gegenwärtige evangelische *T*heologen (gewichtete Daten; vgl. I, 3.4.2.e)

K = ehemalige *k*atholische Theologen.

Die sinngemäßen Änderungen im Katholiken-Fragebogen (Priester statt Pfarrer usw.) werden nicht gesondert vermerkt; bei sinnverändernden Ergänzungen oder Neuformulierungen werden für die ehemaligen katholischen Theologen keine Ergebnisse genannt.

Die Ergebnisse werden wie folgt aufgeführt:

- bei Likert-Items: Mittelwerte
- bei Fragen mit festen Antwortvorgaben: die Prozentwerte für alle Antwortmöglichkeiten; dabei bedeutet k.A. = keine Antwort, Antwortverweigerung; die Angaben addieren sich also in der Regel auf 100 Prozent (bis auf Rundungsfehler).
- bei offenen Fragen: die Prozentwerte der drei in der Zielgruppe am häufigsten genannten Kategorien; konnten mehrere Antworten gegeben werden, so wird grundsätzlich nur die erste Nennung berücksichtigt.

Es sei noch auf folgende Unterscheidungen hingewiesen:

»0.0%« = es erfolgten Nennungen, die aber weniger als 0.05% ausmachen;

» — « = es erfolgte keine Nennung

leer = die betreffende Frage bzw. Antwortkategorie wurde der entsprechenden Gruppe nicht vorgelegt.

1	Zu Beginn meines Theologiestudiums fühlte ich mich an der Universität ziemlich alleingelassen.	Z: 3.56 T: 3.73 K: 4.53
2	Während meines Theologiestudiums mußte ich erst einmal Abstand vom Elternhaus bekommen.	Z: 3.55 T: 4.24 K: 3.81
3	Nach Studienbeginn fand ich das, was mich an der Theologie interessierte, überhaupt nicht vor.	Z: 3.96 T: 4.57 K: 3.79
4	Ich habe den Eindruck gewonnen, durch die theologische Ausbildung in Widerspruch zur alltäglichen Wirklichkeit zu geraten.	Z: 3.07 T: 4.43 K: 3.02
5	Die Theologie enthält zu viele Unstimmigkeiten und Widersprüche.	Z: 3.28 T: 4.58 K: 3.43
6	Zu Beginn meines Theologiestudiums machte ich mir oft Gedanken darüber, ob ich für den Beruf des Pfarrers geeignet sei.	Z: 3.09 T: 3.41 K: 2.65
7	Grundsätzlich fiel es mir leicht, den Erwartungen, die die Schule an mich stellte, gerecht zu werden.	Z: 2.40 T: 2.68 K: 2.25
8	Während des Theologiestudiums ist meine religiöse Praxis (z. B. Kirchgang, Gebet, Teilnahme an religiösen Gruppen) zurückgegangen.	Z: 3.17 T: 4.67 K: 4.62
9	Ich bin der Ansicht, daß nur derjenige Theologie studieren sollte, der selbst glaubt.	Z: 3.81 T: 3.25 K: 3.12
10	Ich habe in meinem Theologiestudium Einsichten gewonnen, die sich mit meiner vorherigen religiösen Einstellung nicht vereinbaren ließen.	Z: 3.09 T: 3.45 K: 3.44
11	Im Verlauf des Theologiestudiums gelang es mir immer mehr, meine persönlichen Interessen an der Theologie zu befriedigen.	Z: 3.96 T: 2.54 K: 3.33
12	Wenn ich heute an bestimmte Phasen meiner Entwicklung zurückdenke, so kann ich einige meiner damaligen Vorstellungen und Entscheidungen nicht mehr verstehen.	Z: 3.70 T: 3.99 K: 3.44

13	Die Theologie hat mich zur Beschäftigung mit anderen Wissenschaften motiviert.	Z: 2.64 T: 2.46 K: 2.81
14	Während des Studiums gewann ich ein völlig neues persönliches Interesse an der Theologie.	Z: 4.01 T: 2.54 K: 2.92
15	Die Theologie orientiert sich zu sehr an der Berufsausbildung künftiger Pfarrer.	Z: 4.77 T: 4.97 K: 3.24
16	Es fällt mir schwer, mich in die Erwartungen anderer, mit denen ich zu tun habe, einzufühlen.	Z: 4.55 T: 4.44 K: 4.58
17	Widersprüche zwischen Reden und Handeln einzelner Personen finde ich unerträglich.	Z: 2.42 T: 2.61 K: 2.54
18	Während des Theologiestudiums hat sich meine religiöse Erfahrungswelt bereichert.	Z: 4.29 T: 2.39 K: 2.49
19	Die Theologie vernachlässigt die Klärung ihrer wissenschaftstheoretischen Grundlagen.	Z: 3.16 T: 4.32 K: 2.68
20	Die Theologieprofessoren haben einen guten Einblick in die Probleme der *Kirche*.	Z: 4.01 T: 3.65 K: 3.65
21	Die Theologieprofessoren haben einen guten Einblick in die Probleme der *Gesellschaft*.	Z: 4.46 T: 3.62 K: 4.68
22	Die Theologie leistete in den letzten 50 Jahren keinen Beitrag zur Erforschung und Verbesserung der menschlichen Lebensbedingungen.	Z: 3.05 T: 4.28 K: 2.81
23	Die Theologie hat sich zu sehr von den anderen Wissenschaften isoliert.	Z: 3.10 T: 3.83 K: 2.42
24	Es gibt eine Wirklichkeit, die nur von der Theologie erfaßt werden kann.	Z: 4.38 T: 2.48 K: 2.85

25	Die Theologie bietet dem Pfarrer wenig Hilfen für seine Aufgaben.	Z: 2.76 T: 3.86 K: 2.98
26	In der kirchlichen Praxis spielt die Theologie eine zu geringe Rolle.	Z: 3.15 T: 3.19 K: 2.74
27	In der Theologie spielt die kirchliche Praxis eine zu geringe Rolle.	Z: 2.53 T: 2.54 K: 2.45
28	Das Theologiestudium hat meine Einstellung zur Volkskirche negativ beeinflußt.	Z: 3.06 T: 4.42 K: 3.73
29	Je mehr die moderne Theologie sich in der Kirche durchsetzt, desto weniger kommt das Evangelium zum Tragen.	Z: 4.82 T: 4.13 K: 5.02
30	Theologie sollte nur der lehren, der selbst glaubt.	Z: 3.63 T: 2.63 K: 2.74
31	Ich finde es unerträglich, wenn zwei Wissenschaftler des gleichen Faches völlig unterschiedliche Positionen vertreten.	Z: 5.40 T: 5.09 K: 5.48
32	Die herrschende Theologie ist die Theologie der Herrschenden.	Z: 3.18 T: 4.65 K: 3.14
33	Auch in wichtigen moralisch-ethischen Fragen sind Kompromisse unerläßlich.	Z: 2.89 T: 2.97 K: 2.35
34	Als Theologe (Student, Vikar, Pfarrer) wird man oft mißverstanden, weil die Leute nicht begreifen, was man eigentlich will.	Z: 2.91 T: 2.91 K: 2.73
35	Ich habe es oft erlebt, daß meine Gesprächspartner ihre Erwartungen an mich nicht deutlich machen konnten.	Z: 3.61 T: 3.29 K: 3.49

Wir haben eine Reihe von Motiven zusammengestellt, die für Sie bei der Wahl des Theologiestudiums evtl. eine Rolle gespielt haben könnten.

Bitte kreuzen Sie zu jedem dieser Motive den Grad des Einflusses an!
Ich entschied mich für das Theologiestudium, . . .

36	. . . weil ich an gesellschaftlichen Problemen interessiert war.	Z: 3.23 T: 3.81 K: 3.53
37	. . . weil ich in den Dienst der christlichen Botschaft treten wollte.	Z: 2.88 T: 1.97 K: 2.08
38	. . . weil ich an der Theologie als Wissenschaft interessiert war.	Z: 2.91 T: 2.98 K: 3.39
39	. . . weil ich eigene Glaubensprobleme durch die Beschäftigung mit der Theologie klären wollte.	Z: 3.09 T: 3.43 K: 3.93
40	. . . weil ich lernen wollte, dem einzelnen helfen zu können.	Z: 2.46 T: 2.22 K: 1.84
41	. . . weil ich mich innerlich dazu berufen fühlte.	Z: 3.94 T: 2.93 K: 2.72
42	. . . weil ich an der Reform der Kirche mitarbeiten wollte.	Z: 3.28 T: 3.29 K: 3.19
43	. . . weil ich trotz großer Zweifel den Versuch wagen wollte.	Z: 3.84 T: 4.13 K: 3.68
44	. . . weil man mich dazu drängte.	Z: 5.36 T: 5.61 K: 5.16
45	. . . weil ich mich gegen die Gottlosigkeit dieser Welt einsetzen wollte.	Z: 5.10 T: 4.28 K: 4.71
46	. . . weil es mir aufgrund meiner Erziehung als selbstverständlich erschien.	Z: 4.79 T: 4.83 K: 4.32
47	. . . weil ich vom Wehrdienst zurückgestellt werden wollte.	Z: 5.38 T: 5.76 K: 5.71

48 ... weil ich auf einen Studienplatz in einem Numerus-clausus-Fach wartete. Z: 5.89 T: 5.89 K: 6.00

49 ... weil das Fach Theologie für mich die Bedeutung eines »studium generale« hatte. Z: 4.44 T: 4.69 K: 5.05

52 Wir nennen Ihnen nur einige Begriffspaare, die Sie möglichst spontan und assoziativ der *Theologie*, wie Sie sie erfahren haben, zuordnen sollen.
Je stärker Sie die Theologie mit einem der genannten Begriffe spontan in Verbindung bringen, desto näher sollten Sie Ihr Kreuz bei diesem Begriff eintragen.

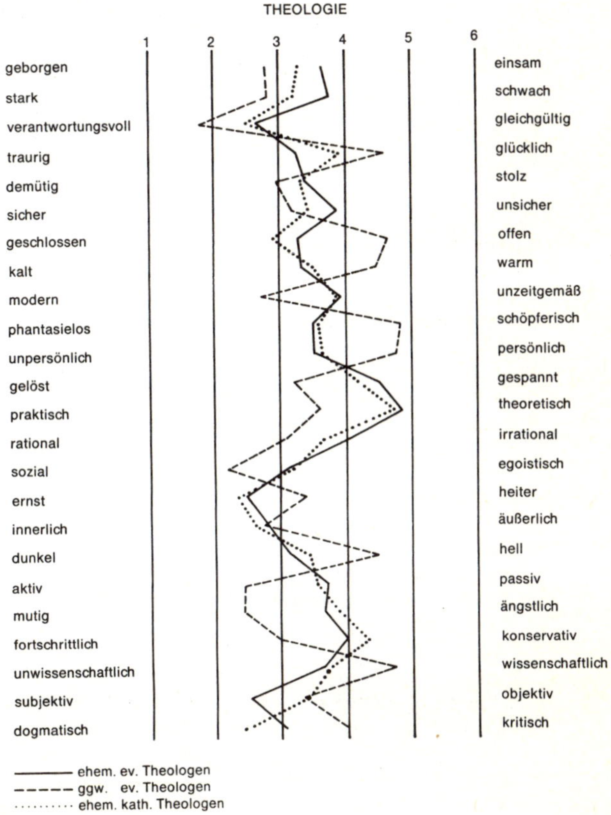

Zur Auswertung vgl. I,5.3.3.

53 Welche drei Fächer sehen Sie als die wichtigsten Ergänzungsfächer für Theologiestudenten an, die Pfarrer werden wollen?
(Bitte nach Wichtigkeit ordnen.)

	Z	T	K
Psychologie	39.6 %	44.4 %	55.3 %
Wirtschafts- und Sozialwissenschaften	29.6 %	8.9 %	20.0 %
Pädagogik	12.0 %	19.8 %	4.7 %

54 Welche theologischen Fächer könnten Ihrer Meinung nach ohne Schaden für die Ausbildung künftiger Pfarrer reduziert werden?

	Z	T	K
Sprachen	61.5%	34.7%	55.3%
AT-Exegese	38.2%	15.3%	30.6%
AT-Theologie	18.7 %	2.8 %	9.4 %
NT-Exegese	23.0 %	8.4 %	12.9 %
NT-Theologie	11.0 %	2.0 %	3.5 %
Alte Kirchengeschichte	44.5 %	26.4 %	27.1 %
Neue Kirchengeschichte (von der Reformationszeit bis heute)	9.9 %	5.9 %	8.2 %
Dogmatik	37.1 %	15.6 %	36.5 %
Ethik	9.9 %	2.3 %	15.3 %
Homiletik (Preditlehre)	18.4 %	4.5 %	11.8 %
Seelsorge	4.6 %	0.1 %	5.9 %
Religionspädagogik	3.5 %	2.0 %	2.4 %
für mich nicht entscheidbar	12.0 %	5.3 %	5.9 %
keine	11.7 %	43.5 %	12.9 %
k. A.	0.4 %	0.3 %	2.4 %

55 Wie setzt sich Ihr Freundeskreis heute in etwa zusammen?

	Z	T	K
überwiegend aus Theologen	1.8 %	9.7 %	4.7 %
etwa in gleichen Teilen aus Theologen und Nichttheologen	15.9 %	46.6 %	36.5 %
überwiegend aus Nichttheologen	60.1 %	40.5 %	51.8 %
ausschließlich aus Nichttheologen	21.9 %	2.2 %	5.9 %
k. A.	0.4 %	1.0 %	1.2 %

56 Gehören zu Ihrem heutigen Freundeskreis auch ehemalige Theologen (ehemalige Theologiestudenten, Vikare, Pfarrer), die nicht mehr in einem kirchlichen Anstellungsverhältnis stehen?

	Z	T	K
ja, viele	5.7 %	0.4 %	18.8 %
ja, einige	51.4 %	28.7 %	72.9 %

nein	42.2 %	69.2 %	7.1 %
k. A.	0.7 %	1.6 %	1.2 %

Die Items 58 bis 69 entsprechen inhaltlich den Items 77, 78, 80 bis 89. Sie wurden lediglich auf die Situation der Theologiestudenten umformuliert (präsentisch). Die äquivalente Formulierung für Item 79 findet sich in Item 256. Die Ergebnisse bei den Items 77 bis 89 beziehen sich auf die jeweils für die Subgruppe zutreffende Formulierung.
Items 70 bis 75 wurden nur den gegenwärtigen Theologiestudenten vorgelegt. (S = *S*tudenten)

70 Ich denke oft daran, mein jetziges Theologiestudium aus persönlichen Gründen aufzugeben. S: 5.07

71 Ich denke oft daran, in ein anderes Fach überzuwechseln. S: 5.04

72 Ich würde am liebsten aufhören zu studieren. S: 5.48

73 Ich fühle mich im Studium meines Faches sehr wohl. S: 2.47

74 Wenn ich noch einmal die Wahl hätte, würde ich lieber ein anderes Fach studieren. S: 5.20

75 Ich habe ein Zweit-Studium angefangen, um den Menschen als Pfarrer besser helfen zu können als mit der herkömmlichen theologischen Ausbildung. S: 4.58

77 Durch das Theologiestudium wurde für mich die Tätigkeit als Pfarrer in der Volkskirche grundsätzlich in Frage gestellt.
Z: 3.12
T: 4.92
K: 4.16

78 Ich habe mein Theologiestudium wenig an der Berufswirklichkeit des Pfarrers orientiert.
Z: 2.91
T: 3.59
K:

79 Als ich studierte, wurden gesellschaftliche Probleme durch die Theologie nur ungenügend behandelt.
Z: 2.37
T: 2.78
K: 1.96

80	Ich empfand die wissenschaftliche Theologie als eine Bedrohung meines Glaubens.	Z: 4.85 T: 5.01 K: 5.12
81	Die didaktische Vermittlung der Theologie durch die Universität empfand ich als unzureichend.	Z: 3.04 T: 3.04 K: 2.73
82	Während meines Theologiestudiums kümmerten sich die Mitglieder des Lehrkörpers nicht um die persönlichen Probleme der Studenten.	Z: 2.99 T: 3.30 K: 2.76
83	Ein Großteil meiner Studienkollegen in der Theologie war mir sympatisch.	Z: 3.00 T: 2.54 K: 2.61
84	Es fiel mir schwer, während meines Theologiestudiums mit Kommilitonen fachliche Probleme zu diskutieren.	Z: 4.39 T: 4.74 K: 4.67
85	Während meines Theologiestudiums hatte ich kaum persönlichen Kontakt zu anderen Theologiestudenten.	Z: 4.89 T: 5.22 K: 5.51
86	Das Theologiestudium hat mich emotional nicht angesprochen.	Z: 3.94 T: 4.72 K: 4.23
87	Ich habe während meines Studiums die Theologie als unwissenschaftlich empfunden.	Z: 3.85 T: 5.27 K: 4.21
88	Persönliche Erfahrungen, die nicht direkt mit der Theologie oder dem Pfarramt zusammenhingen, haben meine Einstellung zur Theologie verändert.	Z: 3.37 T: 4.26 K: 3.29
89	Während der theologischen Ausbildung hatte ich oft Angst, den Anforderungen des Pfarramts nicht gewachsen zu sein.	Z: 3.74 T: 3.78 K: 3.30

90 Haben Sie während Ihres Theologiestudiums in kirchlichen Gruppen mitgearbeitet?

	Z	T	K
keine	49.5 %	28.7 %	51.8 %
ESG/KSG/KHG usw.	20.5 %	21.8 %	8.2 %
organisierte Jugendarbeit	11.7 %	7.7 %	12.9 %

Themenbereich: Berufliche Neuorientierung

---

91 Haben Sie Ihre theologische Berufslaufbahn aufgegeben?

Die Items 92 bis 125 wurden nur den ehemaligen Theologen vorgelegt.

92 Wenn ein Theologe sein Berufsziel bzw. seinen Beruf ändert, dann wird in der Regel diesem Schritt ein längerer Entscheidungsprozeß vorausgegangen sein.
Wir möchten Sie bitten, den Zeitpunkt zu nennen, zu dem Sie
a) zum ersten Mal ernsthaft *erwogen* haben, Ihre theologische Berufslaufbahn aufzugeben;
b) Ihre theologische Ausbildung bzw. Ihr Pfarramt tatsächlich *aufgegeben* haben.

nur Z	a)	b)
unmittelbar nach Studienbeginn	17.1 %	1.7 %
während des Sprachenstudiums	12.8 %	14.8 %
im weiteren Studienverlauf	49.5 %	35.0 %
während der Examenszeit	3.9 %	5.0 %
nach nicht bestandenem 1. Examen	–	1.1 %
nach bestandenem 1. Examen, vor Antritt des Vikariats	3.2 %	21.9 %
im Vikariat (auch: Zahl der Monate)	6.0 %	6.4 %
nach nicht bestandenem 2. Examen	–	–
nach bestandenem 2. Examen, vor Antritt des Pfarramts	0.4 %	5.3 %
im Pfarramt (auch: Zahl der Dienstjahre)	4.7 %	8.8 %
k. A.	2.5 %	–

93 In welchem Jahr haben Sie Ihre theologische Berufslaufbahn aufgegeben?

	Z	K		Z	K
1900–1932	0.7 %	–	1968	6.0 %	5.9 %
1933–1945	0.7 %	1.2 %	1969	12.7 %	10.6 %
1946–1950	–	–	1970	18.0 %	9.4 %
1951–1955	1.4 %	2.4 %	1971	14.8 %	8.2 %

1956–1960	3.5 %	–	1972	12.4 %	5.9 %
1961–1965	11.3 %	3.5 %	1973	4.6 %	7.1 %
1966	6.7 %	2.4 %	1974	2.1 %	1.2 %
1967	3.5 %	1.2 %	k. A.	1.4 %	41.2 %

94 Falls Sie das Theologiestudium aufgegeben haben, in/nach welchem Semester war das?

	Z	K		Z	K
1. Semester	5.3 %	–	7. Semester	3.5 %	2.4 %
2. Semester	5.6 %	2.4 %	8. Semester	3.9 %	1.2 %
3. Semester	7.8 %	–	9. Semester	1.8 %	–
4. Semester	8.8 %	3.5 %	10.–18. Sem.	5.0 %	9.4 %
5. Semester	8.1 %	5.9 %	entfällt	42.8 %	31.8 %
6. Semester	6.0 %	2.4 %	k. A.	1.4 %	41.2 %

95 Welcher Landeskirche gehörten Sie zum Zeitpunkt der Aufgabe Ihrer theologischen Berufslaufbahn an?
Die Antworten auf Frage 95 werden für die Zielgruppe bei Frage 424 aufgeschlüsselt.

96	Rückblickend kann ich sagen, daß meine Entscheidung, die theologische Berufslaufbahn aufzugeben, mit der großen Linie meiner persönlichen Entwicklung übereinstimmt.	Z: 1.88 T: K: 1.46
97	Ich habe die Phase, in der ich mich zur Aufgabe meiner theologischen Berufslaufbahn entschied, als eine Zeit fruchtbarer Denkarbeit in angenehmer Erinnerung.	Z: 2.87 T: K: 2.68
98	Als ich mich von der theologischen Berufslaufbahn zu distanzieren begann, hatte sich mein theologisches Weltbild als Täuschung herausgestellt.	Z: 3.65 T: K: 4.04
99	Als ich meine theologische Berufslaufbahn aufgab, löste ich mich innerlich von einer mir wichtigen Person, die es sehr begrüßt hätte, wenn ich Pfarrer geworden bzw. geblieben wäre.	Z: 4.94 T: K: 4.08
100	In der entscheidenden Phase der beruflichen Umorientierung veränderte sich mein äußeres Leben kaum.	Z: 3.08 T: K: 3.64
101	Kurz bevor ich meine theologische Berufslaufbahn aufgab, hatte ich das Gefühl, sämtliche Orientierungen verloren zu haben.	Z: 4.62 T: K: 4.82

102	Da ich der Gemeinde nichts vormachen wollte, habe ich meine theologische Berufslaufbahn aufgegeben.	Z: 3.76 T: K: 3.80
103	Nachdem ich meine theologische Berufslaufbahn aufgegeben hatte, fühlte ich mich vor meinen Bekannten als »Versager«.	Z: 5.32 T: K: 5.12
104	Ich fühlte mich sehr befreit, als ich meine theologische Berufslaufbahn aufgegeben hatte.	Z: 2.62 T: K: 2.30
105	Den Entschluß, Theologie zu studieren, empfinde ich heute als eine zeitweilige Verirrung in meiner persönlichen Entwicklung.	Z: 4.44 T: K: 3.92
106	Während der entscheidenden Phase der beruflichen Umorientierung veränderte sich mein theologisches Problembewußtsein kaum.	Z: 3.29 T: K: 3.22
107	Obwohl ich meine theologische Berufslaufbahn aufgegeben habe, bin ich sicher, daß meine Fähigkeiten den besonderen Anforderungen des Theologiestudiums entsprachen.	Z: 2.22 T: K: 2.04
108	Ich habe erkannt, daß ich meine persönlichen Interessen nur schwer in irgendeinem Studium oder Beruf verwirklichen kann.	Z: 4.51 T: K: 4.82
109	Heute stehe ich der Theologie ablehnend gegenüber.	Z: 3.74 T: K: 4.04
110	Als ich meine theologische Berufslaufbahn aufgab, hatte ich eingesehen, daß meine Einschätzung der Wirklichkeit zu Beginn der Ausbildung falsch war.	Z: 2.88 T: K: 2.56
111	Auch wenn ich kein Amt in der Kirche ausübe, setze ich mich doch für die Verwirklichung des Evangeliums ein.	Z: 3.60 T: K: 2.68
112	Im Prozeß der Distanzierung vom Theologenberuf hat sich meine Lebenseinstellung wesentlich verändert.	Z: 3.45 T: K: 3.04
113	Seit ich meine theologische Berufslaufbahn aufgegeben habe, hat sich meine Lebensauffassung nicht mehr grundlegend verändert.	Z: 3.04 T: K: 3.44

114 Nachdem ich meine theologische Berufslaufbahn aufgegeben hatte, habe ich einen ganz anders gearteten Bekannten- und Freundeskreis gewonnen. Z: 3.52 T: K: 2.84

115 Ich schätze die Tatsache, daß ich meine theologische Berufslaufbahn aufgegeben habe, heute anders ein als unmittelbar nach diesem Schritt. Z: 4.46 T: K: 4.04

116 Ich gewann in meinem neuen Studium/Beruf völlig neue persönliche Interessen. Z: 3.24 T: K: 2.68

117 Gemessen an den Erwartungen der Gemeinde an den Pfarrer war ich nicht fromm genug. Z: 2.96 T: K: 3.49

118 Ich verstehe mich auch heute noch als Theologe. Z: 4.29 T: K: 3.86

119 Wir haben eine Reihe von Gründen und Situationen zusammengestellt, die einem selbst oder der Kirchenleitung die Beendigung der Berufsausbildung bzw. Berufsausübung geraten erscheinen lassen könnten.
Wir möchten Sie bitten, *die* Situation und Gründe anzukreuzen, die *Sie* veranlaßt haben, die Beendigung Ihrer theologischen Berufslaufbahn
a) zum ersten Mal ernsthaft zu erwägen
b) tatsächlich zu vollziehen.
(Mehrfachnennungen möglich!)

nur Z	a)	b)
Ich wurde krank und konnte nicht mehr mit voller Gesundheit rechnen.	2.5 %	1.8 %
Meine Gesundheit war aufgrund eines amtsärztlichen Zeugnisses nicht ausreichend.	0.4 %	0.7 %
Ich fühlte mich besonders vereinsamt.	11.3 %	3.2 %
Ich lernte einen festen Partner kennen.	6.4 %	5.7 %
Mein Ehepartner war mit meiner weiteren Berufsausbildung bzw. -tätigkeit nicht einverstanden.	2.1 %	1.4 %
Die Beziehung zu meinem Lebenspartner löste sich auf.	1.1 %	1.8 %
Ich wollte mich von meinem Ehepartner scheiden lassen.	0.4 %	0.4 %
Ich wollte unverheiratet mit meinem Partner zusammenleben.	1.8 %	0.7 %
Unser erstes Kind wurde geboren.	1.1 %	2.1 %

Verheiratete Pfarrerinnen wurden in meiner Landeskirche nicht eingestellt.	0.4 %	1.8 %
Die finanzielle Situation meiner Familie machte ein weiteres Studium unmöglich.	2.1 %	2.8 %
Homosexuelle wurden im Pfarramt nicht geduldet.	1.4 %	1.4 %
Ich gewann einen neuen Freundeskreis.	4.2 %	3.9 %
Ich war mit den Strafgesetzen in Konflikt gekommen.	–	–
Persönliche Lebensumstände anderer Art widersprachen den Gesetzen der Landeskirche.	3.9 %	2.5 %
Ich wurde/war Mitglied in einer Gruppe/Organisation; (in welcher?)	6.4 %	2.8 %
Ich stand unter dem Eindruck bestimmter politischer oder gesellschaftlicher Ereignisse; (welcher?)	15.9 %	8.8 %
Ich geriet mit der Kirchenleitung wegen abweichender theologischer Auffassungen in Konflikt; (welcher Konflikt lag vor?)	6.4 %	4.6 %
Ich hatte andere (nichttheologische) Konflikte mit der Kirchenleitung; (welche?)	7.1 %	6.0 %
Ich hatte Konflikte mit meinen Amtskollegen; (welche?)	2.8 %	2.1 %
Ich hatte Konflikte mit der Gemeinde bzw. einigen Gruppen der Gemeinde; (welche?)	4.6 %	2.5 %
Für mich waren andere Gründe bzw. Situationen entscheidend:		
Glaubenszweifel/Änderung der Überzeugung	11.7 %	11.0 %
Rollenerwartung: Pfarrer-Gemeinde	6.7 %	6.4 %
Intellektuelle Redlichkeit/Wissenschaftlichkeit der Theologie	4.6 %	4.6 %

120 Wenn jemand seine Berufslaufbahn wechselt oder aufgibt, macht er sich die Sache nicht leicht.
Welche Bedenken ließen *Sie am meisten* zögern, sich endgültig für einen anderen Beruf zu entscheiden?
Bitte, nennen Sie nur das schwerstwiegende Bedenken.

	Z	K
Bedenken vor der neuen Berufssituation	19.1 %	9.4 %
Zweifel an der Richtigkeit der Definition der gegenwärtigen Situation	14.8 %	4.7 %
ökonomische Gründe	12.4 %	1.2 %

121 Wie kam die Entscheidung, Ihre theologische Berufslaufbahn aufzugeben, zustande?

	Z	K
Die Kirche legte mir das Ausscheiden nahe, nach außen aber war es meine Entscheidung.	2.5 %	4.7 %
Ich bin gegen meinen Willen entlassen worden.	1.4 %	2.4 %
Es war ganz allein mein eigener Entschluß.	89.4 %	48.2 %
anderes	6.0 %	4.7 %
k. A.	0.7 %	40.0 %

122 Falls Sie auf Betreiben der Kirchenleitung ausgeschieden sind, stimmte dann die offizielle Begründung mit dem tatsächlichen Grund überein?

	Z	K
ja	2.1 %	2.4 %
nein (Nähere Äußerungen:)	2.5 %	2.4 %
entfällt/k. A.	95.4 %	95.2 %

123 Waren Sie zum Zeitpunkt der Aufgabe ihrer theologischen Berufslaufbahn verheiratet?

	Z
ja	25.8 %
nein	73.5 %
k. A.	0.7 %

124 Wer hat Sie *am meisten* bestärkt, sich nach einer beruflichen Alternative umzusehen?

	Z	K
Lebenspartner(in)	14.1 %	24.7 %
Freund(in)	13.4 %	15.3 %
Professor	1.8 %	4.7 %
Pfarrer	2.1 %	2.4 %
sonstige Personen	7.8 %	3.5 %
niemand	60.1 %	47.1 %
k. A.	0.7 %	2.4 %

125 Wenn Sie an den Zeitpunkt denken, zu dem Sie Ihre theologische Berufslaufbahn aufgaben, wie reagierte da der *überwiegende* Teil der folgenden Personengruppen?

(Antwortkategorien von »1« = »völlig zustimmend«
über »4« = »neutral«
bis »7« = »völlig ablehnend«)

		Z	K
1. Verwandte		Z	K
	Mittelwert	4.07	4.54
	entfällt für mich	2.1 %	–
2. Bekannte, Freunde, Partner		Z	K
	Mittelwert	2.79	2.60
	entfällt für mich	0.7 %	–

		Z	K
3. Kirchengemeinde, kirchliche Gruppen		Z	K
	Mittelwert	4.98	4.49
	entfällt für mich	32.9 %	–
4. theologische Kollegen, Kommilitonen		Z	K
	Mittelwert	3.98	3.74
	entfällt für mich	6.4 %	–
5. Vertreter der Kirchenleitung		Z	K
	Mittelwert	4.56	4.90
	entfällt für mich	33.2 %	–

Die Items 127 bis 140 wurden nur den gegenwärtigen Theologen vorgelegt.

127 Kreuzen Sie bitte in der folgenden Liste an, *warum* es Ihrer Meinung und Erfahrung nach zu einem Abbruch oder Wechsel des theologischen Studiums, zum Ausscheiden aus der Vikarsausbildung oder aus dem Pfarramt kommt.
In welchem Maße treffen diese Gründe zu?

128 Wegen zu widersprüchlicher Rollenerwartungen an den Pfarrer
Z:
T: 2.71
K:

129 Wegen persönlicher Glaubenskrisen
Z:
T: 2.51
K:

130 Wegen der Funktionslosigkeit des geistlichen Amtes
Z:
T: 4.03
K:

131 Wegen Abneigung gegen die bürokratischen Strukturen der Kirche
Z:
T: 3.30
K:

132 Wegen des sinkenden Prestiges und schlechter finanzieller Sicherung des Pfarrerberufs
Z:
T: 4.60
K:

133 Wegen fehlender Spezialisierung für die vielen Aufgaben des Pfarrers
Z:
T: 3.37
K:

134 Wegen fehlender Möglichkeit zum Experimentieren
Z:
T: 3.93
K:

135 Weil die Ideologie der Volkskirche den Theologen nichts mehr sagt

Z:
T: 3.94
K:

136 Wegen der Funktionslosigkeit und Irrelevanz der Theologie

Z:
T: 4.25
K:

137 Wegen der Entkirchlichung der Gesellschaft

Z:
T: 4.03
K:

138 Weil die ausscheidenden Theologen sich persönlich für ungeeignet halten

Z:
T: 3.23
K:

139 Wegen der Unwissenschaftlichkeit der Theologie

Z:
T: 4.93
K:

140 Weil die ausscheidenden Theologen nur unzureichende Kenntnisse über die wirkliche Situation der Kirche haben.

Z:
T: 3.50
K:

142 Können Sie sich an eine Reihe von persönlichen Erschütterungen und Krisen erinnern, die Sie erlebten? Bitte, beantworten Sie die entsprechenden Vorgaben, ohne zu berücksichtigen, ob Ihnen diese Erschütterungen von heute aus gesehen positiv oder negativ für Ihre Entwicklung erscheinen.
Bitte, nehmen Sie zu jeder Antwortvorgabe Stellung.

Übergang von der Schule zur Universität

		Z	T	K
143	Die Trennung vom Elternhaus			
	war eine große Belastung für mich	8.8 %	2.8 %	4.7 %
	war nicht ganz einfach für mich	26.2 %	20.7 %	21.2 %
	war kein Problem für mich	64.0 %	76.3 %	72.9 %
	k. A.	1.1 %	0.3 %	1.2 %
144	Die Trennung vom Freundeskreis der Schulzeit			
	war eine große Belastung für mich	5.0 %	1.3 %	2.4 %
	war nicht ganz einfach für mich	22.3 %	16.5 %	23.5 %
	war kein Problem für mich	71.7 %	82.1 %	71.7 %
	k. A.	1.1 %	0.1 %	2.4 %

		Z	T	K
145	Die erste Begegnung mit der wissenschaftlichen Theologie			
	war eine große Belastung für mich	10.3 %	9.8 %	4.7 %
	war nicht ganz einfach für mich	38.5 %	48.5 %	42.4 %
	war kein Problem für mich	50.2 %	41.6 %	52.9 %
	k. A.	1.1 %	0.1 %	–

		Z	T	K
146	Der Aufbau eines Freundeskreises am Studienort			
	war eine große Belastung für mich	11.3 %	4.7 %	3.5 %
	war nicht ganz einfach für mich	35.0 %	31.7 %	21.2 %
	war kein Problem für mich	52.7 %	63.1 %	75.3 %
	k. A.	1.1 %	0.5 %	–

Zeit des Theologiestudiums

		Z	T	K
148	Die Schwierigkeiten der Sprachstudien			
	waren eine große Belastung für mich	21.2 %	19.0 %	12.9 %
	waren nicht ganz einfach für mich	26.2 %	32.9 %	30.6 %
	waren kein Problem für mich	51.6 %	47.8 %	56.5 %
	k. A.	1.1 %	0.3 %	–

		Z	T	K
149	Die exegetischen Studien			
	waren eine große Belastung für mich	5.3 %	4.2 %	1.2 %
	waren nicht ganz einfach für mich	33.2 %	39.8 %	25.9 %
	waren kein Problem für mich	57.2 %	55.5 %	72.9 %
	k. A.	4.2 %	0.5 %	–

		Z	T	K
150	Die systematischen Studien			
	waren eine große Belastung für mich	7.8 %	5.3 %	1.2 %
	waren nicht ganz einfach für mich	36.8 %	43.3 %	35.3 %
	waren kein Problem für mich	51.2 %	50.3 %	63.5 %
	k. A.	4.2 %	1.2 %	–

		Z	T	K
151	Die theologisch-praktischen Studien			
	waren eine große Belastung für mich	5.3 %	1.9 %	1.2 %
	waren nicht ganz einfach für mich	23.7 %	31.2 %	16.5 %
	waren kein Problem für mich	64.3 %	65.5 %	80.0 %
	k. A.	6.7 %	1.4 %	2.4 %

		Z	T	K
152	Der Wechsel des Studienortes			
	war eine große Belastung für mich	3.5%	3.0%	5.9%
	war nicht ganz einfach für mich	18.0%	20.7%	21.2%
	war kein Problem für mich	72.1%	72.9%	72.9%
	k. A.	6.4%	3.4%	–

		Z	T	K
153	Das Kennenlernen eines festen Partners			
	war eine große Belastung für mich	14.5%	11.3%	15.3%
	war nicht ganz einfach für mich	26.2%	28.3%	21.2%
	war kein Problem für mich	51.6%	57.9%	57.7%
	k. A.	7.8%	2.5%	5.9%

		Z	T
154	Der Verlust eines festen Partners		
	war eine große Belastung für mich	15.9 %	15.0 %
	war nicht ganz einfach für mich	17.0 %	27.9 %
	war kein Problem für mich	55.1 %	48.2 %
	k. A.	12.0 %	8.9 %

		Z	T	K
155	Die Zugehörigkeit zu einer Gruppe oder einem Verein			
	war eine große Belastung für mich	2.8 %	2.8 %	4.7 %
	war nicht ganz einfach für mich	14.5 %	18.5 %	11.8 %
	war kein Problem für mich	73.5 %	76.4 %	80.0 %
	k. A.	9.2 %	2.4 %	3.5 %

		Z	T	K
156	Die Vorbereitung aufs Examen			
	war eine große Belastung für mich	12.4 %	18.9 %	3.5 %
	war nicht ganz einfach für mich	23.0 %	43.9 %	21.7 %
	war kein Problem für mich	48.4 %	31.0 %	67.1 %
	k. A.	16.3 %	6.2 %	2.4 %

Die Items 159–166 wurden nur den ehemaligen und gegenwärtigen Vikaren und Pfarrern vorgelegt.

Zeit des Viktariats

		Z	T	K
159	Die erste Arbeit in der Gemeinde			
	war eine große Belastung für mich	3.5 %	8.9 %	7.1 %
	war nicht ganz einfach für mich	9.9 %	35.9 %	21.2 %

war kein Problem für mich	6.4 %	32.8 %	23.5 %
k. A.	80.2 %	22.4 %	48.2 %

160 Die Zeit im Predigerseminar	Z	T
war eine große Belastung für mich	1.8 %	5.5 %
war nicht ganz einfach für mich	4.2 %	17.4 %
war kein Problem für mich	11.0 %	47.0 %
k. A.	83.0 %	30.1 %

161 Die Erfahrungen im Schulvikariat	Z	T	K
waren eine große Belastung für mich	1.1 %	2.7 %	8.2 %
waren nicht ganz einfach für mich	5.7 %	20.7 %	23.5 %
waren kein Problem für mich	11.0 %	41.4 %	20.0 %
k. A.	82.3 %	35.2 %	48.2 %

162 Die Begegnung mit dem Lehrpfarrer	Z	T
war eine große Belastung für mich	2.1 %	8.1 %
war nicht ganz einfach für mich	7.1 %	18.3 %
war kein Problem für mich	9.5 %	48.3 %
k. A.	81.3 %	25.4 %

163 Die Erfahrungen bei Amtshandlungen	Z	T	K
waren eine große Belastung für mich	3.2 %	5.4 %	2.4 %
waren nicht ganz einfach für mich	11.3 %	40.0 %	23.5 %
waren kein Problem für mich	5.0 %	31.8 %	25.9 %
k. A.	80.6 %	22.8 %	48.2 %

164 Die Vorbereitung aufs 2. Examen	Z	T	K
war eine große Belastung für mich	1.1 %	11.2 %	–
war nicht ganz einfach für mich	3.2 %	30.9 %	7.1 %
war kein Problem für mich	12.4 %	34.2 %	41.2 %
k. A.	83.4 %	23.7 %	51.8 %

165 Die Erfahrungen mit der Organisation Kirche	Z	T	K
waren eine große Belastung für mich	5.0 %	11.1 %	14.1 %
waren nicht ganz einfach für mich	9.2 %	28.6 %	20.0 %
waren kein Problem für mich	5.7 %	37.9 %	16.5 %
k. A.	80.2 %	22.4 %	49.4 %

166 Das Ausscheiden aus dem akademischen Bereich

	Z	T	K
war eine große Belastung für mich	1.8 %	2.9 %	1.2 %
war nicht ganz einfach für mich	6.7 %	19.4 %	10.6 %
war kein Problem für mich	10.6 %	53.2 %	40.0 %
k. A.	80.9 %	24.5 %	48.2 %

Die Items 168–172 wurden nur den ehemaligen und gegenwärtigen Pfarrern vorgelegt

Zeit des Pfarramtes

---

168 Der Ortswechsel

	Z	T	K
war eine große Belastung für mich	0.4 %	5.3 %	2.4 %
war nicht ganz einfach für mich	0.4 %	21.2 %	3.5 %
war kein Problem für mich	7.8 %	47.6 %	14.1 %
k. A.	91.5 %	26.0 %	80.0 %

169 Die Erwartungen der Gemeinde

	Z	T	K
waren eine große Belastung für mich	1.8 %	7.3 %	2.4 %
waren nicht ganz einfach für mich	5.0 %	39.3 %	11.8 %
waren kein Problem für mich	1.8 %	27.7 %	5.9 %
k. A.	91.5 %	25.7 %	80.0 %

170 Die Kollegen

	Z	T	K
waren eine große Belastung für mich	2.5 %	8.9 %	–
waren nicht ganz einfach für mich	3.2 %	36.4 %	10.6 %
waren kein Problem für mich	2.8 %	29.1 %	9.4 %
k. A.	91.5 %	25.7 %	80.0 %

171 Die Organisation Kirche

	Z	T	K
war eine große Belastung für mich	3.5 %	8.3 %	4.7 %
war nicht ganz einfach für mich	3.9 %	30.1 %	9.4 %
war kein Problem für mich	1.1 %	36.0 %	5.9 %
k. A.	91.5 %	25.7 %	80.0 %

172 Das Gefühl, für bestimmte Aufgaben nur ungenügend ausgebildet zu sein

	Z	T	K
war eine große Belastung für mich	2.1 %	19.6 %	5.9 %
war nicht ganz einfach für mich	4.6 %	43.9 %	11.8 %

war kein Problem für mich	1.4 %	11.2 %	3.5 %
k. A.	91.9 %	25.3 %	78.8 %

175 In meiner theologischen Berufslaufbahn wurde ich stark belastet durch folgende *familiäre* Ereignisse:

	Z	T	K
Probleme in der Herkunftsfamilie	11.0%	7.9%	12.9%
Ehe- und Partnerprobleme	5.0%	7.8%	1.2%
Tod einer wichtigen Bezugsperson	4.2%	9.4%	4.7%

178 Die schwerste persönliche Erschütterung in meiner theologischen Berufslaufbahn war für mich die auf den letzten drei Seiten unter Nr.... genannte.

	Z	T	K
Die erste Begegnung mit der wissenschaftlichen Theologie (145)	7.4 %	2.6 %	1.2 %
familiäre Ereignisse (175)	6.7 %	14.5 %	4.7 %
Der Verlust eines festen Partners (154)	5.7 %	4.7 %	–

Ich habe diese persönliche Belastung überwunden durch ...

179 ... Intensivierung des Theologiestudiums — Z: 4.84 / T: 4.09 / K:

180 ... Unterstützung des damaligen Lebenspartners — Z: 4.53 / T: 3.58 / K: 4.12

181 ... Besinnung auf meine alten Prinzipien und Erfahrungen — Z: 4.76 / T: 4.12 / K: 4.18

182 ... den Beginn nichttheologischer Studien — Z: 3.52 / T: 4.92 / K: 3.69

183 ... festen Halt im Glauben — Z: 5.25 / T: 3.14 / K: 3.77

184	... Hilfe alter Freunde	Z: 4.05 T: 3.55 K: 3.71
185	... das Wissen, daß solche Krisen nicht ewig dauern	Z: 4.22 T: 3.65 K: 4.08
186	... Gewinnung eines neuen Freundeskreises	Z: 4.08 T: 3.79 K: 3.86
187	... die Gewißheit, später als Pfarrer einen sinnvollen Beruf auszuüben	Z: 5.59 T: 3.64 K: 4.85
188	... Revision meiner ehemaligen Vorstellungen	Z: 3.68 T: 4.04 K: 3.38
189	... psychologische Beratung	Z: 5.26 T: 5.40 K: 5.12
190	... seelsorgerliche Beratung	Z: 5.54 T: 4.50 K: 4.47
191	... ärztliche Hilfe	Z: 5.66 T: 5.32 K: 5.79
192	Die Krise ist ungelöst geblieben	Z: 4.96 T: 4.95 K: 4.86
193	Die Krise hat sich von selbst gelöst	Z: 4.16 T: 4.04 K: 3.94

Themenbereich: Kirche/Gesellschaft

194 Was fällt Ihnen ein, wenn Sie das Wort ›Kirche‹ hören? Schreiben Sie bitte nur einige Stichworte.

	Z	T	K
Organisation/Bürokratie/Institution	14.5 %	14.7 %	10.6 %
negative Werturteile ohne theologischen Bezug	12.4 %	3.9 %	12.9 %

Glaubensgemeinschaft, biblischer Bezug	11.3 %	28.0 %	14.1 %

195 Die Meinungen darüber, wie die Kirche eigentlich sein sollte, gehen oft auseinander. Bitte kreuzen Sie bei den folgenden Aussagen an, wieweit Sie diesen zustimmen können.

196	Die um Wort und Sakrament versammelte Gemeinde ist die einzig gültige Gestalt der Kirche.	Z: 4.82 T: 3.49 K: 4.34
197	Man ist kein Christ, wenn man den Kultus der Kirche (Abendmahl, Taufe, Gottesdienst) grundsätzlich ablehnt.	Z: 4.62 T: 3.23 K: 4.04
198	Ich sehe in der Kirche die für jeden offene Gemeinde.	Z: 2.67 T: 1.80 K: 2.31
199	Die Kirche muß gegenüber den streitenden Interessengruppen in unserer Gesellschaft neutral sein.	Z: 4.86 T: 4.11 K: 4.26
200	Kirchenfunktionäre und Gemeindepfarrer sollten in der Öffentlichkeit auf keinen Fall parteipolitisch hervortreten.	Z: 4.53 T: 3.22 K: 3.39
201	Die Kirche hat ein Wächteramt gegenüber der Gesellschaft wahrzunehmen.	Z: 3.31 T: 2.67 K: 3.35
202	Die Kirche sollte sich für ihre legitimen Anliegen wie ein Interessenverband (z. B. Gewerkschaft, Partei) einsetzen.	Z: 3.21 T: 3.57 K: 3.52
203	Die Kirche sollte weniger dogmatisch sein.	Z: 2.30 T: 3.01 K: 1.94
204	Die Kirche sollte nur Erwachsene taufen.	Z: 2.83 T: 4.52 K: 3.47
205	Wer sich von der Kirche trennt, der gibt damit zu verstehen, daß er mit dem Christentum nichts mehr zu tun haben will.	Z: 4.95 T: 4.23 K: 5.22

206 Ich sehe in der Kirche die Gemeinschaft der Heiligen Gottes. Z: 4.78 T: 2.99 K: 4.52

207 Bekenntnismäßige Unterschiede in der evangelischen Kirche (lutherisch, reformiert, uniert) halte ich für unaufgebbar. Z: 5.41 T: 4.99 K:

208 Wie haben Sie selbst die Kirche erfahren? Bitte, markieren Sie, inwieweit die folgenden Aussagen Ihren Erfahrungen entsprechen.

209 Predigten und kirchliche Verlautbarungen unterstützen das bürgerliche Wertsystem. Z: 2.18 T: 3.45 K: 2.55

210 Wer für die Gesellschaft etwas Sinnvolles leisten will, sollte besser nicht Pfarrer werden. Z: 3.21 T: 5.03 K: 3.78

211 Die Kirche hilft mir, mit den Schwierigkeiten und Problemen des Lebens fertig zu werden. Z: 4.69 T: 2.85 K: 4.00

212 Die parochiale Ordnung ist heute dem Dienste der Kirche nicht mehr angemessen. Z: 2.45 T: 3.77 K: 2.64

213 Die Kirche hat in der Gesellschaft keine eindeutige Aufgabe. Z: 3.35 T: 4.37 K: 3.86

214 Die Kirche nimmt der Gesellschaft Aufgaben ab, die diese eigentlich selbst lösen müßte. Z: 2.98 T: 2.93 K: 3.21

215 Die Kirche gehört zu den autoritärsten Einrichtungen in unserer Gesellschaft. Z: 2.81 T: 4.38 K: 2.28

216 Ich habe den Eindruck, daß die führenden Leute in der Kirche über gesellschaftliche Probleme ganz anders denken als die einfachen Kirchenmitglieder. Z: 2.74 T: 2.98 K: 2.30

217 Für die verschiedenen Interessen und Fähigkeiten eines Theologen gibt es in der Kirche zu wenig berufliche Möglichkeiten. Z: 3.07 T: 4.10 K: 2.72

218 Im Leben der Kirche spielt die Tradition heute eine zu große Rolle. Z: 2.37
T: 3.43
K: 2.18

219 So, wie die Kirche heute auf gesellschaftliche Probleme reagiert, wird sie diesen meist nicht gerecht. Z: 2.07
T: 3.07
K: 1.89

220 Die Geschichte beweist, daß die Kirche die in Jesus begründete Freiheit verraten hat. Z: 2.64
T: 3.70
K: 2.46

221 Die Kirche ist in unserer Gesellschaft ein Handlanger des kapitalistischen Systems. Z: 2.96
T: 4.55
K: 3.26

222 Kirchliche Verkündigung spricht oft von Dingen, bei denen sich ein vernünftiger Mensch nichts denken kann. Z: 2.26
T: 3.49
K: 2.09

223 Die Kirche engagiert sich zu wenig bei sozialen Problemen. Z: 2.84
T: 3.77
K: 2.82

224 Die Kirche hat in den letzten Jahren notwendige Reformen versäumt. Z: 2.01
T: 2.85
K: 1.65

225 Für mich ist die Kirche identisch mit der kirchlichen Gruppe, in der ich aktiv war/bin. Z: 4.59
T: 4.58
K: 4.41

226 Für mich besteht Kirche aus einzelnen Personen, die Bedürfnis nach Seelsorge haben. Z: 4.39
T: 4.58
K: 4.71

227 Für mich besteht Kirche aus Menschen, die einen Geistlichen vor allem für die Kasualien in Anspruch nehmen. Z: 3.92
T: 4.39
K: 4.76

228 Für mich ist Kirche ein anonymer Apparat. Z: 3.62
T: 4.93
K: 4.09

229 Es gibt verschiedene Vorstellungen, wie die Kirche eigentlich sein sollte. Außerdem wird sie in der Wirklichkeit auch auf unterschiedliche Weise erfahren.

Bitte, kreuzen Sie bei jeder Aussage in der oberen Zeile an, wie Sie die Kirche *tatsächlich* erfahren, und in der zweiten Zeile, wie sie Ihrer Meinung nach sein *sollte*.

230 Die Kirche garantiert, daß das personale Element in unserer Gesellschaft nicht völlig verschwindet.

ist:	Z: 4.04	soll:	Z: 2.39
	T: 3.04		T: 1.69
	K: 3.72		K: 1.76

231 Die Kirche steht ihrem Wesen nach der Gesellschaft gegenüber.

ist:	Z: 3.65	soll:	Z: 4.09
	T: 3.45		T: 3.28
	K: 3.52		K: 3.83

232 Die Ziele und Zwecke der Kirche werden nicht auf demokratische Weise durch ihre Mitglieder bestimmt.

ist:	Z: 2.34	soll:	Z: 4.16
	T: 3.11		T: 3.51
	K: 2.01		K: 4.26

233 Die Verkündigung des Wortes Gottes ist die wichtigste Aufgabe der Kirche.

ist:	Z: 2.96	soll:	Z: 3.55
	T: 2.59		T: 2.03
	K: 3.58		K: 2.34

234 Die Kirche ist in unserer Gesellschaft eine überflüssige Größe.

ist:	Z: 3.81	soll:	Z: 4.03
	T: 4.50		T: 5.27
	K: 3.96		K: 4.55

235 Die Form der Kirche als bürokratische Organisation ist mit ihrer vom Evangelium her gestellten Aufgabe vereinbar.

ist:	Z: 3.75	soll:	Z: 3.94
	T: 3.57		T: 3.40
	K: 3.44		K: 4.19

236 Kirche ist die Gemeinschaft der ›Partisanen‹ Gottes.

ist:	Z: 4.97	soll:	Z: 3.49
	T: 4.62		T: 3.25
	K: 5.15		K: 3.76

237 Kirche ist eine Großorganisation im Dienstleistungsbereich ›Lebenshilfe‹.

ist:	Z: 3.21	soll:	Z: 2.99
	T: 3.02		T: 3.01
	K: 3.44		K: 3.26

238 Kirche ist ein aufgeschlossener Kreis von Menschen, die Antworten auf wichtige Fragen unserer Zeit suchen.

ist:	Z: 4.66	soll:	Z: 2.20
	T: 3.88		T: 2.15
	K: 4.76		K: 2.02

239 Kirche ist die kleine aktive Kerngemeinde.

ist:	Z: 3.99	soll:	Z: 3.68
	T: 3.65		T: 4.03
	K: 4.86		K: 3.05

241 Es gibt unterschiedliche Auffassungen über den politischen Auftrag der Kirche.
Wie stehen Sie zu dieser Frage?

	Z	T	K
Die Kirche hat keinen politischen Auftrag.	7.1 %	9.1 %	4.7 %
Die Kirche hat einen politischen Auftrag, . . .			
weil er sich aus dem Evangelium ableiten läßt;	12.7 %	37.3 %	18.8 %
weil sie eine Großorganisation mit eigenen gesellschaftlichen Interessen ist;	4.6 %	0.1 %	3.5 %
weil sie im Dienste anderer bestimmte Ziele durchsetzen sollte;	6.7 %	4.8 %	8.2 %
weil jedes Handeln politische Implikationen hat;	34.6 %	30.1 %	36.5 %
weil ihr Auftrag, Gerechtigkeit zu verwirklichen, nur politisch verstanden werden kann;	20.9 %	6.0 %	17.7 %
weil . . . (anderes)	2.8 %	3.3 %	8.2 %
für mich nicht entscheidbar	2.5 %	1.9 %	1.2 %
k. A./Mehrfachnennungen	8.1 %	7.3 %	1.2 %

242 Wie würden Sie insgesamt Ihr Verhältnis zur Kirche, wie Sie sie erleben, bezeichnen?

	Z	T	K
völlig zustimmend	0.4 %	1.4 %	1.2 %
im großen und ganzen zustimmend	5.7 %	35.7 %	5.9 %
eher zustimmend als ablehnend	16.3 %	43.3 %	41.2 %
gleichgültig	9.9 %	0.2 %	3.5 %
eher ablehnend als zustimmend	24.7 %	12.0 %	21.2 %
im großen und ganzen ablehnend	32.5 %	5.2 %	16.5 %
völlig ablehnend	7.1 %	0.1 %	7.1 %
für mich nicht entscheidbar	3.2 %	1.7 %	3.5 %
k. A.	0.4 %	0.3 %	–

243 Es gibt unterschiedliche Auffassungen über das Verhältnis von Kirche und Gesellschaft. Wir möchten Sie bitten, dazu Stellung zu nehmen.

Frage 1: Welche Rolle *sollte* die Kirche in unserer heutigen Gesellschaft Ihrer Meinung nach spielen?
Bitte: Benutzen Sie für Ihre Antwort die unten auf dieser Seite vorgegebenen Aussagen. Geben Sie *der* Antwortvorgabe, die Ihnen am wichtigsten erscheint, die Nr. »1« und stellen Sie eine Rangordnung her, so daß die Ihnen unwichtigste Rolle die Nr. »7« bekommt. Die Zahlen tragen Sie bitte in *Spalte 1* ein.
Vergeben Sie bitte jede Zahl von 1–7 nur einmal!

Frage 2: Welche Rolle spielt die Kirche Ihrer Meinung nach in unserer heutigen Gesellschaft *tatsächlich*?
Bitte: Ordnen Sie wieder der wichtigsten Rolle eine »1« und den anderen Rollen in der Rangfolge ihrer Bedeutung die Zahlen von »2«–»7« zu. Tragen Sie die Rangordnung bitte in die *zweite Spalte* ein!

Frage 3: Welche Rolle mißt Ihrer Meinung nach *unsere Gesellschaft* der Kirche zu?
Bitte: Verfahren Sie wie bei den ersten Fragen und tragen Sie die Rangordnung in die *dritte Spalte* ein!

	Sp. 1	Sp. 2	Sp. 3
gesellschaftliche Konflikte schlichten	Z: 6 T: 6 K: 7	Z: 6 T: 6 K: 6	Z: 6 T: 6 K: 6
sittlich moralisch erziehen	Z: 7 T: 7 K: 6	Z: 3 T: 4 K: 2	Z: 2 T: 2 K: 2
die Menschen an Knotenpunkten ihres Lebens begleiten (Geburt, Ehe, Tod)	Z: 5 T: 4 K: 5	Z: 1 T: 1 K: 1	Z: 1 T: 1 K: 1
Menschen in krisenhaften Lebenssituationen beraten (Telefonseelsorge, Eheberatung)	Z: 2 T: 2 K: 3	Z: 4 T: 3 K: 4	Z: 3 T: 3 K: 3
für gesellschaftliche Randgruppen eintreten	Z: 1 T: 3 K: 2	Z: 5 T: 5 K: 5	Z: 5 T: 5 K: 5
das Evangelium verkünden	Z: 4 T: 1 K: 1	Z: 2 T: 2 K: 3	Z: 4 T: 4 K: 4
gesellschaftliche Veränderung in Gang setzen	Z: 3 T: 5 K: 3	Z: 7 T: 7 K: 7	Z: 7 T: 7 K: 7

244 Wir nennen Ihnen noch einmal Begriffspaare, die Sie möglichst spontan und assoziativ diesmal der *Kirche*, wie Sie sie kennengelernt haben, zuordnen sollen.
Je stärker Sie die Kirche mit einem der genannten Begriffe spontan in Verbindung bringen, desto näher sollten Sie Ihr Kreuz bei diesem Begriff eintragen.

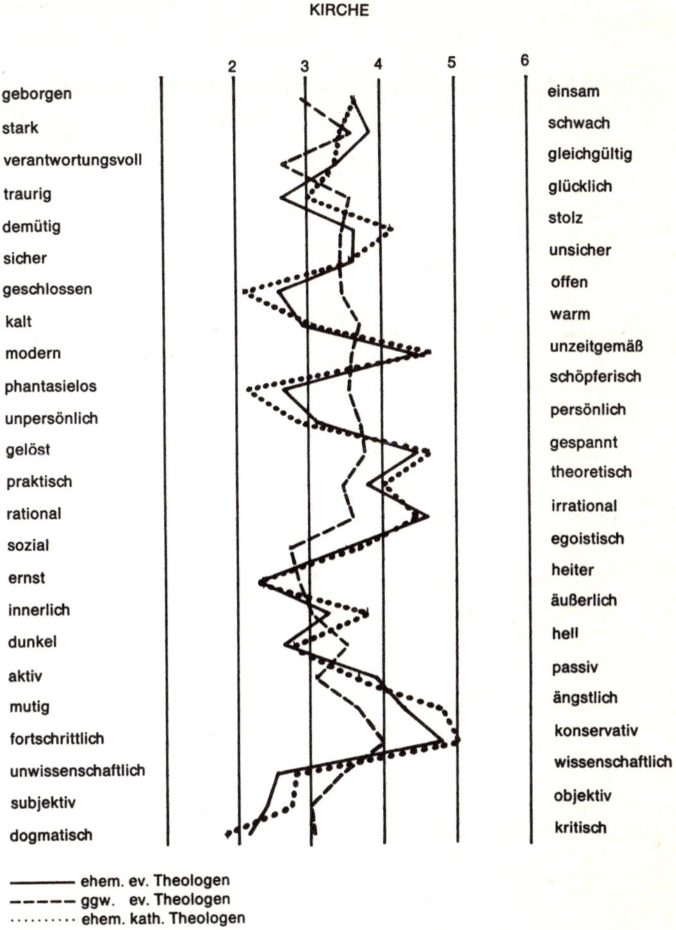

Zur Auswertung vgl. I,7.1.3

245 Sie finden auf dieser Seite zwanzig leere Zeilen. Bitte geben Sie zwanzig Antworten auf die Frage
»Wer bin ich?«
Zur Auswertung vgl. I,6.3

246	Mein Verhältnis zu Theologie und Kirche ist durch die sogenannte Studentenrevolte entscheidend geprägt worden.	Z: 3.80 T: 4.91 K: 4.75
247	Ich habe mich bemüht, die Impulse der sogenannten Studentenunruhen in Theologie bzw. kirchliche Praxis umzusetzen.	Z: 3.79 T: 4.08 K: 4.13
248	Ich hätte mir einen stärkeren Einfluß der Ideen der Studentenbewegung auf Theologie und Kirche gewünscht.	Z: 2.73 T: 3.75 K: 3.12
249	Bei Konfliktfällen im Arbeits- und Wirtschaftsleben müssen moralisch-ethische Erwägungen Vorrang haben vor Maßstäben der Effektivität.	Z: 2.26 T: 2.18 K: 2.00
250	Die Einheit unserer Gesellschaft wird durch Parteiungen und egoistische Einzelinteressen bedroht.	Z: 3.11 T: 2.53 K: 2.66
251	Es würde um unsere Gesellschaft besser bestellt sein, wenn sich alle als Glieder einer großen Familie oder eines lebendigen Organismus verstehen würden.	Z: 3.72 T: 2.64 K: 3.19
252	Organisationen schaden mehr als sie nützen.	Z: 4.58 T: 4.29 K: 4.47
253	Wenn überhaupt, dann ist die Einheit unserer Gesellschaft nur durch das Christentum zu erlangen.	Z: 5.10 T: 3.68 K: 4.29
254	Der Sozialismus steht dem Geist des Evangeliums näher als der Liberalismus.	Z: 2.53 T: 2.89 K: 2.74

255 Das Christentum muß als eine Weltanschauung unter anderen verstanden werden.
Z: 2.61
T: 4.49
K: 3.04

256 Gesellschaftliche Probleme werden gegenwärtig in der Theologie ungenügend behandelt.
Z: 2.49
T: 3.73
K: 2.42

257 Die Studentenbewegung hat sich in Theologie und Kirche negativ ausgewirkt.
Z: 4.48
T: 4.02
K: 4.43

258 Waren Sie im Zeitraum von 1966 bis 1971 aktiv an der Studentenpolitik beteiligt?

	Z	T	K
ja, ständig	8.8 %	1.3 %	2.4 %
ja, zeitweise	40.3 %	11.3 %	24.7 %
nein	37.1 %	21.0 %	48.2 %
war zu der Zeit nicht an der Hochschule	13.1 %	65.7 %	24.7 %
k. A.	0.7 %	0.8 %	–

259 Wenn nächsten Sonntag Bundestagswahl wäre, welche Partei würden Sie da wählen?

	Z	T	K
SPD	58.0 %	51.0 %	40.0 %
CDU/CSU	7.1 %	33.4 %	43.5 %
FDP	11.3 %	5.8 %	9.4 %
DKP	9.2 %	1.7 %	4.7 %
KPD	5.3 %	0.8 %	–
NPD	–	–	–
andere rechte Parteien	0.4 %	0.8 %	–
andere linke Parteien	1.4 %	0.9 %	–
würde nicht wählen	5.7 %	4.1 %	2.4 %
k. A.	1.8 %	1.5 %	–

260 Wie würden Sie sich selbst mit einem Schlagwort politisch einordnen (Selbsteinschätzung)?
Wie würde jemand, der nicht politisch festgelegt ist, Sie wahrscheinlich einordnen (Fremdeinschätzung)?
Bitte, kreuzen Sie das Zutreffende in den entsprechenden Spalten an!

Selbsteinschätzung	Z	T	K
unpolitisch	3.5 %	2.4 %	5.9 %
konservativ	2.8 %	7.2 %	1.2 %
mäßig konservativ	5.3 %	23.5 %	5.9 %
liberal	14.5 %	8.7 %	10.6 %
mäßig progressiv	38.9 %	47.9 %	61.2 %

progressiv	34.6 %	9.2 %	15.3 %
k. A.	0.4 %	1.3 %	–

Fremdeinschätzung	Z	T	K
unpolitisch	5.0 %	3.9 %	8.2 %
konservativ	5.0 %	18.5 %	7.1 %
mäßig konservativ	8.8 %	22.7 %	28.2 %
liberal	21.6 %	16.8 %	18.8 %
mäßig progressiv	27.6 %	21.8 %	23.5 %
progressiv	30.4 %	14.0 %	14.1 %
k. A.	1.8 %	2.3 %	–

261 Sind Sie Mitglied einer politischen Partei oder Gruppe?

	Z	T	K
SPD	24.4 %	5.6 %	7.1 %
CDU/CSU	1.8 %	3.0 %	7.1 %
FDP	2.1 %	0.4 %	–
DKP	0.4 %	–	–
KPD	–	–	–
NPD	–	–	–
andere rechte Parteien/Gruppen	–	0.4 %	–
andere linke Parteien/Gruppen	5.3 %	1.7 %	3.5 %
nein	64.7 %	88.9 %	82.4 %
k. A.	1.4 %	0.4 %	–

262 Wie würden Sie die Bundesrepublik Deutschland kennzeichnen? Bitte, geben Sie spontan drei kurze Antworten.

	Z	T	K
ökonomische Kategorien			
kritisch-negativ	29.7 %	10.6 %	15.3 %
Demokratie	16.3 %	22.2 %	16.5 %
politisch-politologische Kategorien			
kritisch-negativ	10.3 %	7.3 %	12.9 %

Themenbereich: Christentum

263	Mich bindet an die christliche Überlieferung allein Jesus von Nazareth und seine Botschaft der Liebe.	Z: 3.47 T: 2.09 K: 2.80
264	Man muß nicht am Leben der Kirchengemeinde teilnehmen, um ein Christ zu sein.	Z: 2.57 T: 3.71 K: 2.98
265	Die Ideen und Werte des Christentums werden heute außerhalb der offiziellen Kirche besser verwirklicht als innerhalb.	Z: 2.91 T: 4.25 K: 3.33

266	Ich mache gelegentlich Erfahrungen, die ich als religiös bezeichnen würde.	Z: 3.78	T: 2.83	K: 2.79
267	Seit ich die Kirche näher kennengelernt habe, ist mein Verhältnis zum Christentum besser geworden.	Z: 4.83	T: 3.44	K: 4.01
268	Ganz gleich, ob man die Dogmen und alten Glaubenssätze wörtlich nimmt oder sie interpretiert, mir bedeuten sie nichts.	Z: 3.24	T: 4.93	K: 3.76
269	»Sünde« ist für mein Leben eine leere Formel.	Z: 3.06	T: 5.16	K: 3.82
270	Der Gedanke an Gott spielt in meinem Alltag eine wichtige Rolle.	Z: 4.28	T: 2.11	K: 3.28
271	Auch Gegner der Kirche können sich mit Recht auf Jesus berufen, wenn sie den Menschen dienen.	Z: 2.33	T: 3.05	K: 2.29
272	Was der Mensch von Gott aussagt, sagt er in Wahrheit von sich selbst aus.	Z: 2.73	T: 4.29	K: 3.20
273	Ich kann mir eine private, von den Formen der Kirche abgelöste religiöse Praxis für meine Person nicht vorstellen.	Z: 3.83	T: 2.77	K: 3.35
274	Der Glaube an ein Fortleben nach dem Tode ist für mich ohne Bedeutung.	Z: 2.59	T: 4.46	K: 4.40
275	Der Bitte aus dem Vaterunser: »Und vergib uns unsere Schuld« kann ich in meiner Lebensführung keine Bedeutung beimessen.	Z: 3.67	T: 5.45	K: 4.53
276	Der wichtigste Bestandteil des Christentums ist für mich die Ethik.	Z: 3.19	T: 3.86	K: 4.20
277	Religion ist ein rein menschliches Produkt.	Z: 2.62	T: 4.61	K: 4.38

278	Ich lese häufig in der Bibel oder in religiösen Schriften.	Z: 4.52 T: 2.36 K: 3.51
279	Das christliche Gebot der Nächstenliebe ist im Alltag eine Überforderung.	Z: 4.00 T: 4.28 K: 4.05
280	Die Grunderfahrung, radikal von Gott getrennt zu sein, spielt in meinem Leben eine große Rolle.	Z: 4.73 T: 3.81 K: 4.64
281	Ich spreche mit meinen Freunden oft über religiöse Themen.	Z: 4.12 T: 2.63 K: 3.32
282	Mein Handeln ist von der Überzeugung mitbestimmt, daß Gott die Welt geschaffen hat.	Z: 4.57 T: 2.21 K: 3.23
283	Ich bin ziemlich gut informiert über das, was in meiner Kirchengemeinde vorgeht.	Z: 4.43 T: 2.27 K: 4.12
284	Beten spielt in meinem Leben eine wichtige Rolle.	Z: 4.91 T: 2.52 K: 3.78
285	Der Glaube an Gott hilft mir, in schwierigen Lebenslagen nicht zu verzweifeln.	Z: 4.49 T: 2.05 K: 3.12
286	Ich bin davon überzeugt, daß viele Menschen heute die christliche Lehre nicht brauchen, um gerecht und hilfsbereit zu handeln.	Z: 2.17 T: 3.45 K: 2.81
287	Ich lehne jeden Glaubenssatz ab, bei dem ich mir persönlich nichts denken kann.	Z: 2.13 T: 3.15 K: 3.16
288	Man kann sein Christentum in einem nichtkirchlichen Beruf besser verwirklichen als in der Kirche.	Z: 2.82 T: 3.98 K: 3.35
289	Das Abendmahl spielt in meinem Leben eine große Rolle.	Z: 5.21 T: 2.87 K: 3.72

290 Christi Kreuz und Auferstehung verleiht meinem Leben einen Sinn. Z: 4.66
T: 1.93
K: 2.99

291 Für mich enthält die Bibel die grundlegenden Prinzipien, die mein Leben bestimmen. Z: 3.78
T: 1.92
K: 2.64

292 Ohne Religion und Kirche ist für mich das Leben leer. Z: 4.78
T: 2.27
K: 3.31

293 Ich verstehe mich als Christ. Z: 3.36
T: 1.55
K: 2.22

294 Bei uns zu Hause wird vor dem Essen ein Tischgebet gesprochen. Z: 4.74
T: 2.30
K: 4.14

295 Religion ist Ausdruck ungerechter gesellschaftlicher Verhältnisse. Z: 3.70
T: 5.09
K: 4.86

296 Ich habe zu einer Christlichkeit gefunden, die nicht mit der offiziellen Lehre der Kirche übereinstimmt. Z: 3.71
T: 4.32
K: 3.18

297 Der Glaube an göttliche Führung, das Schicksal als Werk Gottes, ist zu einem zufriedenen Leben in der Welt nötig. Z: 4.91
T: 3.15
K: 4.12

298 Ein christliches Elternhaus gehabt zu haben, ist für den späteren Lebensweg besonders wichtig. Z: 4.31
T: 2.87
K: 3.69

299 Das Christentum verhindert gesellschaftsveränderndes Handeln. Z: 3.81
T: 5.02
K: 4.00

300 Wenn Sie 100 DM für einen guten Zweck zur Verfügung hätten, wie würden Sie den Betrag auf die folgenden Organisationen verteilen?

	Z	T	K
für das Rote Kreuz	11.2 %	5.7 %	7.8 %
für Brot für die Welt/Misereor	22.1 %	40.4 %	37.2 %
für das Antirassismusprogramm des Ökumenischen Rates	24.2 %	14.7 %	13.1 %

für die Innere Mission/Caritas	8.3 %	23.8 %	9.6 %
für Amnesty International	34.3 %	15.4 %	32.3 %

301 Hören/sehen Sie Übertragungen von religiösen Feiern (z. B. Andachten, Wort zum Sonntag, Gottesdienste) in Rundfunk oder Fernsehen?

	Z	T	K
höre/sehe ich regelmäßig	1.8 %	6.2 %	7.2 %
höre/sehe ich, wenn es sich ergibt	52.3 %	83.7 %	53.1 %
höre/sehe ich nie	45.9 %	10.1 %	29.8 %
k. A.	0.4 %	0.1 %	–

302 Haben Sie schon einmal ernsthaft an einen Austritt aus Ihrer Kirche gedacht?

	Z	T	K
nein	35.3 %	85.0 %	64.7 %
ja, ich bin aber nicht ausgetreten	49.1 %	14.1 %	27.1 %
ja, ich bin ausgetreten (Wann war das?)	14.8 %	0.6 %	8.2 %
k. A.	0.7 %	0.2 %	–

303 Kreuzen Sie bitte in der Spalte 1 an, wie häufig Sie vor Ihrem *Studienbeginn* zum Gottesdienst gingen.
Kreuzen Sie bitte in der Spalte 2 an, wie häufig Sie *gegenwärtig* zum Gottesdienst gehen.
Falls Sie Pfarrer oder Vikar sind, kreuzen Sie bitte das *letzte* Kästchen der Spalte 2 an!

(Spalte 1)	Z	T	K
jeden oder fast jeden Sonntag	57.2 %	63.4 %	97.7 %
mindestens einmal im Monat	31.1 %	21.9 %	–
an einigen Festtagen oder bei besonderen Anlässen	8.5 %	5.5 %	1.2 %
selten oder nie	3.2 %	3.4 %	–
k. A.	–	5.8 %	1.2 %

(Spalte 2)	Z	T	K
jeden oder fast jeden Sonntag	4.6 %	6.6 %	45.9 %
mindestens einmal im Monat	11.3 %	6.3 %	14.1 %
an einigen Festtagen oder bei besonderen Anlässen	19.4 %	3.6 %	11.8 %
selten oder nie	63.6 %	2.5 %	27.1 %
bin Pfarrer/Vikar		80.6 %	
k. A.	0.4 %	0.3 %	1.2 %

304 Haben Sie sich kirchlich trauen lassen?

	Z	T	K
ich bin nicht verheiratet	34.3 %	20.5 %	20.0 %
ja, aus persönlicher Überzeugung	29.0 %	73.4 %	44.7 %
ja, aus anderen Gründen	21.6 %	6.0 %	21.2 %
nein, aus persönlicher Überzeugung	12.0 %	0.1 %	5.9 %
nein, aus anderen Gründen	3.2 %	0.0 %	8.2 %
k. A.	–	0.0 %	–

305 Werden Sie sich kirchlich trauen lassen?

	Z	T	K
ich bin schon verheiratet	59.7 %	79.4 %	67.1 %
ja, aus persönlicher Überzeugung	6.0 %	13.1 %	12.9 %
ja, aus anderen Gründen	2.1 %	2.1 %	2.4 %
nein, aus persönlicher Überzeugung	15.2 %	1.1 %	5.9 %
nein, aus anderen Gründen	3.9 %	–	3.5 %
weiß ich noch nicht	12.7 %	3.5 %	4.7 %
k. A.	0.4 %	0.9 %	3.5 %

306 Beten Sie gelegentlich außerhalb des Gottesdienstes gemeinsam mit Ihrem Lebenspartner?

	Z	T	K
ich habe keinen Lebenspartner	17.0 %	12.1 %	10.6 %
ja	7.4 %	58.5 %	38.8 %
nein	72.1 %	28.3 %	49.4 %
k. A.	3.5 %	1.1 %	1.2 %

Item 309 wurde nur ehemaligen Theologen vorgelegt.

309 Bisher haben wir schon einige theologische Fragestellungen angesprochen. Falls aber für Sie *theologische Probleme*, die wir noch nicht erwähnt haben, eine Rolle bei Ihrer Entscheidung zur Aufgabe der theologischen Berufslaufbahn gespielt haben, bitten wir Sie, diese Zusammenhänge hier kurz darzustellen.

Themenbereich: Pfarrerberuf

Die Items 311 bis 320 wurden nur denjenigen ehemaligen und gegenwärtigen Theologen vorgelegt, die tatsächlich im Pfarramt (oder als Vikar) tätig gewesen bzw. noch tätig sind.

311 Für welche kirchlichen Tätigkeitsbereiche fühlten bzw. fühlen Sie sich besonders gut ausgebildet?

	Z	T	K
Predigt/Verkündigung	7.1 %	44.9 %	9.4 %
Unterricht	2.1 %	2.0 %	3.5 %
Seelsorge	1.4 %	6.7 %	1.2 %

312 Konnten bzw. können Sie in diesen Bereichen auch tatsächlich arbeiten?

	Z	T	K
ja, in allen	8.5 %	50.2 %	25.9 %
ja, teilweise	4.6 %	15.3 %	8.2 %
nein	0.4 %	0.5 %	3.5 %
ich fühlte/fühle mich für keinen Bereich besonders gut ausgebildet	6.7 %	10.6 %	17.7 %
k. A.	79.9 %	23.4 %	44.7 %

313 Für welche kirchlichen Tätigkeitsbereiche fühlten bzw. fühlen Sie sich ungenügend ausgebildet?

	Z	T	K
Seelsorge	4.6 %	16.5 %	7.1 %
Unterricht	4.6 %	22.7 %	17.7 %
Jugend-/Kinderarbeit	1.8 %	4.8 %	7.1 %

314 Mußten bzw. müssen Sie trotzdem in diesen Bereichen arbeiten?

	Z	T	K
ja, in allen	8.8 %	50.4 %	34.1 %
ja, teilweise	8.5 %	17.6 %	16.5 %
nein	1.1 %	3.1 %	2.4 %
ich fühlte/fühle mich für keinen Bereich ungenügend ausgebildet	1.8 %	5.7 %	1.2 %
k. A.	79.9 %	23.2 %	45.9 %

315 Mit welchen Arbeitsfeldern eines Pfarrers verbinden sich für Sie die größten Befriedigungen?

	Z	T	K
Seelsorge	5.0 %	18.1 %	2.4 %
Unterricht	3.2 %	6.3 %	2.4 %
Predigt/Verkündigung	2.5 %	24.0 %	9.4 %

316 Mit welchen Arbeitsfeldern eines Pfarrers verbinden sich für Sie die größten Frustrationen?

	Z	T	K
Kasualien	5.7 %	7.2 %	1.2 %
Unterricht	4.2 %	16.3 %	10.6 %
Verkündigung	2.8 %	3.1 %	2.4 %

317 Haben Sie eigene Erfahrungen mit kollektiven Arbeitsformen im Pfarramt (Gruppen- oder Teampfarramt) sammeln können?

	Z	T	K
nein	16.3 %	46.2 %	34.1 %
ja, sehr positiv	0.7 %	6.5 %	3.5 %
ja, im großen und ganzen positiv	2.5 %	11.0 %	8.2 %

	Z	T	K
ja, eher positiv als negativ	0.4 %	8.4 %	4.7 %
ja, eher negativ als positiv	0.7 %	5.4 %	5.9 %
ja, im großen und ganzen negativ	–	1.4 %	–
ja, völlig negativ	0.4 %	0.7 %	–
k. A.	79.2 %	20.5 %	43.5 %

318 Wie groß war der Pfarrbezirk, in dem Sie zuletzt als Vikar oder Pfarrer tätig waren bzw. jetzt tätig sind?

	Z	T	K
bis 1000 Mitglieder	3.5 %	4.1 %	8.2 %
1001–2000 Mitglieder	2.1 %	14.9 %	3.5 %
2001–3000 Mitglieder	4.2 %	20.4 %	5.9 %
3001–4000 Mitglieder	5.3 %	22.9 %	5.9 %
über 4000 Mitglieder	3.9 %	16.4 %	28.2 %
k. A.	80.9 %	21.2 %	48.2 %

319 Im Pfarramt fand ich das, was mich eigentlich an der Theologie am meisten interessierte. Z: 4.47 T: 2.70 K:

320 Zu Beginn meiner kirchlichen Berufstätigkeit gewann ich Freude an dieser Arbeit. Z: 3.62 T: 2.31 K:

321 Das öffentliche Ansehen des Pfarrers ist sehr groß. Z: 3.28 T: 3.06 K: 3.76

322 Jedes Handeln des Pfarrers, das sich vernünftig begründen läßt, bedarf keiner zusätzlichen theologischen Legitimation. Z: 2.49 T: 3.17 K: 2.40

323 Der Pfarrer muß vor der Gemeinde ständig einen Teil seiner persönlichen theologischen Überzeugung verbergen. Z: 3.33 T: 4.60 K: 3.47

324 Verwaltungs- und Organisationsaufgaben machen das Pfarramt unerträglich. Z: 3.20 T: 3.31 K: 2.65

325 Die Aufgaben, die der Pfarrer zu leisten hat, gehören eigentlich in die Kompetenz ganz anderer Berufe. Z: 2.83 T: 3.87 K: 2.71

326 Die Kirche gibt ihren Pfarrern mehr Freiheiten als andere Arbeitgeber ihren Mitarbeitern. Z: 2.99 T: 2.06 K: 3.14

327	Der Pfarrer muß in seinem Privatleben praktisch immer im Dienst sein.	Z: 2.51 T: 2.39 K: 2.96
328	Gemessen an dem, was ein Pfarrer heute tatsächlich leisten muß, sind die finanziellen Gegenleistungen der Kirche unzureichend.	Z: 4.17 T: 4.01 K: 4.05
329	Die Klagen vieler Pfarrer über eine zu große Arbeitsbelastung sind unberechtigt.	Z: 3.93 T: 4.25 K: 3.85
330	Während meiner theologischen Berufslaufbahn (Ausbildung, Tätigkeit als Vikar oder Pfarrer) wurden meine ursprünglichen Auffassungen von den Möglichkeiten eines Pfarrers erheblich verändert.	Z: 2.95 T: 3.32 K: 2.79
331	Im Pfarramt ist es außerordentlich schwer, seine Persönlichkeit frei zu entfalten.	Z: 3.10 T: 4.40 K: 2.73
332	Als Jugendliche(r) konnte ich meine eigentlichen Interessen nur außerhalb der Schulzeit befriedigen.	Z: 3.03 T: 3.48 K: 3.33
333	Ich hatte keine Schwierigkeiten, in meinem Elternhaus meinen Willen durchzusetzen.	Z: 3.57 T: 3.33 K: 3.65
334	Viele Pfarrer würden ihr Amt aufgeben, wenn sie eine berufliche Alternative hätten.	Z: 2.60 T: 3.99 K: 2.54
335	Die alltägliche Arbeit des Pfarrers findet bei der Gemeinde zu wenig Anerkennung.	Z: 3.24 T: 3.22 K: 3.34
336	Durch persönliche Erfahrungen, die nicht direkt mit der Theologie oder dem Pfarramt zusammenhängen, hat sich meine ursprüngliche Einstellung zum Pfarramt stark geändert.	Z: 3.61 T: 4.23 K: 2.99
337	Eine Frau kann den Beruf des Pfarrers ebenso gut ausfüllen wie ein Mann.	Z: 1.66 T: 2.00 K: 2.61

338	In der Kirche sind die Aufgaben, die der Pfarrer zu erfüllen hat, viel zu ungenau bestimmt.	Z: 3.63 T: 3.80 K: 3.47
339	Die berufliche/fachliche Zufriedenheit rangiert für mich an erster Stelle meiner persönlichen Wünsche.	Z: 3.12 T: 3.06 K: 3.18
340	Ich habe oft den Eindruck, daß ein Theologe/Pfarrer eine andere Person repräsentieren soll, als er eigentlich ist.	Z: 2.79 T: 3.49 K: 2.63
341	Die Gemeinde nimmt eine Frau im Pfarramt nicht ernst.	Z: 3.63 T: 4.10 K:
342	Es gibt meines Erachtens gute theologische Gründe, die gegen eine Niederlegung des Pfarramtes sprechen.	Z: 4.11 T: 3.19 K: 4.17
343	Wenn bei mir berufliche oder fachliche Probleme auftauchen, stelle ich alles andere zurück, bis diese Probleme gelöst sind.	Z: 3.80 T: 3.44 K: 4.08
344	Die bürokratischen Vorschriften der Kirche stehen in Widerspruch zur fachlichen Kompetenz des einzelnen Theologen.	Z: 3.00 T: 3.33 K: 2.58
345	Meine ursprüngliche Auffassung von der Kirche hat sich während meiner theologischen Berufslaufbahn (Studium, Ausbildung, Pfarramt) entscheidend geändert.	Z: 2.67 T: 3.70 K: 2.50
346	Es fällt mir nicht schwer, in der Freizeit meine beruflichen Probleme zu vergessen.	Z: 3.67 T: 3.61 K: 3.55
347	Die Handlungen, die ein Pfarrer im Kult zu vollziehen hat, widersprechen der Intention, die Gesellschaft zu verändern.	Z: 2.85 T: 4.03 K: 3.52
348	Ein Pfarrer sollte seine Gemeinde zu sozialem Engagement veranlassen.	Z: 1.85 T: 2.12 K: 1.64
349	Man kann auch Pfarrer sein, ohne sich mit allen Zielen der Kirche zu identifizieren.	Z: 2.39 T: 2.26 K: 2.18

350 Wer den kirchlichen Formen des Christentums distanziert gegenübersteht, sollte keinen kirchlichen Beruf ausüben.
Z: 2.39
T: 3.36
K: 3.33

351 Der persönliche Kontakt kommt bei der Arbeit des Pfarrers zu kurz.
Z: 3.04
T: 3.66
K: 2.73

352 In der heutigen Berufswelt kann man von keinem Menschen erwarten, daß er auch noch in seiner Freizeit seinen Beruf verkörpert.
Z: 3.04
T: 3.61
K: 3.09

Die Items 355 bis 371 wurden nur den ehemaligen Theologen vorgelegt.

354 Bisher haben Sie zu einer großen Zahl von Problemen Stellung bezogen, die möglicherweise auch im Zusammenhang mit der Aufgabe Ihrer theologischen Berufslaufbahn stehen. Im folgenden sind noch einmal einige von ihnen zusammengestellt. Bitte, kreuzen Sie an, in welchem Maße diese Gründe *für Sie* ausschlaggebend waren.

355 In meinem Leben spielte der Gedanke an Gott keine Rolle mehr.
Z: 3.60
T:
K: 4.93

356 Was an kirchlicher Alltagspraxis auf mich zukam, war zu frustrierend.
Z: 3.04
T:
K: 3.15

357 Die Theologie war mir zu unwissenschaftlich.
Z: 3.83
T:
K: 4.00

358 Ich konnte mich ehrlicherweise nicht mehr als Christ bezeichnen.
Z: 3.70
T:
K: 4.89

359 Ich hielt die Kirche für unfähig, zur Lösung gesellschaftlicher Probleme etwas beizutragen.
Z: 3.11
T:
K: 3.33

360 Ich wollte als kirchlicher Amtsträger nicht zur Stabilisierung des bestehenden gesellschaftlichen Systems beitragen.
Z: 3.52
T:
K: 3.86

361 Die Kirche hatte sich in meinen Augen zu sehr mit der Welt eingelassen.
Z: 4.76
T:
K: 4.31

362	Die Kirche als bürokratische Organisation schien mir dem einzelnen mit seinen persönlichen Problemen nicht gerecht zu werden.	Z: 3.09 T: K: 2.64
363	Ich lehnte die parochiale Organisationsform der Kirche ab.	Z: 3.61 T: K: 3.55
364	Die Theologie hat mir keine Antwort auf die eigenen Glaubensprobleme geboten.	Z: 3.75 T: K: 4.26
365	Die Kirche war mir zu autoritär und undemokratisch.	Z: 2.86 T: K: 2.36
366	Mein Privatleben wäre im Pfarramt zu kurz gekommen.	Z: 3.78 T: K: 3.61
367	Das Theologiestudium bereitete mich ungenügend auf die kirchliche Praxis vor.	Z: 3.19 T: K: 2.82
368	Das Unverständnis von seiten der Menschen, für die ich als Pfarrer da sein wollte, hatte mich entmutigt.	Z: 4.48 T: K: 4.31
369	Als Pfarrer ist man ein einsamer Mann.	Z: 3.91 T: K: 2.37
370	Als Frau mußte ich feststellen, daß Kirchengemeinden Männer für den Pfarrberuf für geeigneter halten.	Z: 5.61 T: K:
371	Mein jetziger Beruf/jetziges Studium gibt mir mehr Handlungsspielraum als der Pfarrberuf/bzw. das Theologiestudium.	Z: 2.42 T: K: 2.14

Themenbereich: Sozialdaten

---

372 Abschließend möchten wir Sie noch um einige Angaben zu Ihrer Person bitten.

373 Geschlecht

	Z	T
männlich	90.1 %	94.6 %

weiblich	9.9 %	5.1 %
k. A.	–	0.3 %

374 Familienstand

	Z	T	K
ledig	23.0 %	15.6 %	13.1 %
verheiratet	59.7 %	77.9 %	77.4 %
fester Partner	6.0 %	4.7 %	9.5 %
geschieden/getrennt lebend	5.0 %	0.8 %	–
verwitwet	0.4 %	0.7 %	–
k. A.	–	0.3 %	–

375 Wann sind Sie geboren?

	Z	T	K
1889–1920	1.8 %	20.8 %	1.2 %
1921–1930	2.8 %	20.6 %	10.6 %
1931–1935	6.0 %	11.1 %	10.6 %
1936–1940	15.2 %	15.4 %	27.1 %
1941–1945	39.2 %	9.3 %	31.8 %
1946–1950	32.9 %	8.7 %	16.5 %
1951–1956	2.1 %	13.7 %	2.4 %
k. A.	–	–	–

376 Bitte, kreuzen Sie die Größe Ihres Heimatortes an, in dem Sie zwischen Ihrem 10. und 18. Lebensjahr wohnten.
Falls Sie während dieses Zeitraumes umgezogen sind, geben Sie bitte die Größe desjenigen Ortes an, in dem Sie am längsten gewohnt haben.

	Z	T	K
Dorf	23.0 %	27.4 %	28.2 %
Kleinstadt	16.6 %	18.4 %	12.9 %
Mittelstadt (20000– 50000 Einw.)	14.5 %	10.8 %	17.7 %
Mittelstadt (50000–100000 Einw.)	13.1 %	10.6 %	9.4 %
Großstadt	32.5 %	31.8 %	31.8 %
k. A./Mehrfachnennungen	0.4 %	1.2 %	–

377 Wieviel Geschwister haben Sie?

	Z	T	K
keine	14.8 %	11.6 %	7.1 %
1	23.7 %	27.9 %	29.8 %
2	26.9 %	21.6 %	16.7 %
3–4	27.9 %	28.5 %	27.1 %
5 und mehr	6.7 %	10.5 %	18.8 %

378 Konfession des Vaters

	Z	T	K
evangelisch-landeskirchlich	87.3 %	89.8 %	3.5 %
evangelisch-freikirchlich	1.8 %	4.1 %	1.2 %
römisch-katholisch	5.7 %	2.0 %	94.1 %
andere	0.4 %	0.7 %	–
keine	4.2 %	2.6 %	1.2 %
k. A.	0.7 %	0.8 %	–

379 Konfession der Mutter

	Z	T	K
evangelisch-landeskirchlich	91.2 %	91.8 %	–
evangelisch-freikirchlich	3.5 %	4.5 %	–
römisch-katholisch	3.2 %	2.2 %	98.8 %
andere	0.7 %	0.7 %	–
keine	1.1 %	0.4 %	–
k. A.	0.4 %	0.4 %	1.2 %

380 Schulabschluß des Vaters

	Z	T	K
Volksschulabschluß	17.7 %	26.5 %	27.1 %
Berufsschulabschluß	8.5 %	12.2 %	29.4 %
Mittlere Reife	13.8 %	13.8 %	12.9 %
Abitur	10.3 %	7.5 %	3.5 %
nicht beendetes Hochschulstudium	3.5 %	1.8 %	2.4 %
Hochschulabschluß (FHS, Ingenieurschule, Akademie, Universität).	45.6 %	37.5 %	24.7 %
k. A.	0.7 %	0.7 %	–

381 Schulabschluß der Mutter

	Z	T	K
Volksschulabschluß	26.9 %	40.6 %	44.7 %
Berufsschulabschluß	12.0 %	10.4 %	18.8 %
Mittlere Reife	31.5 %	28.6 %	29.4 %
Abitur	13.8 %	11.2 %	2.4 %
nicht beendetes Hochschulstudium	3.9 %	1.9 %	–
Hochschulabschluß (FHS, Ingenieurschule, Akademie, Universität)	12.0 %	7.0 %	4.7 %
k. A.	–	0.3 %	–

382 Welchen Beruf hat Ihr Vater gelernt?

	Z	T	K
Pfarrer	16.3 %	20.6 %	
kaufmännische Berufe	14.8 %	13.9 %	20.0 %
handwerkliche Berufe	12.4 %	17.0 %	22.4 %

383 In welcher Berufsgruppe war Ihr Vater zuletzt tätig?

	Z	T	K
freie Berufe, selbständige Akademiker	7.8 %	8.0 %	4.7 %
Selbständige (Geschäftsleute, Handwerker, Unternehmer)	8.1 %	11.0 %	14.1 %
Beamte	44.9 %	41.7 %	25.9 %
Angestellte	30.4 %	23.8 %	29.4 %
Facharbeiter	3.2 %	5.6 %	7.1 %
sonstige Arbeiter	3.5 %	4.6 %	8.2 %
selbständige Landwirte	0.7 %	4.3 %	10.6 %
k. A./Mehrfachnennungen	1.4 %	1.2 %	–

384 Welchen Beruf hat Ihre Mutter gelernt?

	Z	T	K
keinen	36.8 %	27.6 %	51.8 %
soziale Berufe	12.4 %	7.1 %	5.9 %
kaufmännische Berufe	11.3 %	7.8 %	23.5 %

385 In welcher Berufsgruppe war Ihre Mutter zuletzt tätig?

	Z	T	K
freie Berufe, selbständige Akademiker	0.7 %	1.0 %	1.2 %
Selbständige (Geschäftsleute, Handwerker, Unternehmer)	4.2 %	2.4 %	4.7 %
Beamte	2.8 %	2.8 %	–
Angestellte	21.9 %	12.3 %	9.4 %
Facharbeiter	–	0.1 %	1.2 %
sonstige Arbeiter	2.8 %	0.8 %	2.4 %
selbständige Landwirte	0.4 %	0.7 %	2.4 %
Hausfrau	66.4 %	78.7 %	77.4 %
k. A./Mehrfachnennungen	0.7 %	1.2 %	2.4 %

386 Wie würden Sie Ihre Erziehung im Elternhaus beurteilen? War sie eher
(Bitte nur eine Nennung)

	Z	T	K
laissez faire (passiv-nachgiebig)	16.6 %	10.5 %	9.4 %
partnerschaftlich-demokratisch	32.5 %	43.2 %	25.9 %
autoritär	49.8 %	45.1 %	63.5 %
k. A.	1.1 %	1.2 %	1.2 %

387 Haben Ihre Eltern mit Ihnen in Ihrer Kindheit gebetet?

	Z	T	K
ja, regelmäßig	44.5 %	64.1 %	63.5 %
ja, gelegentlich	36.0 %	25.1 %	27.1 %
nein	19.1 %	10.6 %	8.2 %
k. A.	0.4 %	0.1 %	1.2 %

388 Hatte Ihre Familie in Ihrer Kindheit außerhalb der Verwandtschaft persönlichen Kontakt zu einem Pfarrer?

	Z	T	K
ja, häufig	36.4 %	43.0 %	32.9 %
ja, gelegentlich	34.3 %	29.4 %	37.8 %
nein	29.0 %	26.7 %	29.4 %
k. A.	0.4 %	0.9 %	–

389 Hat ein Verwandter, der Ihnen persönlich nahestand, einen kirchlichen oder theologischen Beruf (z. B. Pfarrer, Diakonisse, Küster) ausgeübt?

	Z	T	K
ja	39.6 %	37.7 %	33.3 %
nein	60.4 %	62.1 %	66.7 %
k. A.	–	0.2 %	–

390 An welchem Schultyp haben Sie die Hochschulreife erworben?

	Z	T	K
altsprachl. Gymnasium	31.1 %	35.4 %	64.7 %
neusprachl. Gymnasium	34.6 %	33.1 %	11.8 %
mathem.-naturwiss. Gymnasium	24.4 %	20.7 %	9.4 %

II. Bildungsweg Abendgymnasium	1.1 %	0.5 %	5.9 %
II. Bildungsweg Kolleg	3.5 %	2.8 %	3.5 %
andere Institutionen	5.0 %	6.3 %	4.7 %
k. A.	0.4 %	1.2 %	–

391 War diese Schule ein(e)

a) evangelische Konfessionsschule

	Z	T	K
ja	7.1 %	8.1 %	27.1 %
nein	85.5 %	78.1 %	71.8 %
k. A.	7.4 %	13.8 %	1.2 %

392 b) Internat

	Z	T	K
ja	7.4 %	10.5 %	31.8 %
nein	84.1 %	73.1 %	67.1 %
k. A.	8.5 %	16.4 %	1.2 %

393 c) Koedukationsschule (Jungen u. Mädchen in einer Klasse)

	Z	T	K
ja	51.2 %	48.5 %	36.5 %
nein	47.0 %	43.4 %	62.4 %
k. A.	1.8 %	8.2 %	1.2 %

394 Lebten Sie während der Schulzeit überwiegend in einer Diaspora-Kirchengemeinde?

	Z	T	K
ja	14.1 %	11.6 %	18.8 %
nein	83.0 %	86.7 %	77.7 %
weiß ich nicht	2.5 %	1.7 %	1.2 %
k. A.	0.4 %	–	2.4 %

395 Wurde bei Ihnen zuhause früher eine religiöse oder theologische Zeitung oder Zeitschrift gelesen?

	Z	T	K
ja	40.3 %	57.3 %	82.4 %
nein	56.2 %	39.3 %	15.3 %
weiß ich nicht	3.2 %	3.4 %	1.2 %
k. A.	0.4 %	–	1.2 %

396 In welchen Gruppen und Vereinen waren Sie während Ihrer Jugend bis zum Beginn des Studiums Mitglied?

1. Kirchlich-christliche Gruppen
(Bitte, nennen Sie die Gruppen in der Reihenfolge ihrer Bedeutung für Sie.)

	Z	T	K
organisierte Jugendarbeit	54.8 %	32.5 %	47.1 %
keinen	17.7 %	23.1 %	17.7 %
andere Jugend- und Schülerarbeit	12.0 %	26.1 %	10.6 %

2. Nichtkirchliche Gruppen/Vereine/Organisationen
(Bitte, nennen Sie die Gruppen in der Reihenfolge ihrer Bedeutung für Sie.)

	Z	T	K
keinen	54.4 %	50.8 %	74.1 %
Turn-, Sport-, Wandervereine	22.3 %	22.5 %	16.5 %
Jugendbünde, -organisationen	6.7 %	15.3 %	–

397 Wenn Sie bei der vorhergehenden Frage unter Punkt 1.a) oder 2.a) eine Gruppe genannt haben, würden Sie bitte zu den folgenden Aussagen Stellung nehmen?

Zur wichtigsten kirchlich-christlichen Gruppe:

Aus heutiger Sicht hat diese Gruppe die Entfaltung meiner Persönlichkeit verhindert.	Z: 4.63 T: 5.38 K: 4.86

Zur wichtigsten nichtkirchlichen Gruppe:

Aus heutiger Sicht hat diese Gruppe die Entfaltung meiner Persönlichkeit verhindert.	Z: 5.14 T: 5.14 K: 4.76

398 Haben Sie früher schon einmal Ihre Ferien in einem Heim oder Jugendlager verbracht, das von einer kirchlichen Organisation geleitet wurde?

	Z	T	K
ja, mehrmals	59.7 %	52.6 %	56.5 %
ja, einmal	13.1 %	11.7 %	7.1 %
nein	27.2 %	35.4 %	34.1 %
k. A.	–	0.3 %	2.4 %

399 Waren Sie Gruppenführer in einer kirchlichen Jugendgruppe?

	Z	T	K
ja	54.4 %	49.8 %	65.9 %

nein	45.2 %	49.8 %	31.8 %
k. A.	0.4 %	0.3 %	2.4 %

400 Besuchten Sie als Schüler andere kirchliche Veranstaltungen als Gottesdienste?

	Z	T	K
ja, regelmäßig	39.6 %	36.5 %	38.8 %
ja, gelegentlich	49.1 %	45.8 %	50.6 %
nein	10.6 %	17.7 %	10.6 %
k. A.	0.7 %	–	–

401 Wenn Sie zurückblicken, glauben Sie, daß Ihr Konfirmandenunterricht ein Anstoß war, Theologie zu studieren?

	Z	T
ja, sehr stark	6.7 %	7.8 %
ja, teilweise	24.4 %	26.3 %
nein	68.9 %	65.8 %
k. A.	–	0.0 %

402 Hing Ihr Entschluß, Theologie zu studieren, mit Ihrem Religionsunterricht zusammen?

	Z	T	K
ja, sehr stark	12.0 %	7.8 %	8.2 %
ja, teilweise	36.4 %	27.1 %	45.9 %
nein	51.6 %	64.7 %	45.9 %
k. A.	–	0.3 %	–

403 Haben Sie früher außerhalb der Schule und des Konfirmandenunterrichts die Bibel oder andere religiöse bzw. theologische Bücher gelesen?

	Z	T	K
ja, oft	56.5 %	48.3 %	47.6 %
ja, selten	32.5 %	38.4 %	40.5 %
nein	10.6 %	13.3 %	11.9 %
k. A.	0.4 %	–	–

404 Wenn Sie auf die Zeit vor dem Theologiestudium zurückblicken, wer hat da die Wahl Ihres Studiums am stärksten beeinflußt?
Kennzeichnen Sie bitte die drei wichtigsten Faktoren mit den Zahlen 1, 2 und 3 (1 = am wichtigsten)

	Z	T	K
Elternhaus	23.7 %	25.6 %	28.2 %
kirchliche Kreise/Gruppen	21.9 %	15.8 %	21.2 %
Pfarrer	14.5 %	14.6 %	10.6 %

405 Traten während Ihrer Kindheit und Jugend bis zum Abitur eine oder mehrere der folgenden Veränderungen in Ihrer Familie ein? (Mehrfachnennungen möglich)

	Z	T	K
Tod des Vaters	18.7 %	15.5 %	15.3 %
Tod der Mutter	3.9 %	5.6 %	7.1 %
Trennung/Scheidung der Eltern	7.1 %	3.1 %	2.4 %
Wiederverheiratung des Elternteils, bei dem Sie lebten	5.0 %	4.0 %	1.2 %
keine	72.1 %	77.3 %	75.3 %
k. A.	0.7 %	0.1 %	7.1 %

406 Denken Sie an die Zeit zurück, zu der Ihr Entschluß feststand, Theologie zu studieren. Vergleichen Sie bitte Ihre damalige aktive Teilnahme am kirchlichen Leben mit der Ihrer Eltern.

1) Vater

	Z	T	K
Ich nahm			
häufiger	51.6 %	37.7 %	58.8 %
genau so häufig/selten	17.7 %	34.5 %	25.9 %
seltener	12.7%	13.9%	–
am kirchlichen Leben teil als/wie mein Vater.			
Mein Vater war zu diesem Zeitpunkt bereits verstorben.	17.7 %	13.6 %	14.1 %
k. A.	0.4 %	0.3 %	1.2 %

2) Mutter

	Z	T	K
Ich nahm			
häufiger	56.9 %	38.7 %	55.3 %
genau so häufig/selten	27.2 %	45.3 %	37.7 %
seltener	12.4 %	11.4 %	1.2 %
am kirchlichen Leben teil als/wie meine Mutter.			
Meine Mutter war zu diesem Zeitpunkt bereits verstorben.	3.2 %	4.4 %	4.7 %
k. A.	0.4 %	0.3 %	1.2 %

407 Vergleichen Sie bitte nun Ihre persönliche Frömmigkeit mit der Ihrer Eltern zu Beginn Ihres Theologiestudiums.

1) Vater

	Z	T	K
Meine persönliche Frömmigkeit war im Vergleich zu meinem Vater			
stärker ausgeprägt;	41.3 %	27.7 %	49.4 %
gleich stark/schwach ausgeprägt;	12.7 %	19.0 %	17.7 %
schwächer ausgeprägt.	14.5 %	18.2 %	4.7 %

	Z	T	K
Mein Vater war zu diesem Zeitpunkt bereits verstorben.	18.4 %	15.2 %	14.1 %
für mich nicht entscheidbar	12.4 %	19.4 %	12.9 %
k. A.	0.7 %	0.5 %	1.2 %

2) Mutter

	Z	T	K
Meine persönliche Frömmigkeit war im Vergleich zu meiner Mutter			
stärker ausgeprägt;	35.0 %	21.8 %	28.2 %
gleich stark/schwach ausgeprägt;	21.6 %	27.4 %	28.2 %
schwächer ausgeprägt;	23.7 %	24.4 %	21.2 %
Meine Mutter war zu diesem Zeitpunkt bereits verstorben.	3.2 %	4.7 %	5.9 %
für mich nicht entscheidbar	16.6 %	21.7 %	15.3 %
k. A.	–	0.0 %	1.2 %

408 An welchen Hochschulen haben Sie Theologie studiert? Bitte, nennen Sie in chronologischer Reihenfolge Ort und Dauer (Semester, Jahr).

Hochschule	Z	T	K
Kirchl. Hochschule Bethel	15.2 %	15.2 %	
Uni Tübingen	12.7 %	12.0 %	–
Uni Göttingen	10.3 %	6.4 %	

Studienbeginn	Z	T	K
1907–1930	0.4 %	6.6 %	1.2 %
1931–1940	0.7 %	8.6 %	–
1941–1950	3.5 %	18.4 %	7.1 %
1951–1955	2.8 %	13.2 %	11.8 %
1956–1960	12.0 %	14.7 %	21.2 %
1961–1965	35.0 %	7.0 %	30.6 %
1966–1970	36.0 %	10.4 %	20.0 %
1971–1974	1.8 %	13.3 %	1.2 %
k. A.	7.8 %	8.1 %	7.1 %

409 Nach welchem Semester waren Sie sprachfrei?

	Z	T	K
von Anfang an	8.8 %	15.1 %	
nach dem 1. Semester	24.0 %	23.6 %	
nach dem 2. Semester	19.1 %	21.1 %	
nach dem 3. Semester	21.6 %	21.3 %	
nach dem 4. Semester	6.7 %	8.8 %	
nach dem 5. Semester und später	3.5 %	4.5 %	
ich bin noch nicht sprachfrei	16.3 %	5.7 %	

410 Welche Sprachen müssen bzw. mußten Sie nachlernen und wieviele Semester entfallen bzw. entfielen auf jede Sprache?

	Z	T	K
Latein	15.2 %	13.7 %	7.1 %
durchschnittlich benötigte Semester	2.0	2.2	2.3
Griechisch	64.0 %	61.3 %	29.4 %
durchschnittlich benötigte Semester	2.3	2.2	2.5
Hebräisch	86.2 %	83.3 %	62.4 %
durchschnittlich benötigte Semester	1.2	1.2	2.2
keine	5.0 %	11.7 %	22.4 %

411 Welche theologischen Abschluß-Examina haben Sie bereits abgelegt?

	Z	T	K
Kirchliches Examen	25.4 %	63.1 %	27.1 %
Fakultätsexamen	14.8 %	8.6 %	7.1 %
Diplom	0.4 %	0.7 %	16.5 %
Staatsexamen	1.1 %	3.7 %	10.6 %
Magister	0.4 %	0.7 %	–
Promotion	2.1 %	1.7 %	9.4 %
Lizenz			5.9 %
anderes	2.1 %	1.5 %	8.2 %
habe kein Examen abgelegt	53.0 %	19.5 %	15.3 %
k. A.	0.7 %	0.4 %	–

412 Haben Sie während Ihres Theologiestudiums Veranstaltungen (Vorlesungen, Seminare etc.) in anderen Fächern belegt oder besucht?

	Z	T	K
Geisteswissenschaften	37.1 %	41.8 %	25.9 %
nein	17.7 %	22.5 %	32.9 %
Psychologie	12.4 %	11.7 %	14.1 %

413 Haben Sie *vor* dem Theologiestudium ein anderes Fach studiert? Wenn ja, welches Fach war das?

	Z	T	K
nein	89.1 %	88.0 %	94.1 %
Geisteswissenschaften	2.8 %	2.6 %	1.2 %
Mathematik/Naturwissenschaften	1.4 %	1.4 %	–

414 Haben Sie in einem nichttheologischen Fach bereits ein Abschlußexamen abgelegt?

415 Wenn ja, welches Examen war das?

	Z	T	K
Diplom	6.7 %	0.1 %	10.6 %
Staatsexamen	20.9 %	2.0 %	28.2 %
Magisterexamen	1.4 %	–	1.2 %
Promotion	6.4 %	0.4 %	1.2 %
anderes	3.2 %	3.6 %	8.2 %

nein	60.8 %	93.7 %	48.2 %
k. A.	0.7 %	0.2 %	2.4 %

416 Welches Examen streben Sie als nächstes an?

	Z	T	K
Kirchliches Examen	–	14.9 %	
Fakultätsexamen	0.4 %	5.9 %	
Diplom	17.7 %	0.6 %	15.3 %
Staatsexamen	15.6 %	0.0 %	8.2 %
Magisterexamen	1.8 %	0.1 %	1.2 %
Promotion	14.8 %	3.6 %	16.5 %
Lizenz	0.4 %	0.0 %	5.9 %
anderes	4.2 %	1.7 %	1.2 %
ich strebe kein Examen an	42.1 %	71.5 %	45.9 %
k. A.	3.2 %	1.8 %	5.9 %

Hauptfach:	Z	T	K
Pädagogik	14.5 %	0.4 %	12.9 %
Wirtschafts- und Sozialwissenschaften	9.5 %	0.4 %	8.2 %
Psychologie	7.1 %	1.2 %	9.4 %

417 Wie finanzieren bzw. finanzierten Sie Ihr Theologiestudium überwiegend?

	Z	T	K
(Erst- und Zweitnennung möglich)			
eigenes Vermögen	1.8 %	3.9 %	–
eigene Arbeit	21.6 %	27.9 %	11.8 %
Eltern/Verwandte/Partner	53.7 %	54.2 %	41.2 %
BAFöG/Honnef	27.2 %	17.5 %	44.7 %
Stipendium nichtkirchlicher Stellen	6.0 %	5.6 %	17.6 %
kirchliche Stipendien	10.6 %	16.3 %	2.4 %
Darlehen, Kredite	0.7 %	1.8 %	7.1 %
anderes	6.0 %	6.0 %	–
k. A./mehr als zwei Nennungen	2.8 %	2.6 %	2.4 %

418 Wie oft besuchten bzw. besuchen Sie während Ihrer Studienzeit (während des Semesters)

	Z	T	K
Eltern und Geschwister			
mindestens einmal wöchentlich	11.0 %	11.7 %	7.1 %
mindestens einmal monatlich	30.0 %	31.1 %	43.5 %
mindestens zweimal jährlich	51.9 %	45.5 %	35.3 %
seltener	5.3 %	7.0 %	14.1 %
k. A.	1.8 %	4.7 %	–

	Z	T	K
Freunde am Heimatort			
mindestens einmal wöchentlich	8.1 %	6.8 %	–
mindestens einmal monatlich	16.6 %	16.5 %	28.2 %
mindestens zweimal jährlich	42.1 %	40.0 %	41.2 %
seltener	26.9 %	22.7 %	27.1 %
k. A.	6.4 %	14.0 %	3.5 %

	Z	T	K
Pfarrer am Heimatort (nicht Vater)			
mindestens einmal wöchentlich	1.4 %	2.8 %	–
mindestens einmal jährlich	5.7 %	8.3 %	9.4 %
mindestens zweimal jährlich	23.0 %	29.9 %	42.4 %
seltener	58.3 %	41.9 %	44.7 %
k. A.	11.7 %	17.2 %	3.5 %

419 Haben Sie jemals in einer nichtakademischen Berufsausbildung gestanden?

	Z	T	K
nein	78.5 %	82.6 %	81.2 %
kaufmännische Berufe	5.0 %	3.9 %	7.1 %
soziale Berufe	2.5 %	0.4 %	2.4 %

420 Wenn ja, wann war das?

	Z	T	K
vor der theologischen Berufslaufbahn	8.5 %	14.1 %	14.1 %
während der theol. Berufslaufbahn	–	0.4 %	–
nach der theol. Berufslaufbahn	11.3 %	0.3 %	4.7 %
k. A.	1.8 %	2.6 %	–

421 Haben Sie diese Berufsausbildung mit einer Abschlußprüfung beendet?

	Z	T	K
ja	14.5 %	11.4 %	14.1 %
nein	6.4 %	3.9 %	3.5 %
k. A.	0.7 %	2.1 %	1.2 %

422 Haben Sie vor Beginn des Theologiestudiums einen anderen Beruf ausgeübt?

	Z	T	K
nein	89.8 %	82.8 %	88.2 %
technische Berufe	2.1 %	2.3 %	1.2 %
kaufmännische Berufe	1.8 %	3.2 %	2.4 %

423 In welche der folgenden Berufsgruppen können Sie Ihre gegenwärtige Tätigkeit einordnen?
Kreuzen Sie bitte nur eine Berufsgruppe an, und nennen Sie, falls eine Leerzeile vorgegeben ist, die genaue Berufsbezeichnung.

	Z	T	K
Theologiestudenten		19.1 %	1.2 %
Vikare		3.3 %	
Pfarrer		74.7 %	
Student in einem anderen Fach	37.8 %		22.4 %
Auszubildender in einem nichtakademischen Beruf	2.1 %		–
freie Berufe, selbständige Akademiker	5.0 %	0.3 %	8.2 %
Selbständige (Geschäftsleute, Handwerker, Unternehmer)	0.4 %		–
Beamte	26.9 %		32.9 %
Angestellte	24.0 %		34.1 %
Facharbeiter	–		–
sonstige Arbeiter	0.4 %		–
selbständige Landwirte	–		–
Hausfrauen	2.8 %		1.2 %
Pensionäre, Rentner	0.4 %	2.3 %	–
k. A.	0.4 %	–	–

424 Welche Konfession haben Sie?

(1. Spalte: Antworten zu 95)	Z (95)	Z	T	K
evangelisch-landeskirchlich				–
Berlin	5.3 %	4.2 %	2.1 %	
Westfalen	8.5 %	4.6 %	7.9 %	
Rheinland	13.4 %	9.2 %	16.9 %	
Hessen-Nassau	5.3 %	3.5 %	7.4 %	
Kurhessen-Waldeck	3.9 %	2.8 %	3.1 %	
Baden	5.0 %	2.8 %	5.4 %	
Pfalz	0.7 %	0.7 %	1.9 %	
Bremen	0.7 %	–	1.0 %	
Hannover	16.6 %	10.6 %	9.5 %	
Bayern	14.8 %	9.5 %	5.9 %	
Schleswig-Holstein	0.7 %	0.4 %	5.5 %	
Hamburg	1.4 %	0.7 %	2.0 %	
Braunschweig	3.2 %	1.4 %	1.2 %	
Lübeck	0.7 %	0.4 %	0.1 %	
Schaumburg-Lippe	0.7 %	0.4 %	0.4 %	
Eutin	–	–	0.3 %	
Württemberg	8.8 %	8.5 %	6.8 %	
Oldenburg	1.8 %	1.4 %	1.6 %	
Lippe	2.5 %	1.4 %	0.7 %	
Nordwestdeutschland	0.4 %	0.7 %	1.5 %	
ohne nähere Angabe	1.4 %	21.2 %	17.3 %	
Landeskirchen in der DDR	0.7 %			
Ev. Kirchen im Ausland	–			
evangelisch-freikirchlich		1.4 %	0.8 %	–

römisch-katholisch		0.7 %	0.2 %	91.8 %
andere christl. Konfession		–		1.2 %
nichtchristl. Glaubensgemeinschaft		–		–
keine		13.4 %		7.1 %
k. A.	1.1 %	–	0.5 %	–

425 Welche Konfession hat Ihr Lebenspartner?

	Z	T	K
evangelisch-landeskirchlich	57.2 %	83.7 %	9.4 %
evangelisch-freikirchlich	1.4 %	0.6 %	–
römisch-katholisch	7.1 %	0.9 %	76.5 %
andere christliche Konfession	0.4 %	0.4 %	–
nichtchristliche Glaubensgemeinschaft	0.7 %	0.0 %	–
keine	11.7 %	0.2 %	3.5 %
ich habe keinen Partner	20.9 %	13.8 %	10.6 %
k. A.	0.7 %	0.4 %	–

426 Wie beurteilen Sie Ihre Teilnahme am kirchlichen Leben im Vergleich zu der Ihres Lebenspartners?

	Z	T	K
ich nehme			
häufiger	9.2 %	34.4 %	23.5 %
genauso häufig/selten	62.5 %	50.0 %	64.7 %
seltener	6.7 %	1.3 %	2.4 %
am kirchlichen Leben teil.			
ich habe keinen Partner	20.9 %	13.8 %	9.4 %
k. A.	0.7 %	0.4 %	–

427 Wie beurteilen Sie Ihre persönliche Frömmigkeit im Vergleich zu der Ihres Lebenspartners?

	Z	T	K
Meine persönliche Frömmigkeit ist			
stärker ausgeprägt;	11.0 %	14.1 %	30.6 %
gleich stark/schwach ausgeprägt;	55.1 %	65.9 %	55.3 %
schwächer ausgeprägt.	10.6 %	4.6 %	4.7 %
ich habe keinen Partner	20.9 %	13.8 %	9.4 %
k. A.	2.5 %	1.6 %	–

428 Haben Sie Kinder?

	Z	T	K
ja	37.8 %	68.8 %	41.2 %
nein	62.2 %	30.9 %	58.8 %
k. A.	–	0.3 %	–

429 Bitte, geben Sie die Größe Ihres jetzigen Wohnortes an.

	Z	T	K
Dorf	14.8 %	22.1 %	16.4 %
Kleinstadt	9.9 %	16.9 %	10.6 %
Mittelstadt (20000– 50000 Einw.)	7.8 %	14.0 %	9.4 %
Mittelstadt (50000–100000 Einw.)	14.8 %	7.4 %	10.6 %
Großstadt	52.3 %	38.4 %	51.8 %
k. A.	0.4 %	1.2 %	1.2 %

430 Kreuzen Sie bitte in Spalte 1 an, wie hoch das gesamte Nettoeinkommen des Haushaltes ist, in dem Sie zur Zeit leben.
Kreuzen Sie dann bitte in Spalte 2 an, wie hoch Ihr eigenes Nettoeinkommen ist.

Spalte 1	Z	T	K
unter 300 DM	0.7 %	0.3 %	1.2 %
300– 600 DM	6.7 %	4.2 %	11.8 %
600– 800 DM	2.5 %	1.4 %	3.5 %
800– 1000 DM	6.0 %	2.7 %	4.7 %
1000– 1200 DM	8.5 %	2.7 %	2.4 %
1200– 1500 DM	8.8 %	5.8 %	4.7 %
1500– 1800 DM	9.9 %	7.2 %	4.7 %
1800– 2500 DM	23.3 %	43.7 %	32.9 %
2500–10000 DM	31.5 %	26.1 %	32.9 %
k. A.	2.1 %	5.9 %	1.2 %

Spalte 2	Z	T	K
unter 300 DM	14.8 %	4.3 %	4.7 %
300– 600 DM	19.4 %	12.6 %	18.8 %
600– 800 DM	6.0 %	1.5 %	2.4 %
800– 1000 DM	5.7 %	1.3 %	4.7 %
1000– 1200 DM	5.0 %	2.4 %	2.4 %
1200– 1500 DM	7.1 %	5.3 %	5.9 %
1500– 1800 DM	8.1 %	9.7 %	9.4 %
1800– 2500 DM	22.3 %	42.8 %	36.5 %
2500–10000 DM	10.6 %	17.9 %	14.1 %
k. A.	1.1 %	2.2 %	1.2 %

431 In welchen Gruppen, Vereinen oder Organisationen arbeiten Sie heute aktiv mit?
(Bitte, nennen Sie die Gruppen in der Reihenfolge ihrer Bedeutung für Sie.)

	Z	T	K
keinen	45.9 %	40.3 %	56.5 %
Parteien/parteipolitische Gruppen	15.2 %	4.2 %	5.9 %
Gewerkschaft	9.5 %	0.2 %	2.4 %

Die Items 433 bis 442 wurden nur den ehemaligen Theologen vorgelegt.

433 In welchen Gruppen/Vereinen oder Organisationen haben Sie in der Zeit kurz vor der Aufgabe Ihrer theologischen Berufslaufbahn aktiv mitgearbeitet?
(Bitte, nennen Sie die Gruppen in der Reihenfolge ihrer Bedeutung für Sie.)

	Z	K
keinen	48.1 %	49.4 %
hochschulpolitische Gruppen	11.0 %	1.2 %
Parteien/parteipolitische Gruppen	6.7 %	–

434 Wie setzte sich Ihr Freundeskreis vor der Aufgabe Ihrer theologischen Berufslaufbahn zusammen?

	Z	K
überwiegend aus Theologen	26.2 %	28.2 %
etwa zu gleichen Teilen aus Theologen und Nichttheologen	39.9 %	37.6 %
überwiegend aus Nichttheologen	28.3 %	16.5 %
ausschließlich aus Nichttheologen	3.9 %	–
k. A.	1.8 %	17.7 %

435 Wie häufig gingen Sie zum Gottesdienst zu der Zeit, als Sie ernsthaft die Aufgabe Ihrer theologischen Berufslaufbahn erwogen?
Falls Sie damals Pfarrer oder Vikar waren, kreuzen Sie bitte das unterste Kästchen an.

	Z	K
jeden oder fast jeden Sonntag	17.3 %	29.4 %
mindestens einmal im Monat	27.2 %	–
an einigen Festtagen oder bei besonderen Anlässen	13.8 %	15.3 %
selten oder nie	25.4 %	–
war Pfarrer/Vikar	14.8 %	38.8 %
k. A.	1.4 %	16.5 %

436 Hat sich Ihr Familienstand im ungefähren Zeitraum (ein Jahr vor bis ein Jahr nach) der Aufgabe Ihrer theologischen Berufslaufbahn verändert?
(Mehrfachnennungen möglich)

	Z	K
neuen Partner kennengelernt	15.9 %	21.2 %
Heirat	18.7 %	41.2 %
Scheidung/Trennung	3.5 %	1.2 %
Tod des Partners	0.7 %	–
nein	65.4 %	45.9 %
k. A.	1.1 %	17.7 %

437 Welche Konfession hatte Ihr damaliger Lebenspartner?
(Bitte, beantworten Sie diese und die beiden folgenden Fragen auch, wenn Sie damals bereits den gleichen Partner hatten wie heute.)

	Z	K
evangelisch-landeskirchlich	53.4 %	8.2 %
evangelisch-freikirchlich	2.5 %	–
römisch-katholisch	4.6 %	61.2 %
andere christliche Konfession	0.4 %	–
nichtchristliche Glaubensgemeinschaft	–	–
keine	2.8 %	–
Ich hatte keinen Partner	34.6 %	12.9 %
k. A.	1.8 %	17.7 %

438 Wie beurteilen Sie Ihre Teilnahme am kirchlichen Leben im Vergleich zu der Ihres damaligen Lebenspartners?

	Z	K
Ich nahm		
häufiger	20.9 %	35.3 %
genauso häufig/selten	37.1 %	32.9 %
seltener	5.3 %	1.2 %
am kirchlichen Leben teil.		
Ich hatte keinen Partner	34.6 %	12.9 %
k. A.	2.1 %	17.7 %

439 Wie beurteilen Sie Ihre persönliche Frömmigkeit im Vergleich zu der Ihres damaligen Lebenspartners?

	Z	K
Meine persönliche Frömmigkeit war		
stärker ausgeprägt;	15.6 %	32.9 %
gleich stark/schwach ausgeprägt;	39.2 %	32.9 %
schwächer ausgeprägt.	7.8 %	2.4 %
Ich hatte keinen Partner	34.6 %	14.1 %
k. A.	2.8 %	17.7 %

440 Falls Sie Ihre theologische Berufslaufbahn während des Studiums aufgegeben haben, wo wohnten Sie zu der Zeit?

	Z	K
in einem privaten Zimmer am Studienort	31.5 %	5.9 %
in einem Studentenwohnheim	15.6 %	2.4 %
in einer Wohngemeinschaft	3.5 %	1.2 %
im Elternhaus	3.7 %	–
in einem Theologenkonvikt bzw. Priesterseminar		11.8 %
in einer eigenen Wohnung	2.8 %	–
anderes	1.1 %	1.2 %
entfällt, habe erst nach dem Studium den Beruf gewechselt	34.3 %	57.7 %
k. A.	5.7 %	20.0 %

441 Mußten Sie, nachdem Sie Ihre theologische Berufslaufbahn aufgegeben hatten, eine Tätigkeit ausüben, für die keine Ihrer bisherigen Ausbildungsgänge erforderlich war?

(Tätigkeit)	Z	K
nein	77.7 %	61.2 %
Dienstleistungsberufe	3.9 %	1.2 %
Verwaltungsberufe	1.8 %	1.2 %

(Dauer)	Z	K
1– 3 Monate	1.1 %	1.2 %
4– 6 Monate	3.9 %	1.2 %
7–12 Monate	2.1 %	2.4 %
13–24 Monate	3.2 %	–
mehr als 24 Monate	6.0 %	2.4 %
k. A.	6.0 %	31.8 %

442 Gehen Sie heute noch theologischen Aufgaben nach?
(Bitte, kreuzen Sie das Zutreffende an! Mehrfachnennungen möglich.)

	Z	K
Religionsunterricht	12.7 %	23.5 %
Katechumenenunterrricht	0.7 %	
Kindergottesdienst	1.1 %	
Gottesdienst	4.6 %	
Pfarrervertretung	2.8 %	
keine dieser Aufgaben	81.3 %	38.8 %
k. A.	1.1 %	20.0 %

443 An dieser Stelle wurden die Befragten gebeten, positive Eindrücke, ergänzende Bemerkungen und Kritikpunkte zum Fragebogen zu nennen.

5.2. Literaturverzeichnis

(Anmerkung: Kursivdruck verweist darauf, wie das Werk von uns zitiert wird. So bedeutet z. B. *Ackermann, Sozialisation*, 13: Ackermann, P. (Hg.), Politische Sozialisation, Opladen 1974, S. 13)

Ackermann, P. (Hg.), Politische *Sozialisation*, Opladen 1974.

Adorno, Th. W., *Soziologie* und empirische Forschung, in: ders. u. a., Kritische Theorie der Gesellschaft, Bd. IV, o. O., o. J., 95–112.

Allerbeck, K., *Datenverarbeitung* in der empirischen Sozialforschung. Eine Einführung für Nichtprogrammierer, Stuttgart 1972.

Allerbeck, K., *Soziologie* radikaler Studentenbewegungen, München/Wien 1973.

Allport, G. W., The *Individual* and his Religions, New York 1950.

Allport, G. W., The Religious Contex of *Prejudice*, in: JSSR 5 (1966), 447–457.

Allport, G. W./*Ross*, J. M., Personal Religious *Orientation* and Prejudice, in: Journal of Personality and Social Psychology 5 (1967), 432–443.

Allport, G. W., *Attitudes* in the History of Social Psychology, in: Jahoda, M./Warren, N. (Hg.), Attitudes, Harmondsworth ^{3}1970, 15–21.

Amthauer, R., Intelligenz-Struktur-Test, Göttingen 1955.

Anderberg, M. R., *Cluster Analysis* for Applications, New York–San Francisco–London 1973.

Anderson, O., Probleme der statistischen *Methodenlehre*, Würzburg 1954.

Anger, H., *Probleme* der deutschen Universität. Bericht über eine Erhebung unter Professoren und Dozenten, Tübingen 1960.

Anger, H., *Befragung* und Erhebung, in: Graumann, C. F., Handbuch der Psychologie, Bd. 7, Sozialpsychologie, 1. Halbband: Theorien und Methoden, Göttingen 1969, 567–617.

Arbeitsgruppe Bielerfelder Soziologen (Hg.), *Alltagswissen*, Interaktion und gesellschaftliche Wirklichkeit, 2 Bde., Reinbek 1973.

Arbeitsgruppe Bielerfelder Soziologen (Hg.), *Kommunikative Sozialforschung*, München 1976.

Argyle, M., Soziale *Interaktion*, Köln 1972.

Arndt, M., Zur *Problematik* der Ich-Identität bei Theologiestudenten, in: Amelung, E. (Hg.), Strukturwandel der Frömmigkeit, Stuttgart/Berlin 1972, 263–276.

Arndt, M. (Hg.), Religiöse *Sozialisation*, Stuttgart 1975.

Atteslander, P., Methoden der empirischen Sozialforschung, Berlin 1969.

Bacia, H./*Geulen*, R., *Arbeit* und Angst im Leistungsbetrieb, in: Leibfried, St. (Hg.), Wider die Untertanenfabrik, Köln 1967, 168–180.

Barth, K., *Homiletik*. Wesen und Vorbereitung der Predigt, Zürich 1966.

Bartlett, L. E., The Vanishing *Parson*, Boston 1971.

Bastian, H. D. (Hg.), Kirchliches *Amt* im Umbruch, München/Mainz 1971.

Bastine, R., *Fragebogen* zur direktiven Einstellung, Göttingen 1971.

Baumann, A. u. a., *Untersuchung* zur Situation der Theologiestudenten, Zürich 1970.

Becker, H. S./*Strauss*, A. L., Carreers, Personality and *Adult Socialization*, in: AJS 62 (1956), 253–263.
Behrens, Ch., Demoskopische *Marktforschung*, Wiesbaden 1961.
Bellah, R., Religious *Evolution*, in: ASR 29 (1964), 358–374.
Berelson, B./*Steiner*, G., *Human Behavior*: An Inventory of Scientific Findings, New York 1964.
Berger, H., *Untersuchungsmethode* und soziale Wirklichkeit. Eine Kritik an Interview und Einstellungsmessung in der Sozialforschung, Frankfurt 1974.
Berger, P. L., *Einladung* zur Soziologie, München 1971.
Berger, P. L./*Luckmann*, Th., Die gesellschaftliche Konstruktion der *Wirklichkeit*, Frankfurt 1969.
Bergler, R., *Psychologie* stereotyper Systeme, Bern 1966.
Bergler, R. (Hg.), Das *Eindrucksdifferential*, Theorie und Technik, Bern 1975.
Besozzi, C./*Zehnpfennig*, H., Methodologische *Probleme* der Indexbildung, in: Koolwijk, J. v./Wieken-Mayser, M. (Hg.), Techniken der empirischen Sozialforschung, Bd. 5, Testen und Messen, München 1976, 9–55.
Blalock, M., Methodology of *Social Research*, New York 1968.
Blumer, H., *Symbolic Interactionism*: Perspective and Method, Englewood 1969.
Blumer, H., Der methodologische *Standort* des symbolischen Interaktionismus, in: *Arbeitsgruppe Bielefelder Soziologen*, *Alltagswissen*, 80–146.
Boecken, Ch., *Kirchlichkeit* und Religiosität bei Arbeiterfrauen aus dem Ruhrgebiet, Diss. phil. Göttingen 1969.
Bönisch, S., Einige philosophisch-methodologische *Fragen*, in: *Friedrich*, W. (Hg.), Methoden der marxistisch-leninistischen Sozialforschung, Berlin 1970.
Bolte, K. M., Sozialer *Aufstieg* und Abstieg, Stuttgart 1959.
Boos-Nünning, U., Dimensionen der *Religiosität*. Zur Operationalisierung und Messung religiöser Einstellungen, München/Mainz 1972.
Borkenfeld, H., Der *Kommunikationsprozeß* beim demoskopischen Interview in der Marktforschung und seine Beeinflussung durch situative Faktoren, Berlin 1965.
Bormann, G., Studien zu Berufsbild und *Berufswirklichkeit* evangelischer Pfarrer. Die Herkunft der Pfarrer – ein geschichtlich-statistischer Überblick von 1700–1965, in: Social Compass XIII/2 1966, 95–137.
Bormann, G./*Bormann-Heischkeil*, S., *Theorie* und Praxis kirchlicher Organisation. Ein Beitrag zum Problem der Rückständigkeit sozialer Gruppen, Opladen 1971.
O'Brien, J. A., Why *Priests* Leave, New York 1969.
Brim, O./*Wheeler*, S., *Erwachsenen-Sozialisation*, Stuttgart 1974.
Brüggemann, W., Methodologische Bemerkungen zu *Motivuntersuchungen*. Überlegungen zur Tragweite von empirischen Verfahren, in: Pädagogische Rundschau 1976, 701–714.
Bucher, R., Conditions for *Professional Socialization*, Evian 1966.
Bucher, R./*Strauss*, A., *Professions* in Progress, in: AJS 66 (1961), 325–334.

Bühl, W. L., Die alte und die neue *verstehende Soziologie*, in: ders. (Hg.), Verstehende Soziologie, München 1972.

Bukowski, J., *Biographical Method* in Polish Sociology, in: ZfS 3 (1974), 18–30.

Buttgereit, P. u. a., *Studienmotivation* von Physikstudenten, Hamburg 1971.

Cheal, D. J., Political Radicalism and Religion: Competitors for *Commitment*, in: Social Compass 22 (1975), 245–259.

Cicourel, A., *Methode* und Messung in der Soziologie, Frankfurt 1970.

Clauss, G./*Ebner*, H., Grundlagen der *Statistik* für Psychologen, Pädagogen und Soziologen, Frankfurt/Zürich 1972.

Clayton, R. R., *5 Dimensions* or 1?, in: JSSR 10 (1971), 37–40.

Cohen, P. S., Modern Sociological *Theory*, New York 1968.

Cooley, Ch. H., *Human Nature* and the Social Order, New York 1964.

Cook, S. W. / *Selltiz*, C., A Multiple Indicator Approach to Attitude Measurement, in: Jahoda, M./Warren, N. (Hg.), Attitudes, Harmandsworth [3]1970.

Cronbach, L. J., Essentials of *Psychological Testing*, New York [3]1970.

Czell, G., Religiöse und kirchliche *Sozialisation* in der Alltagswelt, in: *Arndt*, *Sozialisation*, 26–49.

Daecke, S. M., Soll die *Theologie* an der Universität bleiben?, in: Pannenberg, W. u. a., Grundlagen der Theologie – ein Diskurs – Stuttgart 1974.

Daheim, H. J., *Soziale Herkunft*, Schule und Rekrutierung der Berufe, in: KZfSS XIII (1961) Sonderheft 5, 200–217.

Daheim, H. J., Der *Beruf* in der modernen Gesellschaft. Versuch einer soziologischen Theorie beruflichen Handelns, Köln/Berlin [2]1970.

Dahm, K. W., Beruf: *Pfarrer*. Empirische Aspekte, München [3]1974.

Dahm, K. W. / *Luhmann*, N. / *Stoodt*, D., *Religion* – System und Sozialisation, Darmstadt/Neuwied 1972.

Dahm, K. W. / *Drehsen*, V. / *Kehrer*, G., Das *Jenseits* der Gesellschaft, München 1975.

Daiber, K. F., *Volkskirche* im Wandel, Stuttgart 1974.

Dawson, R. / *Prewitt*, K., *Political Socialization*, Boston 1969.

Deichsel, A. u. a., Politische *Sozialisation* von Studenten, Stuttgart 1974.

DeLevita, D. J., Der Begriff der *Identität*, Frankfurt 1971.

Denzin, N. K., The Methodologies of *Symbolic Interaction*: A Critical Review of Research Techniques, in: Stone, G. P. / Farbermann, H. A., Social Psychology Through Symbolic Interaction, Waltham 1970, 447–465.

Denzin, N. K., *Research* Act. Theoretical Introduction to Sociological Methods, Chicago 1970.

Deschwanden, L. v., Die Rolle des *Gemeindepriesters* zwischen Kirche und Gesellschaft, in: Wössner, J., Religion im Umbruch, Stuttgart 1972, 395–409.

Döbert, R., Systemtheorie und die Entwicklung religiöser *Deutungssysteme*, Frankfurt 1973.

Döbert, R. / *Nunner-Winkler*, G., *Konflikt*- und Rückzugs*potentiale* in spätkapitalistischen Gesellschaften, in: ZfS 2 (1973), 301–325.

Döbert, R. / *Nunner-Winkler*, G., *Adoleszenzkrise* und Identitätsbildung, Frankfurt 1975.

Douglas, J. D., Understanding *Everyday Life*, Chicago 1970.

Drehsen, V., Zum *Interesse* der sozialwissenschaftlichen Kritik an der Religion, in: *Dahm u. a., Jenseits*, 281–327.

Dux, G., Zur *Theorie* der Religion. Ursprung, Funktion und Gehalt der Religion, in: IJRS 8 (1973), 7–67.

Ebeling, G., *Studium* der Theologie. Eine enzyklopädische Orientierung, Tübingen 1975.

Eikelmann, Th., Können *Einstellungsstudien* eine Praxis der Bewußtseinsveränderung vorbereiten? Überlegungen am Beispiel einer empirischen Studie, Diss. phil. Münster 1973.

Erikson, E. H., Identität und *Lebenszyklus*, Frankfurt 1971.

Etzioni, A., *Soziologie* der Organisation, München [3]1971.

Everitt, B., *Cluster Analysis*, London 1974.

Feine, P., Zur *Reform* des Studiums der Theologie, Berlin 1920.

Festinger, L. / *Katz*, D., *Research Methods* in the Behavioral Sciences, New York 1965.

Feuerbach, L., Das *Wesen* des Christentums, Stuttgart 1969.

Fischer, W., *Sinnkonstruktion*. Die Legitimität der Religion in der modernen Lebenswelt, in: *Marsch, Plädoyers*, 192–212.

Fischer, W., *Identität* – die Aufhebung der Religion? in: WPKG 65 (1976), 141–161.

Fischer, *W*., *Legitimationsprobleme* und Identitätsbildungsprozesse bei evangelischen Theologen, Diss. phil. Münster 1976.

Fischer, *W*., *Pfarrer* auf Probe. Identität und Legitimation bei Vikaren, Stuttgart 1977.

Flavell, J. H., An Analysis of Cognitive Developmental *Sequences*, in: Gen. Psych. Monographs 86 (1972), 279–350.

Fleischer, Th., Sozialisations- und *Desozialisationsprozesse* an Bildungsinstitutionen. Eine Untersuchung zur Drop-Out-Tendenz an der Universität Münster, Diss. phil. Münster 1976.

Forster, K. (Hg.), *Befragte Katholiken* – Zur Zukunft von Glaube und Kirche, Freiburg–Basel–Wien 1973.

Forster, K., *Priesterstatistik* – eine Lebensfrage der Gemeinden, in: Herder Korrespondenz 29 (1975), 227–234.

Franklin, B. J. / *Kohout*, F. J., Subjekt-Coded *TST* Protokolls: Some Methodological Inplications, in: SocQuart 12 (1971), 82–89.

Frey, H. P., Die Brauchbarkeit von Einstellungen als *Prädiktor* für Verhalten, in: Soziale Welt 23 (1972), 257–268.

Friedrich, W. (Hg.), Methoden der marxistisch-leninistischen *Sozialforschung*, Berlin 1970.

Friedrichs, J., Methoden der empirischen *Sozialforschung*, Reinbek 1973.

Fröhlich, W., *Forschungsstatistik*. Eine kleine Einführung für Psychologen, Pädagogen und Soziologen, Bonn [4]1965.

Fröhlich, W. / *Becker*, J., *Forschungsstatistik*. Grundmethoden der Verarbeitung empirischer Daten für Psychologen, Biologen, Pädagogen und Soziologen, Bonn [6]1972.

Fröhlich, W. / *Wellek*, St., Der begrifflich-theoretische Hintergrund der *Sozialisationsforschung*, in: Graumann, C. F., (Hg.), Handbuch der Psychologie Bd. 7, Sozialpsychologie, 2. Halbband: Forschungsbereiche, Göttingen 1972, 661–714.

Fuchs, A., Das Eindrucksdifferential als Instrument zur Erfahrung emotionaler *Bedeutungsprozesse*, in: *Bergler*, *Eindrucksdifferential*, 69–100.

Fuchs, W., Empirische Sozialforschung als politische *Aktion*, in: Soziale Welt 21/22 (1970/71), 1–17.

Fukuyama, Y., Das geistliche *Amt* als Profession. Versuch einer empirischen Beschreibung, in: WPKG 62 (1973), 96–110.

Fürstenberg, F. (Hg.), *Religionssoziologie*, Neuwied 1964.

Galtung, J., Theory and Method of Social *Research*, London [3]1970.

Garfinkel, H., Studies in *Ethnomethodology*, Englewood 1967.

Garfinkel, H., Über formale *Strukturen* praktischer Handlungen, in: *Weingarten*, *Ethnomethologie*, 130–176.

Garfinkel, H., Das *Alltagswissen* über soziale und innerhalb sozialer Strukturen, in: *Arbeitsgruppe Bielefelder Soziologen*, *Alltagswissen*, 189–262.

Gerstein, H., *Studierende Mädchen*. Zum Problem des vorzeitigen Abgangs von der Universität, München 1965.

Giesselmann, H. J., Prognose des *Studienerfolgs*, Weinheim 1970.

Girndt, H., Das *soziale Handeln* als Grundkategorie erfahrungswissenschaftlicher Soziologie, Tübingen 1970.

Glaser, B. G. / *Strauss*, A. L., Status *Passage*, Chicago 1971.

Glass, D. / *König*, R., Soziale *Schichtung* und soziale Mobilität, Sonderheft 5, KZfSS, Köln/Opladen [3]1968.

Glock, Ch. Y., Über die *Dimmensionen* der Religiosität, in: ders. / Stark R. (Hg.), Religion and Society in Tension, Chicago 1965.

Goffmann, E., Über Techniken der Bewältigung beschädigter *Identität*, Frankfurt 1967.

Goffmann, E., Wir alle spielen Theater. Die *Selbstdarstellung* im Alltag, München 1969.

Goffmann, E., *Asyle*, Frankfurt 1972.

Gordon, R., Dimensions of the *Depth Interview*, in: AJS 62 (1956f), 158ff.

Gordon, C. / *Gergen*, K. J. (Hg.), The self in *Social Interaction*. I, New York 1968.

Gottschalch, W., *Bedingungen* und Chancen politischer Sozialisation, Frankfurt 1972.

Gottschalch, W., Über die studentische *Protestbewegung* in der BRD, in: *ders.*, *Bedingungen*, 76–88.

Gottschalch, W., Zur *Situation* der Studenten als Minderheit in unserer Gesellschaft, in: *ders.*, *Bedingungen*, 66–75.

Graumann, C. F., *Interaktion* und Kommunikation, in: Handbuch der Psychologie 7, 2, 1109–1262.

Graumann, C. F., *Sozialpsychologie*: Ort, Gegenstand und Aufgabe, in: Handbuch der Psychologie 7, 1, 3–80.

Greely, A. M., *Comment* on Hunt's »Mythological-Symbolic-Religious Commitment The L-A-M Scales«, in: JSSR 11 (1972), 287–289.

Green, B. F., *Attitude* Measurement, in: Lindzay, G., Handbook of Social Psychology, Vol. 1 Theory and Method, Reading, Mass. 1954, 335–369.
Greive, W., *Praxis* und Theologie, München 1975.
Gross, L. (Hg.), *Sociological Theory*: Inquiries and Paradigms, New York 1967.
Grossarth-Maticek, R., Revolution der Gestörten? *Motivationsstrukturen*, Ideologien und Konflikte bei politisch engagierten Studenten, Heidelberg 1975.
Gstettner, P., *Handlungsforschung* unter dem Anspruch diskursiver Verständigung – Analyse einiger Kommunikationsprobleme, in: Zeitschrift für Pädagogik 22 (1976), 321ff.
Gumperz, J. J. / *Hymes*, D., *Directions* in Sociolinguistics, The Ethnography of Communication, New York 1972.
Guttman, L., The Problem of *Attitude* and Opinion Measurement, in: Stouffer, S. A., (Hg.), Measurement and Predication, New Jersey 1950.
Habermas, J., Zur *Logik* der Sozialwissenschaften, Beiheft 5 der Phil. Rundschau, Tübingen 1967.
Habermas, J., *Kultur* und Kritik, Frankfurt 1973.
Habermas, J., Thesen zur Theorie der *Sozialisation*, in: *ders.*, *Kultur*, 118–194.
Habermas, J., Notizen zum Begriff der *Rollenkompetenz*, in *ders.*, *Kultur*, 195–231.
Habermas, J., Können komplexe Gesellschaften eine vernünftige *Identität* ausbilden?, in: ders. / Henrich, D., Zwei Reden aus Anlaß der Verleihung des Hegel-Preises 1972, Frankfurt 1974, 23–84.
Habermas, J., *Legitimationsprobleme* im Spätkapitalismus, Frankfurt ^{3}1975.
Habermas, J., *Moralentwicklung* und Ich-Identität, in: ders., Zur Rekonstruktion des historischen Materialismus, Frankfurt 1976, 63–91.
Haedrich, G., Der *Interviewereinfluß* in der demoskopischen Marktforschung, Berlin 1962.
Haferkamp, H., Soziologie als *Handlungstheorie*, Düsseldorf 1972.
Hahn, A., *Religion* und der Verlust der Sinngebung. Identitätsprobleme in der modernen Gesellschaft, Frankfurt/New York 1974.
Hainke, A., Politische Einstellungen und Lernprozesse bei Kindern und Jugendlichen. Neuere amerikanische Beiträge zu einer Theorie der *polischen Sozialisation*, Tübingen 1971.
Hamburger, G., Katholische *Priesterehe* oder Der Tod eines Tabus?, Reinbek 1968.
Harder, Th., Werkzeug der *Sozialforschung*, Bielefeld 1970.
Hartley, E. L. / *Hartley*, R. E., Grundlagen der *Sozialpsychologie*, Berlin 1955.
Hartmann, H., *Arbeit*, Beruf, Profession, in: Soziale Welt 19 (1968), 193–216.
Hartmann, H., *Empirische Sozialforschung*, Probleme und Entwicklungen, München 1970.
Hartmann, H. / *Wakenhut*, R., Über Aktualität und Effizienz von *Attitudenskalen*, in: ZfS 2 (1973), 195–206.

Haseloff, O. / *Hoffmann*, H., Kleines Lehrbuch der *Statistik*, Berlin 1965.
Havers, N., *Religionsunterricht*. Analyse eines ungeliebten Faches. Eine empirische Untersuchung, München 1972.
Heinrich, H. Ch., Verbale *Attitüden* und tatsächliches Verhalten, in: Zf exp. u. angew. Psych. 21 (1974), 62–79.
Helfen, P. / *Laga*, G., Ein Vergleich zweier Instrumente zur *Messung sozialer Schichtung*, in: KZfSS 27 (1975), 141ff.
Hepp, C., *Erinnerungen* oder Erwartungen: Das kirchliche Amt im Urteil der Laien, in: *Bastian*, *Amt* 256–261.
Herrmann, W., Die *Angst* des Theologen vor der Kirche. Gegen den Praxisverlust der Theologie, Stuttgart 1973.
Herrmann, W., Theologische *Ausbildung* und ihre Reform, Münster 1976.
Hess, F. / *Latscha*, F. / *Schneider*, W., Die Ungleichheit der *Bildungschancen*, Olten 1966.
Hess, H.-E. / *Tödt*, H. E. (Hg.), *Reform* der theologischen Ausbildung, Bde. 1–8, Berlin 1967–1971.
Hild, H. (Hg.), Wie stabil ist die *Kirche*? Bestand und Erneuerung. Ergebnisse einer Umfrage, 2 Bde. Gelnhausen/Berlin 1974.
Hiller, P., The Nature and Social Location of Everyday Conceptions of *Class*, in: Sociology 9 (1975), 1–28.
Hiller, P., *Continuities* and Variations in Everyday Conceptual Components of Class, in: Sociology 9 (1975), 255–287.
Hiltmann, H., Kompendium der *psychodiagnostischen Tests*, Stuttgart 1966.
Hitpass, J., Das *Studienschicksal* des Immatrikulationsjahrgangs 1958, Gütersloh 1967.
Hörmann, H. / *Moog*, W., Der Rosenzweig-Picture-Frustration-*Test*. Göttingen 1968.
Hoffmann, L., *Management* und Gemeinde, in: *Wössner*, *Religion*, 369–394.
Hofstätter, P. R., Einführung in die *Sozialpsychologie*, Stuttgart ^{3}1963.
Hofstätter, P. / *Wendt*, D., Quantitative Methoden der *Psychologie*, München 1966.
Hoge, D. R., A Validated Intrinsic Religious Motivation *Scale*, in: JSSR 11 (1972), 42–52.
Holm, K., Theorie der *Frage*, in: KZfSS 26 (1974), 91–114.
Holm, K., Theorie der *Fragebatterie*, in: KZfSS 26 (1974), 316–341.
Homans, G., *Elementarformen* menschlichen Lebens, Köln/Opladen 1968.
Horn, W., *Leistungsprüfsysteme*, Göttingen 1962.
Huber, W., *Differenzierung* der theologischen Ausbildung, in: *Hess / Tödt*, *Reform* Bd. 7, 112–116.
Hughes, E. C., The *Sociological Eye*: Selected Papers on Institutions and Race, Chicago 1971.
Hughes, E. C., Cycles, Turning Points, and *Carreers*, in: *ders.*, *Sociological Eye*, 124–131.
Hughes, E. C., *Work* and Self, in: *ders.*, *Sociological Eye*, 338–347.
Hunt, R. A., The Interpretation of the Religious Scale of the Allport-Vernon-Lindzay *Study of Values*, in: JSSR 7 (1968), 65–77.
Hunt, R. A. / *King*, M. B., The *Intrinsic-Extrinsic* Concept: A Review and Evaluation, in: JSSR 10 (1971), 339–356.

Hunt, R. A., Mythological-Symbolic-Religious *Commitment*: The L-A-M Scales, in: JSSR 11 (1972) 42–52.

Huschke, R. / *Lohse*, J.-M., *Theologiestudenten* in eigener Sache, in: *Hess* / *Tödt*, *Reform* Bd. 8, 11–48.

Hyman, H. u. a., *Interviewing* in Social Research, Chicago ²1955.

Institut der Deutschen Wirtschaft, Streitsache: *Studienabbrecher*. Dauergeschädigte einer verfehlten Hochschulpolitik? Köln 1976.

*I*nstitut für *K*irchliche *S*ozialforschung des Bistums *E*ssen, *Forschungsberichte* des Instituts... Bericht 42, Essen 1966 (Mskr.).

IKSE, Berufsbild und Verständnis von *Laientheologen*, Essen 1975.

Institut für kirchliche Sozialforschung Wien I, Österreichische *Priesterbefragung*. Linearergebnisse, Wien 1971.

Jahoda, M. / *Lazarsfeld*, P. / *Zeisel*, H., Die *Arbeitslosen* von Marienthal, Allensbach/Bonn 1960.

Joerger, K., *Gruppentest* für die soziale Einstellung, S-E-T, Göttingen ²1973.

Johnson, St. C., Hierarchical Clustering *Schemes*, in: Psychometrica 32 (1967), 241–254.

Judd, G. J. / *Mills*, E. W. / *Burch*, G. W., *Ex-Pastors*. Why Men Leave the Parish Ministry, Philadelphia/Boston 1970.

Kahl, J. A. / *Davis*, J. A., A Comparison of *Indexes* of Socio-Economic Status, in: ASR 20 (1955), 317–325.

Kath, E. / *Oehler*, C. / *Reichwein*, R., *Studienweg* und Studienerfolg (Studien und Berichte in der Max-Planck-Gesellschaft, Bd. 6), Berlin 1966 (Mskr.).

Kaufmann, F. X., Zur *Bestimmung* und Messung von Kirchlichkeit in der Bundesrepublik Deutschland, in: *Matthes*, *Kirche*, 207–246.

Keil, W. / *Piontkowski*, U., Strukturen und Prozesse im *Hochschulunterricht*. Eine pädagogisch-psychologische Untersuchung an der Universität Münster, Münster 1972.

Kellerer, H., Theorie und Technik des *Stichprobenverfahrens*. Einzelschriften der deutschen Statistischen Gesellschaft, München ³1963.

Kiesler, Ch. A. / *Collins*, C. E. / *Miller*, N., *Attitude Change*. A Critical Analysis of Theoretical Approaches, New York 1969.

King, M. B. / *Hunt*, R. A., Measuring the *Religious Variable*: Amended Findings, in: JSSR 8 (1969), 321–323.

Kleemann, S., *Sozialisationsprozesse* und Einstellungsänderungen in der Hochschule am Beispiel der USA, Berlin 1969.

Kleining, G., Über *soziale Images*, in: *Glass* / *König*, *Schichtung*, 142–170.

Kleining, G. / *Moore*, H., Soziale *Selbsteinstufung* (SSE). Ein Instrument zur Messung sozialer Schichten, in: KZfSS 20 (1968), 502–551.

König, P. u. a., *Beobachtung* und Experiment. Praktische Sozialforschung II, 6, Köln 1968.

König, R. (Hg.), *Handbuch* der Empirischen Sozialforschung, 2 Bde., Stuttgart 1962/69.

König, R. u. a. (Hg.), Das *Interview*. Formen, Technik, Auswertung, Köln/Berlin ⁷1969.

Kohlberg, L., Stage and Sequence: The *Cognitive Developement* to Socialization, in: Goslin, D. A., (Hg.), Handbook of Socialization, Theory and Research, Chicago 1969.

Kohlberg, L., Die kognitive *Entwicklung* des Kindes, Frankfurt 1974.

Kohli, M., *Studium* und berufliche Laufbahn, Stuttgart 1973.

Koolwijk, J. v. (Hg.), Techniken der empirischen Sozialforschung Bd. 5: Erhebungsmethoden: *Testen und Messen*, München 1974.

Krähe, H., *Studienabbruch* und Studienfachwechsel bei Medizinstudenten, München 1970.

Krappmann, L., Soziologische Dimensionen der *Identität*, Stuttgart 1971.

Krauth, J. / *Lienert*, G., *KFA*. Die Konfigurationsfrequenzanalyse und ihre Anwendung in Psychologie und Medizin. Ein multivariates nichtparametrisches Verfahren zur Aufdeckung von Typen und Syndromen, Frankfurt/München 1973.

Kreutz, H., *Soziologie* der empirischen Sozialforschung, Stuttgart 1971.

Kreysing, E., *Statistische Methoden* und ihre Anwendung, Göttingen [3]1968.

Kriz, J., Statistische *Signifikanz* und sozialwissenschaftliche Relevanz, in: Zfs 1 (1972), 47–51.

Kriz, J., *Statistik* in den Sozialwissenschaften. Einführung in die kritische Diskussion, Reinbek 1973.

Krusche, P., Der *Pfarrer* in der Schlüsselrolle. Berufskonflikte im Schnittpunkt religiöser Erwartungen und theologischer Normen, in: *Matthes, Erneuerung*, 161–188.

Kruskal, J. B., Relationsship of *Clustering* to Scaling and the Interpretation of Neighbourhoods. Notizen, vorgelegt beim »Bell-Pen Workshop on Multidimensional Scaling«, Juni 1972.

Kühn, A., Das Problem der *Prognose* in der Soziologie, Berlin 1970.

Kuhn, M. H. / *McPartland*, Th. S., An Empirical Investigation of *Self-Attitudes*, in: ASR (1954), 68–76.

Kunz, G., Artikel: *Motivforschung*, in: Bernsdorf, W., (Hg.), Wöterbuch der Soziologie, Stuttgart 1969, 721–724.

Labov, W. / *Waletzky*, J., *Erzählanalyse*: mündliche Versionen persönlicher Erfahrung, in: Ihwe, J., (Hg.), Literaturwissenschaft und Linguistik, Bd. 2, Frankfurt 1973.

Längle, W., *Priesteraustritte* in Österreich 1945–1971. Eine religionssoziologische Untersuchung zur Frage der Amtsniederlegung von Weltpriestern, Diss. Innsbruck 1973.

Laing, R. D., *Self or Others*, Harmandsworth 1969.

Laing, R. D. / *Philipson*, H. / *Lee*, A. R., *Interpersonelle Wahrnehmung*, Frankfurt 1971.

Landolf, P., Maturand und *Pfarrerberuf*, Bern 1968.

Lantermann, E.-D., Zum Problem der *Angemessenheit* eines inferenzstatistischen Verfahrens, in: Psychologische Beiträge 18 (1976), 99–104.

Lazarsfeld, P., Am Puls der *Gesellschaft*. Zur Methodik der empirischen Soziologie, Wien 1968.

Lepsius, R. M., *Kritik als Beruf* – Zur Soziologie der Intellektuellen, in: KZfSS 16 (1964), 75–91.

Levinson, D. J., Social Structure, Personality, and Inducation into a *Professional Role*. Paper presented at the annual meeting of the ASA, Session on Medical Sociology, September 1965.

Lienert, G. A., *Testaufbau* und Testanalyse, Weinheim ³1969.

Lienert, G. A., *Verteilungsfreie Methoden* in der Biostatistik, Meisenheim am Glan ²1973.

Lienert, G. A. / *Krauth*, J., *Configural Frequency Analysis* as a Statistical Tool for Defining Types, in: Educational and Psychological Measurement 35 (1975), 231–238.

Lindner, T. / *Lentner*, L. / *Holl*, A., Priesterbild und *Berufswahlmotive*. Ergebnisse einer sozialpsychologischen Untersuchung bei den Wiener Mittelschülern, Wien 1963.

Luckmann, Th., Das Problem der *Religion* in der modernen Gesellschaft, Freiburg 1963.

Luckmann, Th., Die sozialen *Formen* der Religion, in: *Matthes*, *Kirche*, 189–208.

Luckmann, Th. / *Sprondel*, W. M., *Berufssoziologie*, Köln 1972.

Luckmann, Th., Persönliche *Identität* in der modernen Gesellschaft, in: Gadamer, H.-G. / Vogler, P., (Hg.), Neue Anthropologie, Bd. 3, Stuttgart 1972, 168–198.

Lüscher, K., Der Prozeß der beruflichen *Sozialisation*, Stuttgart 1968.

Luhmann, N., *Rechtssoziologie*, Bd. 1, Reinbek 1972.

Luhmann, N., Soziologie des *politischen Systems*, in: ders., Soziologische Aufklärung. Aufsätze zur Theorie sozialer Systeme, Bd. 1, Opladen ³1972, 154–177.

Lukasczyk, K., Artikel: *Einstellungen*, in: Bernsdorf, W., (Hg.), Wörterbuch der Soziologie, Stuttgart 1969, 211–215.

Luthe, F., Der *Berufswechsel* der Priester. Eine empirische Studie, Düsseldorf 1971.

Mangold, W., Gegenstand und Methode des *Gruppendiskussionsverfahrens*, Frankfurt 1960.

Mangold, W., Artikel: *Gruppendiskussion*, in: *König*, *Handbuch*, 1. Bd., 209–225.

Manz, W., Das *Stereotyp*. Zur Operationalisierung eines sozialwissenschaftlichen Begriffs, Meisenheim 1958.

Marhold, W., Fragende *Kirche*. Über Funktion und Methode kirchlicher Meinungsumfragen, Mainz/München 1971.

Marhold, W., Die Gesellschaft im kirchlichen *Bewußtsein*, in: ZEE 17 (1973), 359–368.

Marhold, W., Gesellschaftliche *Funktionen* der Religion, in: *Marsch*, *Plädoyers*, 77–93.

Marhold, W., *Bürgerreligion*. Soziologische und theologische Bemerkungen zu zwei empirischen Erhebungen in der gegenwärtigen Volkskirche, in: Theol. Practica 9 (1974), 304–312.

Marhold, W., Der *Pfarrer* in der Sicht der Kirchenmitglieder, in: WPKG 64 (1975), 168–181.

Marhold, W., Der wissenschaftliche Ertrag der *Kirchensoziologie*, in: ZEE 19 (1975), 297–313.

Marsch, W.-D., *Institution* im Übergang. Evangelische Kirche zwischen Tradition und Reform, Göttingen 1970.

Marsch, W.-D., *Plädoyers* in Sachen Religion. Christliche Religion zwischen Bestreitung und Verteidigung, Gütersloh 1973.

Masendorf, F. / *Roeder*, B., *Typologisierung* lernschwacher Schüler mit Hilfe der Konfigurationsfrequenzanalyse (KFA), in: Psychologie in Erziehung und Unterricht 21 (1974), 327–334.

Matthes, J., *Religion* und Gesellschaft. Einführung in die Religionssoziologie I, Reinbek 1967.

Matthes, J., *Kirche* und Gesellschaft. Einführung in die Religionssoziologie II, Reinbek 1969.

Matthes, J., Kirchliche Soziallehre als *Wissenssystem*, in: Internationale Dialog Zeitschrift 2 (1969), 102–112.

Matthes, J., Gesellschaftsentwicklung, Pfarramt und *Pfarrerrolle*. Neun Thesen, in: WPKG 61 (1972), 23–27.

Matthes, J. (Hg.), *Erneuerung* der Kirche. Stabilität als Chance? Folgerungen aus einer Umfrage, Gelnhausen/Berlin 1975.

Matthes, J., Volkskirchliche *Amtshandlungen*, Lebenszyklus und Lebensgeschichte. Überlegungen zur Struktur volkskirchlichen Teilnahmeverhaltens, in: *Matthes*, *Erneuerung* 83–112.

Mayntz, R. (Hg.), Bürokratische *Organisation*, Köln/Berlin 1968.

McHugh, P., Defining the *Situation*. The Organizing of Meaning in Social Interaction, New York 1968.

McPhail, C., Respondents Judgement of *Self-Statements*, in: SocQuart 7 (1966), 202–209.

McPhail, C., *Religious* Self-Designating Behaviors, in: JSSR 11 (1972), 262–270.

Mead, G. H., Geist, *Identität* und Gesellschaft, Frankfurt 1968.

Meltzer, B. N. / *Petras*, J. W., The Chicago and Iowa Schools of *Symbolic Interactionism*: in: *Shibutani*, *FS-Blumer*, 3–17.

Merton, R. K., *Social Theory* and Social Structure, Glencoe [2]1957.

MEW = Marx, K. / Engels, F., Werke, Band 1–39, Berlin 1958–1968.

Meyer, E. P., A *Measure* of the Average Intercorrelation, in: Educational and Psychological Measurement 35 (1975), 67–72.

Miller, D. C., Handbook of *Research Design* and Social Measurement, New York 1964.

Mittenecker, E., Planung statistischer Auswertung von *Experimenten*, Wien [6]1966.

Miyamoto, S. F. / *Dornbusch*, S., A Test of Interactionist Hypotheses of *Self-Conception*, in: AJS 61 (1955), 399–403.

Mönikes, W., Zur Analyse von Rollenkonflikten ehemaliger *Priester* der römisch-katholischen Kirche, Diss. Rom 1973.

Mohr, H., Erkundungsstudie zur Frage der *Berufsmotivation* bei Theologiestudenten, Bonn 1967.

Moore, H. / *Kleining*, G., Das *soziale Selbstbild* der Gesellschaftsschichten in Deutschland, in: KZfSS 12 (1960), 86–119.

Moser, H., *Aktionsforschung* als kritische Theorie der Sozialwissenschaften, München 1975.

Moser, H., *Anspruch* und Selbstverständnis der Aktionsforschung, in: Zeitschrift für Pädagogik 22 (1976), 357 ff.
Naef, R., Was tun eigentlich die *Pfarrer*? Zürich o. J.
Negt, O., Über die *Idee* einer kritischen und antiautoritären Universität, in: Baier, H., (Hg.), Studenten in Opposition, Bielefeld 1968, 26–46.
Newcomb, Th. N., *Sozialpsychologie*, Meisenheim am Glan 1959.
Newcomb, Th. N., On the Definition of *Attitude*, in Jahoda, M. / Warren, N. (Hg.), Attitudes, Harmandsworth [3]1970, 22–24.
Nie, N. H. u. a., Statistical Package for the Social Sciences (SPSS), New York [2]1975.
Noelle, E., Umfragen in der *Massengesellschaft*. Einführung in die Methoden der Demoskopie, Reinbek [3]1967.
Nowotny, H. / *Schmutzer*, M. E. A., Gesellschaftliches *Lernen*. Wissenserzeugung und die Dynamik von Kommunikationsstrukturen, Frankfurt 1974.
Nuttin, J., Artikel: *Motivation*, in: Arnhold, W. / Eysenck, H. J. / Meili, R., (Hg.), Lexikon der Psychologie, Bd. 2, Freiburg/Basel/Wien 1971, 576–590.
Osterland, M., *Lebensgeschichtliche Erfahrung* und gesellschaftliches Bewußtsein. Anmerkungen zur sozio-biographischen Methode, in: SW 24 (1973), 409–417.
Pappi, F. U., *Sozialstruktur* und soziale Schichtung in einer Kleinstadt mit heterogener Bevölkerung, in: KZfSS 25 (1973), 23–74.
Parsons, T. / *Shills*, E. (Hg.), Toward a General Theory of *Action*, New York 1962.
Parsons, T., Die akademischen Berufe und die *Sozialstruktur*, in: Parsons, T., Soziologische Theorie, hrsg. von Rüschemeyer, D., Neuwied/Berlin 1964, 160–180.
Pollock, F., Methodisches *Gruppenexperiment*, Frankfurt 1955.
Rathmayr, B., Ein neues *Selbstverständnis* der Aktionsforschung (Zu H. Moser: Aktionsforschung als kritische Theorie der Sozialwissenschaften), in: Zeitschrift für Pädagogik 22 (1976), 369 ff.
Reinke, E. K., *Psychologiestudium* und Politisierung. Studentische Selbstorganisation als Kritik der Psychologie, Frankfurt 1973.
Reiser, H., *Identität* und religiöse Einstellung, Hamburg 1972.
Rendtorff, T., *Kirche* und Theologie. Die systematische Funktion des Kirchenbegriffs in der neueren Theologie, Gütersloh 1966.
Rendtorff, T., *Christentum* außerhalb der Kirche, Hamburg 1969.
Rendtorff, T., *Theorie* des Christentums. Historisch-theologische Studien zu seiner neuzeitlichen Verfassung, Gütersloh 1972.
Rendtorff, T., Die *Verantwortung* der theologischen Forschung und Ausbildung für die Kirche, in: Rendtorff, T. / Lohse, E., Kirchenleitung und wissenschaftliche Theologie. Eine Ortsbestimmung, ThExhNF 179, 14–41.
Rendtorff, T., *Wirklichkeitswissenschaft* im Streit. Über die Bedeutung der Sozialwissenschaften für die Theologie, in: Schütte, H. W. / Wintzer, F. (Hg.), Theologie und Wirklichkeit. Festschrift für W. Trillhaas zum 70. Geburtstag, Göttingen 1974, 105–122.

Rentdorff, T., *Gesellschaft* ohne Religion? Theologische Aspekte einer sozialtheoretischen Kontroverse, München 1975.

Riehl, W. H., Religiöse *Studien* eines Volkskindes, Stuttgart [5]1900.

Ries, H., *Berufswahl* in der modernen Industriegesellschaft, Bern/Stuttgart/ Wien 1970.

Roede, H., *Befrager* und Befragte. Probleme der Durchführung des soziologischen Interviews, Berlin 1968.

Roeder, B., Über ein Verfahren zur Messung des *Sozialstatus*. Eine empirische Untersuchung, in: Zf exp. u. angew. Psych. 20 (1973), 287–316.

Roeder, B., *Erwiderung* auf die von Schmelz und Schmidt erhobene Kritik an Roeders Verfahren zur Messung des Sozialstatus, in: Zf exp. u. angew. Psych. 21 (1974), 270–274.

Roeder, B., Die *Konfigurationsfrequenzanalyse* (KFA) nach Krauth und Lienert. Ein handliches Verfahren zur Verarbeitung sozialwissenschaftlicher Daten, demonstriert an einem Beispiel, in KZfSS 26 (1974), 819 bis 844.

Roeder, B., Parameterfreier *Vergleich* verschiedener Konfigurationsfrequenzanalysen, in: KZfSS 28 (1976), 152–155.

Rössler, D., Positionelle und kritische *Theologie*, in: ZThK 67 (1970), 215–231.

Rössler, D., Die *Vernunft* der Religion, München 1976.

Rose, A. M., Human *Behavior* and Social Processes, Boston 1962.

Rosenmayr, L. / *Höllinger*, S. (Hg.), *Soziologie*: Forschung in Österreich, Wien 1969.

Rosow, I., Forms and Function of *Adult Socialization*, in: Soc. Forces, 44 (1965/66), 35–45.

Rothe, R., Stille *Stunden*, Bremen [2]1888.

Rucker, A., *Studiendauer* und Studienerfolg an den wissenschaftlichen Hohen Schulen Westdeutschlands. Ergebnisse einer Repräsentativbefragung, München 1960.

Sachs, L., Statistische *Auswertungsmethoden*, Berlin 1968.

Saenger-Ceha, M. M. Th., Psychological and Social Factors in *Student Drop-Out*, Amsterdam 1972.

Saterdaag, H. / *Apenburg*, E., *Orientierungsprobleme* und Erfolgsbeeinträchtigung bei Studierenden, Saarbrücken 1972.

Sauter, G. u. a., Wissenschaftstheoretische *Kritik* der Theologie. Die Theologie und die neuere wissenschaftstheoretische Diskussion, München 1973.

Sauter, G., Theologie als *Beruf*, in: Sauter, G. / Strohm, Th., Theologie als Beruf in unserer Gesellschaft, München 1976, 11–37.

Schapp, W., In *Geschichten* verstrickt, Hamburg 1953.

Scheuch, E. K. / *Daheim*, H., *Sozialprestige* und soziale Schichtung, in: *Glass/König*, *Schichtung*, 65–103.

Scheuch, E. K. / *Zehnpfennig*, H., *Sozialisierungsverfahren* in der Sozialforschung, in: *König*, *Handbuch*, Bd. 3a, Grundlegende Methoden und Techniken der empirischen Sozialforschung 2. Teil, Stuttgart [3]1974, 97–203.

Schibilsky, M., Neue *Religiosität* und soziale Interaktion, Diss. theol.

Münster 1976
Schibilsky, M., *Religiöse Erfahrung* und Interaktion, Stuttgart 1976.
Schleiermacher, F., *Kurze Darstellung* des theologischen Studiums zum Behuf einleitender Vorlesungen. Hg. v. Scholz, H., Darmstadt o. J.
Schmelz, C. / *Schmidt*, W., Kritische *Anmerkungen* zu Roeders Verfahren zur Messung des Sozialstatus, in: Zfexp u. angew. Psych. 21 (1974), 263–269.
Schmetterer, L., Einführung in die *mathematische Statistik*, Wien/New York ^{2}1966.
Schmidt, H. D. / *Brunner*, E. J. / *Schmidt-Mummendey*, A., Soziale *Einstellungen*, München 1975.
Schmidtchen, G., *Gottesdienst* in einer rationalen Welt, Stuttgart 1973.
Schmidtchen, G., *Priester* in Deutschland, Freiburg 1973.
Schmidtchen, G., *Protestanten* und Katholiken. Sozialanalyse konfessioneller Kultur, Bern 1973.
Schneider, L. / *Zurcher*, L., Toward Understanding the *Catholic Crisis*: Observations on Dissident Priests in Texas, in: JSSR 9 (1970), 197–207.
Schneider, N. / *Schibilsky*, M., Beruf: *Pfarrfrau*? oder: Chancen der Frauenemanzipatipation im Pfarrhaus, in: WPKG 66 (1977)
Schreiner, G., Gegen ein defensives Verständnis von *Handlungsforschung*, in: Die Deutsche Schule 68 (1976), 664–668.
Schütz, A., Collected *Papers*, Den Haag (3 Bde.) 1962ff.
Schütz, A., Das Problem der *Relevanz*, Frankfurt 1971.
Schütz, A. / *Luckmann*, Th., Strukturen der *Lebenswelt*, Neuwied 1975.
Schütze, F., Zur soziologischen und linguistischen Analyse von *Erzählungen*, (Mskr.) 1974.
Schütze, F., Die Technik narrativer *Interviews*, (Mskr.) 1974.
Schütze, F., Zur *Hervorlockung* und Analyse von Erzählungen thematisch relevanter Geschichten im Rahmen sozialer Feldforschung, in: *Arbeitsgruppe* Bielefelder Soziologen, *Kommunikative Sozialforschung*, 159–260.
Schütze, F. / *Heinefeld*, W. / *Springer*, W. / *Weymann*, A., Grundlagentheoretische Voraussetzungen methodisch kontrollierten *Fremdverstehens*, in: *Arbeitsgruppe Bielefelder Soziologen*, *Alltagswissen*, 433–495.
Schütze, F., *Sprache* – soziologisch gesehen. 2 Bde., München 1975.
Schwirian, K. P., Variation in the Structure of the Kuhn-McPartland *TST* and Related Response Differences, in: SocQuart 5 (1964), 47–59.
Seitz, F., 100 neue *Werbebriefe*, Stuttgart 1957.
Senghaas-Knobloch, E., Die *Theologin* im Beruf, München 1972.
Shibutani, T., *Society* and Personality, Englewood 1961.
Shibutani, T., Human Nature and Collective Behavior, Papers in Honour of H. Blumer *(FS-Blumer)*, Englewood 1970.
Siebel, W., Logik des *Experiments* in den Sozialwissenschaften, Soziologische Schriften Bd. 2, Berlin 1965.
Siefer, G., *Priester* und Priesternachwuchsstatistik, in: Herder Korrespondenz 9, (1954/55), 451–460.
Siegel, S., Nonparametric *Statistics* for the Behavioral Sciences, New York 1956.

Siemers, H. (Hg.), *Theologie* zwischen Anpassung und Isolation. Argumente für eine kommunikative Wissenschaft, Stuttgart 1975.

Six, B., Die *Relation* von Einstellung und Verhalten, in: ZfSozPsych (1975), 270–296.

Sjoberg, G. / *Nett*, R., A Methodology of *Social Research*, New York 1968.

SOG Speyer, Sozialpsychologische *Priesterstudie*, in: Mitteilungsblatt der Arbeitsgemeinschaft von Priester- und Solidaritätsgruppen in der BRD (AGP) und der SOG Speyer, 72/6.

Sokal, R. R. / *Sneath*, P. H. A., Principles of Numerical *Taxonomy*, San Francisco 1963.

Spiegel, Y., Der *Pfarrer* im Amt. Gemeinde, Kirche, Öffentlichkeit, München 1970.

Stecher, R., *Werbebriefe*, München 1968.

Steck, W., Der *Pfarrer* zwischen Beruf und Wissenschaft. Plädoyer für eine Erneuerung der Pastoraltheologie, München 1974.

Steinert, H., Die *Strategien* sozialen Handelns. Zur Soziologie der Persönlichkeit und der Sozialisation, München 1972.

Stendenbach, F. J., *Soziale Interaktion* und Lernprozesse, Köln/Berlin ²1967.

Stinchcombe, A. S., Theoretical Domains and *Measurement* (Teil I und II), in: Acta Sociologica 16 (1973).

Stoodt, D., Religiöse *Sozialisation* und emanzipiertes Ich, in: *Dahm / Luhmann / Stoodt, Religion*, 189–237.

Stoodt, D., Von der religiösen *Erziehung* zur religiösen Sozialisation, in: *Arndt, Sozialisation*, 11–25.

Stoßberg, M., Analyse der Massenkommunikation: *Einstellungsmessung*, Düsseldorf 1972.

Stouffer, S. A. (Hg.), *Measurement and Predication*, New Jersey 1950

Strauß, A. L., *Profession*, Work, and Carrers, San Francisco 1968.

Strauß, A. L., *Spiegel* und Masken. Die Suche nach Identität, Frankfurt 1968.

Sturtevant, W. C., *Ethnoscience-Studies*, in: American Anthropologist 66 (1964), 99–131.

Sudnow, D., Studies in *Social Interaction*, New York 1972.

Süllwold, F., Theorie und Methodik der *Einstellungsmessung*, in: Graumann, C. F. (Hg.), Handbuch der Psychologie, Bd. 7 Sozialpsychologie, 1. Halbband: Theorien und Methoden, Göttingen 1969, 475–514.

Szczepanski, J., Die *biographische Methode*, in: HdeS, Bd. 1, Stuttgart 1962, 551–569.

Tannenbaum, P. H. / *McLeod*, J. M., On the Measurement of *Socialization*, in: Public Opinion Quaterly, 31 (1967), 27–37.

Taylor, K. W. / *Frideres*, J., Issues versus Controversies: Substantive and Statistical Significance, in: ASR 37 (1972), 464–472 *(Substantielle Signifikanz)*.

Thomae, H., Das Problem der Konstanz und der Variabilität der *Eigenschaften*, in: Lersch, Ph. / Thomae, H. (Hg.), Handbuch der Psychologie, Bd. 4, Persönlichkeitsforschung und Persönlichkeitstheorie, Göttingen 1960, 281–353.

Tödt, H. E., Der *Stand der Theologie* und die Aufgaben der Gemischten Kommission, in: *Hess / Tödt*, *Reform* Bd. 7, 35–42.

Triandis, H. C., Einstellungen und *Einstellungsänderungen*, Weinheim 1975.

Trillhaas, W., Die humanistische Illusion – Zur *Reform* des Theologiestudiums, in: *Hess / Tödt*, *Reform* Bd. 3, 12–17.

Tucker, C. W., Some Methodological Problems of *Kuhn's Self Theory*, in: SocQuart 8 (1967), 534–541.

Turiel, E., Conflict and Transition in Adolescent *Moral Developement*, in: Child Developement, 1974, 14–29.

Turner, R. H., *Role-Taking*: Process versus Conformity, in: *Rose*, *Behavior*, 20–40.

Überla, K., *Faktorenanalyse*. Eine systematische Einführung für Psychologen, Mediziner, Wirtschafts- und Sozialwissenschaftler, Berlin/Heidelberg/New York [2]1971.

Vieweg, R., *Lochkartentechnik* und elektronische Datenverarbeitung, Darmstadt 1967.

Weber, M., *Wirtschaft* und Gesellschaft, Tübingen [5]1972.

Weingarten, E. / *Sack*, F. / *Schenkein*, J., *Ethnomethodologie*. Beiträge zu einer Soziologie des Alltagshandelns, Frankfurt 1976.

Wellenreuther, M., *Handlungsforschung* als naiver Empirismus? Für ein flexibles Modell »theoriegeleiteter« Handlungsforschung, in: Zeitschrift für Pädagogik 22 (1976), 343ff.

Wilson, G. D., Artikel: *Einstellungen*, in: Arnold, W. / Eysenck, H. J. / Meili, R. (Hg.), Lexikon der Psychologie, Bd. I Freiburg 1971, 447–454.

Wright, Ch. R., *Success or Failure* in Earning Graduate Degrees, in: Sociology of Education 38 (1964), 73–97.

Wurzbacher, G. / *Bolte*, K. M. / *Roeder*, R. K. / *Rendtorff*, T., Der *Pfarrer* in der modernen Gesellschaft. Soziologische Studie zur Berufssituation des evangelischen Pfarrers, Hamburg 1960.

Zulehner, P. M., *Berufskonflikte* der Priester. Gemeinsame Ergebnisse der Priesterumfragen in der Schweiz, Deutschland und Österreich, in: Herder Korrespondenz 28 (1974) 399–405.

Zulehner, P. M., Zur *Emigration* aus dem Priesteramt, Orientierung Nr. 11, 38. Jg., Zürich 1974.

Zulehner, P. M. (Hg.), *Kirche und Priester*. Zwischen dem Auftrag Jesu und den Erwartungen der Menschen, Wien/Freiburg/Basel 1974.

Anmerkungen

1 Die Ausführungen tragen skizzenhaften Charakter; der theoretisch/methodologisch interessierte Soziologe vgl. *Fischer*, *Legitimationsprobleme*, 84–192; *Schibilsky*, *Religiöse Erfahrung*, 3.2., auf die hier in der Darstellung stark zurückgegriffen wurde.

2 Vgl. *Schütz*, *Papers I*, 207–259; *Berger / Luckmann*, *Wirklichkeit*, 28f.; 112–138, *Fischer*, *Legitimationsprobleme*, 85ff.

3 Das theoretische Konstrukt der Typisierung, eingebettet in die »dialektische Wissensspirale«, kann hier nicht expliziert werden, vgl. *Berger / Luckmann*, *Wirklichkeit*, *pass.*; *Schütz*, *Papers II*, 233–235; *Mead*, *Identität*, 122–130; *Schütz*, *Relevanz*, 90ff.; *Schütz / Luckmann*, *Lebenswelt*, 229ff.

4 Vgl. zum erweiterten Karrierebegriff etwa *Goffman*, *Asyle*, 127f.

5 Zum theoretischen Verhältnis von »Routinisierung« und »Explikation« als Manifestierung von Legitimationsprozessen vgl. *Fischer*, *Legitimationsprobleme*, 66–69.

6 Vgl. ausführlich *aaO*, 137–192.

7 Mit dem Forschungsteam durchgeführt von den Dipl.-Psych. Thomas Fleischer und Karl Lichter.

8 Interviewer: W. Fischer, M. Schibilsky, H. Siemers.